历史上的今天发生过什么

LiShiShangDeJinTian
FaShengGuoShenMe

翻开这本特俗的**日历的每一天**，你都会在瞬间回到了某个重大、甚至伟大的时刻。

天津古籍出版社

图书在版编目（ＣＩＰ）数据

历史上的今天发生过什么 / 贾浓铀编著. -- 天津 ：
天津古籍出版社，2010.4
　　（百科大讲堂）
　　ISBN 978-7-80696-809-3

Ⅰ. ①历… Ⅱ. ①贾… Ⅲ. ①历史事件－世界－通俗
读物 Ⅳ. ①K105-49

中国版本图书馆CIP数据核字(2010)第064814号

历史上的今天发生过什么

贾浓铀 / 编著

出版人 / 刘文君

＊

天津古籍出版社出版

（天津市西康路35号　邮编300051）

http://www.tjabc.net

E - mail：tjgj@tjabc.net

三河市兴国印务有限公司

全国新华书店发行

开本787×1092毫米　1/16　印张13　字数 290千字
2010年5月第 1版　　2010年5月第 1次印刷
ISBN 978-7-80696-809-3

定价：27.80元

Foreword
前言

　　"读史可以明智，知古可以鉴今。"人类文明的进程到底包含了多少正义与邪恶、智慧与愚蠢，这些终究会在后人对先辈的考察中得到。

　　毫不在意历史的人有如置身于太空之中一般，或许可以安逸地自由飘荡，但对于从何处来又往何处去却会备感茫然。

　　几千年已经过去，人类推动着历史车轮一路走来，在量变和质变的不断交替中改进了自己的社会和文明。

　　在纷繁复杂的史料中提取智慧并非易事，而含糊的概括，诸如"天下大势，分久必合，合久必分；盛极而衰，衰极而变"的表面论说一旦被滥加引用，不仅对于认知无益，而且会致使思维僵死。

　　人的短暂生命只是宇宙中的片段，而了解历史才是一种延长生命体验又获得知识的两得之举。

　　本书所提及的仅是我们认为相对更典型和值得追忆的历史事件和人物，从鲁迅到托尔斯泰、从慈禧太后到克林顿，从"哥伦比亚"号航天飞机遇难到汶川大地震，从南京大屠杀到卢旺达大屠杀，从《南京条约》到香港回归……人类祖先的辉煌与衰落、成功与失败一一呈现在读者的面前。

　　他们不因生命的逝去而被人遗忘，也不因时间的流逝而印迹稍减。历史也正是在无数民族和国家的盛衰存亡中，在无数的科技和文化的迸发中被定格和纪念。

　　从本书中，读者能了解到战争使人类珍惜生命，政治使人类实现梦想，科技使人类前进发展，人文使人类智慧飞扬……

　　换一个角度看历史、重温历史的记忆！

　　我们编辑此书的宗旨是希望在拓展读者知识面的同时，让读者在阅读中获得人生的启迪并参考先辈的脚印作为前行的坐标。

　　在此书的编写过程中，因内容庞杂，时间仓促，如有疏漏，仍望读者及时指正。

目录

1月1日

1863年1月1日　顾拜旦诞辰

1863年1月1日是现代国际奥林匹克运动的创始人——顾拜旦的诞生日。

顾拜旦，法国人，著名教育家，国际奥委会第二任主席。1892年顾拜旦首次提议成立一个世界性的体育组织。1894年巴黎国际体育会议在巴黎顺利召开，来自12个国家的79名代表组成了奥林匹克委员会，同时召开了国际奥委会，顾拜旦任秘书长并亲自起草制定了国际奥委会第一部宪章。1896年，在顾拜旦的坚持下，第一届现代奥运会顺利在雅典举行。1925年，顾拜旦辞去主席职务，任终身名誉主席。由于顾拜旦对恢复和发展现代奥林匹克运动做出了不朽的贡献，被人们亲切地誉为"奥林匹克之父"。

▲奥林匹克之父——皮埃尔·德·顾拜旦

▼位于瑞士洛桑的奥林匹克雕塑

1913年，顾拜旦设计了国际奥委会会徽。会徽为彩色五环，五环中三环在上，两环在下，颜色为蓝、黄、黑、绿、红，自左至右依次排列，上面3个环的颜色分别为蓝、黑、红，下面2个环的颜色分别为黄、绿。也称为"奥林匹克环"。

1985年1月1日　欧洲音乐年拉开序幕

1985年1月1日，欧洲音乐年在奥地利首都维也纳新年音乐会的华尔兹舞曲声中拉开了序幕。1985年是欧洲著名音乐家巴赫、亨德尔、斯卡拉蒂三人诞辰300周年，也是约瑟夫·施特劳斯诞辰150周年，马勒诞辰125周年和贝尔格诞辰100周年。为此欧洲各国举办了1000多场音乐会和几十次音乐讨论会，以示纪念。

▶维也纳音乐会盛况

作为"音乐之乡"的奥地利将在欧洲音乐年活动中起到重要作用。除了举办丰富多彩的音乐会之外，奥地利政府还将第一次向欧洲作曲家颁发"奥地利国家奖"，最高奖为一万美元。

1月2日

1923年1月2日　中国国民党公布《党纲》

1923年1月2日，中国国民党公布了自己的《党纲》。《党纲》分三民主义和五权宪法两部分，阐明了三民主义和五权宪法的基本内容。

三民主义即民族主义、民权主义、民生主义，五权宪法即包括立法权、司法权、行政权、监察权、考试权，并以五权分立作为五权宪法的原则，完成民国更进步的宪法。

1959年1月2日
"月球1号"进入轨道

1959年1月2日，世界上第一个月球探测器"月球1号"进入绕日轨道。由苏联发射的"月球1号"探测器此行的任务是测量月球的磁场、测量宇宙射线、测量太阳辐射以及制造人造钠云。2个月后，即1959年3月3日，美国的第一个月球探测器"先驱者4号"也发射成功，该探测器执行的任务与苏联的"月球1号"相类似。

▲苏联的"月球1号"（左图）和2号探测器

1月3日

1851年1月3日　傅科摆证明了地球自转的存在

1851年1月3日，法国物理学家傅科为证实地球的自转而设计了一个大摆。该摆长67米，摆锤是质量28千克的铁球。大摆在重力和悬挂线的张力作用下，在其铅垂位置附近作振动。因为傅科的实验直接验证了地球自转，因此他被授予荣誉骑士五级勋章。

1868年1月3日
日本明治维新开始

日本新兴的资产阶级联合下级武士拥护明治天皇，推翻"幕府"统治，取消封建割据，建立了以明治天皇为中心的统一中央集权国家。1868年1月3日，明治天皇发布了《王政复古大号令》，其恢复了天皇亲政，废除幕府，成立了新的中央政府，并在日本国内进行了一系列如打破封建关税壁垒、统一货币和银行制度、确立土地和农作物的买卖自由、奖励贸易等资产阶级性质的改革，还废藩置县，消灭了国内的封建

▶日本明治天皇睦仁

割据势力，为发展资本主义扫除了障碍，自此，日本开始走上了发展资本主义的道路。这在日本历史上称作"明治维新"。

明治维新时的日本风貌

1月4日

1785年1月4日

雅各·格林诞辰

1785年1月4日，德国著名的语言学家、童话作家雅各·格林诞辰。

雅各·格林和威廉·格林两兄弟都是童话作家，也是德国语言学的奠基人。他俩早年曾在马堡大学攻读法律。1816年，开始进行纯文学研究。他们搜集、编辑的民谣和故事《儿童与家庭童话集》（通称《格林童话》），被译成70种文字在世界各地广为流传。

▼童话文学大家——格林兄弟

003

1809年1月4日

盲文的创造者布莱尔诞辰

1824年，刚满15岁的布莱尔从人的体形得到启发，拟订了以不同方式排列的6点方案，6个凸点，加上空白，共有64个变化，形成一套有规律可循的法语字母方案。1829年，布莱尔在原方案的基础上又加入了数学符号和音乐符号，1837年正式定稿。次年，世界上第一本布莱尔盲文读物出版。1852年布莱尔辞世，年仅43岁。

1887年，布莱尔的6点制盲文被国际公认为正式盲文。为了纪念这位卓越的创造者，1895年，人们将他的姓——布莱尔作为盲文的国际通用名称。

1月5日

1938年1月5日　波旁王朝末代国王出生

胡安·卡洛斯一世是西班牙波旁王朝末代国王，他是阿方索的第十三世孙，1938年1月5日，出生于罗马，其父为巴塞罗那伯爵。1947年，佛朗哥宣布恢复君主政体并担任国家元首，选中胡安·卡洛斯为未来的国王。1948年，胡安·卡洛斯回西班牙接受佛朗哥的培养，并获海陆空三军上尉军衔。1969年7月，西班牙议会批准胡安·卡洛斯为未来的国家元首。在1974年和1975年佛朗哥患病期间，他曾两次担任临时国家元首。1975年11月，胡安·卡洛斯登基，称胡安·卡洛斯一世。

1月6日

1884年1月6日　孟德尔逝世

▲遗传学之父孟德尔

孟德尔1822年7月22日出生于奥地利，自幼就对植物有着浓厚的兴趣，并于1865年阐述了其重要的遗传学原理——分离定律和独立分配定律，被称为孟德尔定律。1900年，德国的柯灵斯、荷兰的德佛里斯和奥地利的丘歇马克分别在不同的国家，各自进行着独立的研究，都得到了和孟德尔相同的结果。实践证明，孟德尔的遗传学原理不但对遗传学，而且对整个生物学都有深刻的影响，是生物学的基本原理之一。孟德尔因此被誉为"遗传学的奠基人"。1884年1月6日，孟德尔逝世，享年62岁。

1972年1月6日　陈毅病逝

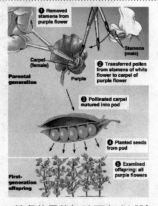

▲著名的孟德尔豌豆杂交试验

陈毅1901年出生，四川乐至人。1923年加入中国共产党，在抗日战争、解放战争和建立新中国事业中做出了杰出的贡献。陈毅曾任红四军第12师师长，红四军政治部主任，红六军政委，红二十二军军长，江西军区司令员兼政治委员，新四军第一支队司令员，江南指挥部，苏北指挥部指挥，新四军军长等职。新中国成立后，任华东军区司令员兼上海市市长，人民革命军事委员会副主席，国务院副总理，并兼任外交部部长。1955年被授予元帅军衔。

1972年1月6日，中国无产阶级革命家、军事家陈毅同志在北京病逝，享年71岁。

2005年1月6日　中国内地人口达到13亿

2005年1月6日零时2分，中国第13亿个小公民诞生于北京市妇产医院，至此，中国人口（不包括香港、澳门特别行政区和台湾省）已达13亿。2005年1月6日，也被称为中国13亿人口日。

1月7日

1610年1月7日　伽利略发现木星的卫星

1610年1月7日，伟大的意大利物理学家和天文学家伽利略利用自制的望远镜观察太空。伽利略发现了木星的4颗卫星，为哥白尼学说找到了确凿的证据，标志着哥白尼学说开始走向胜利。伽利略借助于望远镜，还先后发现了土星光环、太阳黑子、太阳的自转、金星和水星的盈亏现象、月球的周日和周月天平动，以及银河是由无数颗恒星组成等。这些发现开辟了天文学的新时代。

1610 年，伽利略将望远镜放大倍数提高到 33。同年 3 月，他出版了《星空信使》一书，总结了他的观察成果并有力地驳斥地心说，震撼了整个欧洲。

▲伽利略观天文

▲伽利略

1月8日

1959年1月8日
戴高乐就任总统

▲戴高乐宣誓就职

戴高乐是世界著名的政治家、军事家。1959 年 1 月 8 日，戴高乐在竞选中获得了超过 78% 的选票，就任法兰西第五共和国首任总统。

戴高乐在执政期间奉行独立自主的外交政策，极力同第三世界国家发展关系，使法国成为当时西方国家中第一个同中国建立大使级外交关系的国家。戴高乐为维护法国的独立和主权，为维护世界和平做出了卓越贡献。1968 年，戴高乐五月风暴后下台，著有《战争回忆录》等，1970 年 11 月 9 日病逝。

1976年1月8日　周恩来总理逝世

周恩来，1898 年出生于江苏淮安。早年留学日本。1919 年回国，在五四运动中成为天津学生界的领导人，并与运动中的其他活动分子共同组织了进步团体——觉悟社。1921 年加入中国共产党，参加并领导了历次革命斗争。1949 年中华人民共和国建立后，任政府总理，兼任外交部长，是中国历史上最杰出的外交家之一，并任中国人民政治协商会议全国委员会副主席、主席，中共中央副主席，中央军委副主席等职。

周恩来为了国家富强、民族昌盛呕心沥血，不辞辛劳地贡献了自己的一生。

1976 年 1 月 8 日，周恩来总理因病在北京逝世，享年 78 岁。

► 人民悼念周总理

► 十里长街送总理

1月9日

1968年1月9日 阿拉伯石油输出国组织成立

1968年1月9日，由沙特阿拉伯、科威特、利比亚3国创建的阿拉伯石油输出国组织成立。总部设在科威特。其章程规定，凡石油收入为国民收入主要来源的阿拉伯国家都可以加入这个组织。

该组织的宗旨是：协调成员国间的石油政策，探讨成员国之间在石油工业方面进行合作的方式和途径，协助交流技术情报，提供训练和就业机会，利用成员国的资源和潜力，建立石油工业各个领域的联合企业，维护成员国的利益。其原则是不干涉和不违背石油输出国组织权威性机构讨论决定的石油政策。

1972年1月9日 建筑学家梁思成逝世

梁思成，1901年出生。广东省新会县人，梁启超长子。是中国近代著名的建筑教育家、古建筑文物保护与研究和建筑史学家。

▲梁思成先生对于中国建筑的研究图稿

1915年梁思成进入清华大学学习，1924年赴美留学，1927年获宾夕法尼亚大学建筑系硕士学位后入哈佛大学美术研究院学习。1928年回国，是我国建筑教育的开拓者之一。1946年梁思成创办清华大学建筑系并任系主任，直到逝世。

梁思成1948年获美国普林斯顿大学名誉博士学位。他为中华人民共和国国徽、人民英雄纪念碑、扬州鉴真和尚纪念堂等建筑设计，在中国的古建筑修缮、维护等方面做出了杰出贡献。1972年1月9日，梁思成在北京逝世。

▲淮海战役烈士纪念塔浮雕

1月10日

1949年1月10日
淮海战役胜利

淮海战役是解放战争时期中国人民解放军华东、中原野战军在刘伯承、邓小平、粟裕、谭震林等人的领导下，以徐州为中心，东起海州，西至商丘，北抵临城，南达淮河的广大地区，同国民党军进行的第二个战略性进攻战役。

1948年11月6日至1949年1月10日，整个战役历时65天，歼灭敌人55万之多，解放了长江以北华东、中原地区。使蒋介石在南线战场上的精锐部队被消灭殆尽，使国民党反动统治中心——南京，处于人民解放军的直接威胁之下。

1月11日

▲金田起义的浮雕

1851年1月11日
太平天国金田起义举行

1851年1月11日，广东花县人洪秀全联合冯云山、杨秀清、萧朝贵、韦昌辉、石达开等人组成领导集团，在广西桂平县举行金田起义，建号太平天国，自称天王。

太平天国起义历时14年，遍及18个省份，对中国近代史产生了深远的影响。

> 洪秀全（1814～1864），原名仁坤，广东花县人，太平天国的领袖。受基督教徒梁发编写的《劝世良言》的启发，于1843年创立拜上帝会，组织群众共谋起义。洪秀全在1845～1846年间，写出《原道醒世训》、《原道觉世训》和《原道救世歌》，作为太平天国的理论基础。其中宣传了朴素的平等观念和消灭"阎罗妖"的革命思想。

1月12日

▲刘胡兰铜像

1947年1月12日　刘胡兰光荣牺牲

刘胡兰，山西省文水县云周西村人。1942年加入抗日救国儿童团，积极领导全村群众投入"土改"和支援前线的工作，受到大家的拥护，并成为中共候补党员。1946年加入中国共产党。1947年1月12日，因叛徒告密，刘胡兰不幸被蒋匪逮捕。她在敌人面前临危不惧，保护革命同志和群众，严守党的机密，宁死不屈。凶恶的敌人在采取了种种威胁利诱的手段毫无作用后，恼羞成怒，最后用铡刀将她铡死。牺牲时年仅15岁。

刘胡兰的英勇就义充分表现了共产党员的高贵品质。毛泽东同志亲笔为她题词："生的伟大，死的光荣"，高度赞扬了刘胡兰短暂而光辉的一生。

1995年1月12日　何梁何利基金首届颁奖大会举行

何梁何利基金是由香港恒生银行董事长利国伟、名誉董事长何善衡、董事梁琚和何添4人各捐资1亿元港币设立的。

1995年1月12日，何梁何利基金首届颁奖大会在北京举行。中共中央政治局常委、国务院总理李鹏等向钱学森、黄汲清、王淦昌、王大珩4位著名科学家颁发了优秀奖，向陈景润等20位著名科学家分别颁发了数学、物理学、化学、生物学、地质学、医学和科技学奖。

▶中华鲟

1月13日

1989年1月13日
《国家重点保护野生动物名录》颁布

1989年1月13日，经国务院批准，颁布《国家重点保护野生动物名录》，由林业部和农业部共同拟定的名录共列出国家一级重点保护野生动物96个种或种类，如大熊猫、金丝猴、长臂猿、白鳍豚、中华鲟等；列出国家二级重点保护野生动物160个种或种类，如猕猴、黑熊、金猫、马鹿、黄羊、天鹅、玳瑁、文昌鱼等。名录还对水生、陆生野生动物各作了具体划分，明确了由渔业、林业行政主管部门分别主管的具体种类。

▶大熊猫　国家一级重点保护野生动物

1月14日

1742年1月14日　哈雷逝世

哈雷是英国著名的天文学家，早在1705年哈雷就发现第一颗周期彗星，经他精确计算彗星运行轨道后，就预测这颗彗星的运行周期为76年。经过后人的观察，哈雷这一预测得到了证实，这是人类历史上第一次准确推算彗星的运行周期。为纪念哈雷对天文学所做出的贡献，这颗彗星被命名为哈雷彗星。

1742年1月14日，哈雷逝世。

▶天文学家哈雷

1784年1月14日　美国独立战争结束

来克星顿的枪声拉开了美国独立战争的序幕。1775年4月19日，北美13个殖民地人民为推翻英国殖民统治、争取独立的战争在来克星顿爆发。同年5月，第二届大陆会议决定组织军队，推选华盛顿为陆军总司令。1776年7月4日发表《独立宣言》，宣告脱离英国独立，成立美利坚合众国。1781年9月，英国殖民军主力在约克敦被击溃，被迫媾和。1783年9月同英国签订《巴黎和约》，英国正式承认美国独立。

◀美国人赢得了萨拉托加战役，接受英军的投降（油画）

1月15日

1759年1月15日　大英博物馆对外开放

◀著名的大英博物馆每天都吸引着大批来自世界各地的参观者

1759年1月15日，位于伦敦布卢姆斯伯里区的大英博物馆，在英国议会通过法令后，正式对外开放。大英博物馆成立于1753年。这一年，英国医生、博物学家斯隆将他所收藏的图书、手稿和古玩有条件地转归英国政府，从而构成大英博物馆丰厚的基础，至此博物馆和图书馆开始成立。大英博物馆又名不列颠博物馆，位于新牛津大街北面的大罗素广场，馆内藏品中有400多万件古代及中世纪的手工制品和艺术品，是世界上历史最悠久、规模最宏伟的综合性博物馆。它和纽约的大都会艺术博物馆、巴黎的罗浮宫博物馆同列为世界三大博物馆。

▶大英博物馆中的收藏来自世界各地，图为珍贵的埃及木乃伊棺

1月16日

1969年1月16日　苏联两艘宇宙飞船第一次完成空中对接

1969年1月16日，载有一名宇航员的"联盟"4号飞船和载有3名宇航员的"联盟"5号飞船在北京时间上午6点47分开始对接行动，不到一小时便连接起来。两艘宇宙飞船之间没有内部通道，所以宇航员要走出飞船进入空间，

▲宇宙飞船中的宇航员

才能从一艘船转移到另一艘船上。在这两艘宇宙飞船的对接过程中，完成了一些简单的装配任务和科学实验。

空中对接这一创举，创立了苏联所谓的"世界上第一个实验性空间站"，是人类朝着建立永久性载人宇宙站的目标迈出的崭新一步。

▲苏联的宇宙飞船

1月17日

▶富兰克林

1706年1月17日
本杰明·富兰克林诞辰

1706年1月17日，美国最伟大的科学家、著名的政治家和文学家、资本主义精神最完美的代表——本杰明·富兰克林出生在美国波士顿。富兰克林曾做过印刷工人，1731年在费城建立北美第一个巡回图书馆。1743年协创办宾夕法尼亚大学。

富兰克林主张废除奴隶制度，对美国的独立战争做出了重要的贡献。1776年，富兰克林远涉重洋出使法国，赢得了法国和欧洲人民对北美独立战争的支持，并参加了起草美国《独立宣言》的工作。

在科学方面，富兰克林进行了有名的电实验，对电作了理论说明，并发明了避雷针。

1790年4月17日夜里11点，富兰克林在费城溘然长逝。

▲海湾战争中用于精确打击的战斧导弹

1991年1月17日　海湾战争爆发

伊拉克和科威特两国之间因领土和石油问题一直存在着矛盾。1990年8月2日，伊拉克出动10万军队武装吞并了科威特。国际舆论强烈谴责伊拉克公然践踏国际法和国际准则，破坏国际和平与安全。联合国安理会要求伊拉克无条件立即从科威特撤兵，并呼吁伊、科两国通过谈判解决争端，但是伊拉克拒不执行。

1991年1月17日凌晨，以美国为首的多国部队向伊拉克发起大规模空袭，海湾战争爆发。海湾战争持续了6个星期，最后以伊拉克撤出全部侵略部队，并以接受联合国安理会的决议而告终。

◀巴黎和会

◀与会的中国代表

1月18日

1919年1月18日　巴黎和会召开

巴黎和会是第一次世界大战结束后协约国在法国巴黎举行的国际和会。1919年1月18日，在巴黎凡尔赛宫召开了和会，共有英、美、法、日、意等27个战胜国的1000

位代表参加。苏俄没有受到邀请，德国作为战败国被拒之门外，而中国则作为战胜国参加了会议。和会名义是为了拟订《对德和约》，建立战后世界和平，实际上是那些所谓的帝国主义战胜国重新划分势力范围的分赃会议。

1964 年 1 月 18 日
美联邦贸易委员会制定严厉限制香烟广告的计划

1964 年 1 月 18 日，美国联邦贸易委员会制定了严厉限制香烟广告的计划。该计划是对美国公共卫生局局长关于吸烟会引起肺癌及其他疾病的一篇报告的响应。报告宣称，吸烟会引起支气管炎、肺气肿及其脉管炎等肺部疾病，同时会增加心脏病突发的危险性，号召人们采取适当的补救措施。联邦贸易委员会提议在香烟盒上印上警告吸烟有害健康的话，并要求会议上通过运动员做禁烟广告宣传。

▶ 美国民众也时常发起禁烟活动

▲ 梁启超蜡像

1月19日

1929 年 1 月 19 日　梁启超病逝

梁启超，广东新会县人，字卓如，号任公，又号饮冰室主人，举人出身。中国近代资产阶级改良主义者、学者、思想家、戊戌变法的主要领导人之一。

梁启超师从康有为。1895 年赴京会试，与康有为发动"公车上书"。1896 年梁启超在上海主编《时务报》，宣传维新变法理论。1898 年参与百日维新。戊戌政变后他逃亡日本，主张改良保皇。1916 年策动蔡锷组织护国军反袁。"五四"时期梁启超提倡民主与科学，倡导"诗界革命"和"小说界革命"，开创了白话文先河。晚年在清华学校讲学。其主要著作有：《清代学术概论》、《中国历史研究法》、《中国近三百年学术史》、《中国文化史》、《饮冰室合集》等。

1929 年 1 月 19 日，梁启超病逝于北平协和医院，终年 56 岁。

1月20日

1933 年 1 月 20 日　美国第 32 任总统罗斯福就职

纽约州长富兰克林·德拉诺·罗斯福以横扫一切之势在选举中大获全胜。他一直就被视为美国历史上最伟大的总统之一。他的对手、共和党总统赫伯特·胡佛仅在 6 个州获胜。

▲罗斯福

1933年1月20日，罗斯福宣誓就职。他保证将实施"为美国人民着想的新政"。他提出了建立联合国的构想，也得到了实施。

罗斯福是美国历史上唯一连任4届总统的人，从1933年3月到1945年4月去世为止，任职长达12年。曾赢得美国民众长达7周的高支持率，创下历史纪录。

1993年1月20日　克林顿入主白宫

1993年1月20日，美国第42任总统、46岁的威廉·杰斐逊·克林顿正式入主白宫。上午10点30分，克林顿夫妇驱车由国宾馆抵达白宫，而后，与前任总统布什同乘一辆豪华轿车驶向国会大厦。12时许，克林顿在国会大厦宣誓就职。会场上克林顿发表了约15分钟的就职演讲，定下了他今后4年任期的施政基调：变革与复兴。

1月21日

▲克林顿宣誓就职

1924年1月21日　列宁逝世

列宁原名弗拉基米尔·伊里奇·乌里扬诺夫，列宁是其化名，他是第一个社会主义国家的缔造者。

列宁曾因领导工人解放运动而被捕入狱、被流放，并因此而在国外流亡多年，但他对于社会主义的设想却在此间逐步成熟并渐渐完善起来，并写就了《唯物主义和经验批判主义》、《马克思主义和修正主义》等一系列著作，使马克思主义得到了全面的发展，并形成了其独特的列宁主义。1917年3月，列宁结束了多年的流亡生活，重返俄国，发动武装起义，在他的领导下，俄国人民终于取得了十月革命的胜利。这一伟大胜利开辟了人类历史发展的新纪元。

▶列宁在领导当年的俄国人民（油画）

革命胜利后，列宁当选为第一届苏维埃政府主席，他领导人民粉碎了帝国主义的3次武装进攻和国内的叛乱，使苏俄的经济建设逐步走上了正轨。

列宁在晚年患了脑溢血，1923年，他的病情开始恶化，于1924年1月21日与世长辞，终年54岁。

1月22日

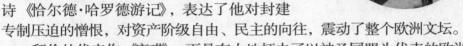

► 拜伦（油画）

1788年1月22日　拜伦诞辰

1788年1月22日，英国伟大的浪漫主义诗人拜伦出生在英国一个没落的贵族家庭。他天生跛一足，并对此十分敏感。成年后，适逢欧洲各国民主民族革命兴起期间，拜伦也深受感染，产生了反对专制压迫、支持人民革命的民主思想。

1809~1811年，拜伦在旅途中创作了长诗《恰尔德·哈罗德游记》，表达了他对封建专制压迫的憎恨，对资产阶级自由、民主的向往，震动了整个欧洲文坛。

拜伦的代表作《唐璜》，更是有力地抨击了以神圣同盟为代表的欧洲封建反动势力，诗人歌德说："《唐璜》是彻底的天才的作品，愤世到了不顾一切的辛辣程度，温柔到了最纤细动人的地步……"

1824年，忙于战备的拜伦不幸遇雨受寒，一病不起，于4月9日逝世。他的死使希腊人民深感悲痛，举国致哀21天。

1月23日

公元754年1月23日
鉴真东渡到达日本

鉴真（公元688~公元763），本姓淳于，扬州江阳（今江苏扬州）人。14岁在扬州大云寺削发为僧，22岁受戒。早年云游长安、洛阳等地，26岁起，住持扬州大明寺，专弘戒律。其对建筑、雕塑、医药等均有研究，学识渊博。

▲日本的鉴真和尚塑像

从公元742年始，应日本在唐朝学成回国的高僧荣叡、普照和日本政府的邀请，5次东渡，历经12载；但均未成。其间又因辛劳过度、感受暑热而双目失明。公元753年鉴真携带大量佛经佛像和书籍，第六次东渡，历尽艰辛，终于在公元754年1月23日（唐天宝十二年十二月二十六日）抵达日本九州。翌年在奈良东大寺建筑戒坛，传授戒法，为日本佛教徒登坛受戒的开始，公元759年建唐招提寺，传布律宗。日本朝廷封他为"传灯大法师"。

鉴真东渡，并留居日本10年，辛勤不懈地传播唐朝多方面的文化成就，为中日两国的友谊做出了杰出的贡献。

1月24日

1965年1月24日　丘吉尔逝世

　　丘吉尔1874年11月30日出生于英国的一个贵族家庭。1940~1945年和1951~1955年任英国首相，第二次世界大战期间曾和罗斯福、斯大林一起制订同盟国的战略计划。丘吉尔被认为是20世纪最重要的政治领袖之一，带领英国获得第二次世界大战的胜利。丘吉尔还是一位著名的演说家和作家，著有《第二次世界大战回忆录》、《英语民族史》等书。1953年获得嘉德勋位和诺贝尔文学奖。1955年4月5日丘吉尔因健康原因辞职，当他走出唐宁街10号相府官邸时他吸着雪茄，打出著名的"V"手势向群众致意，然后就坐上汽车，在人们的欢呼声中离去。1965年1月24日，温斯顿·丘吉尔逝世，终年90岁。在伦敦举行了有110个国家代表参加的庄重的国葬仪式。

▲丘吉尔首相著名的"V"手势

1月25日

1627年1月25日
英国物理学家、化学家波义耳诞辰

　　1627年1月25日，英国物理学家、化学家波义耳出生于爱尔兰的利斯莫尔。1659年波义耳提出了气体体积与压强的反比关系，这是在力学以外的第一个自然定律。该定律后被称为波义耳－马略特定律。1691年，波义耳逝于伦敦。

▶

波义耳

1911年1月25日　中国第一部专门刑法典颁布

　　1911年1月25日，清廷颁布中国第一部专门刑法典——《清朝刑律》。

　　一、总则。规定法例、不为罪、未遂罪、累犯罪、俱发罪、共犯罪、刑名、宥减、自首、酌减、加减刑、缓刑、假释、恩赦、时效、时例、文例等内容。

　　二、分则。规定了36种罪名：侵犯皇室罪、内敌罪、外患罪、妨害国交罪、漏泄机务罪、渎职罪、妨害公务罪、妨害选举罪、骚扰罪、逮捕监禁人脱逃罪、藏匿罪人及湮灭证据罪、伪证及诬告罪、放火、决水及妨害水利罪、危险物罪、妨害交通罪、妨害秩序罪、伪造货币罪、伪造文书印文罪、伪造度量衡罪、亵渎祀典及发掘坟墓罪、鸦片烟罪、赌博罪、奸非及重婚罪、妨害饮料水罪、妨害卫生罪、杀伤罪、堕胎罪、遗弃罪、私滥逮捕监禁罪、略诱及和诱罪、妨害安全信用名誉及秘密罪、窃盗及强盗罪、诈欺取财罪、侵占罪、赃物罪、毁弃损坏罪。

　　三、暂行章程。对尊亲属有犯，不得适用正当防卫之例。其中6种处以死刑者，仍用斩。

1月26日

1953 年 1 月 26 日　小儿麻痹症免疫新疫苗研制成功

小儿麻痹症，学名脊髓灰质炎，是由脊髓灰质炎病毒引起的急性传染病，主要损害脊髓前角的运动神经细胞，常出现分布不规则、程度轻重不等的肢体肌肉弛缓性麻痹，严重者有可能因呼吸及吞咽肌肉麻痹而死亡。

1953 年 1 月 26 日，美国的索尔克博士宣布制成小儿麻痹症免疫新疫苗。此后的一年中，世界上近百万儿童试服了脊髓灰质炎菌疫，从此人们有了防治这种致瘫症的有效的药物。

▲ 索尔克博士在做实验

1983 年 1 月 26 日
定立国际海关日

第二次世界大战以后，在美国的援助下，欧洲资本主义国家的经济逐步恢复，但各国海关制度的差别妨碍了国际贸易的开展。为此，欧洲经济合作委员会的 13 国政府于 1947 年 9 月 12 日在巴黎发表联合声明，准备建立欧洲海关同盟。

1950 年 12 月，有关国家签署了《关于建立海关合作理事会公约》。根据这一公约，海关合作理事会于 1953 年 1 月 26 日正式诞生。

为纪念海关合作理事会成立 30 周年，1983 年 1 月 26 日，正式将每年的这一天定为国际海关日。

1月27日

1893 年 1 月 27 日
宋庆龄诞辰

宋庆龄，1893 年 1 月 27 日出生于上海。1908 年赴美留学，1913 年毕业于美国卫斯理女子大学。1915 年和孙中山结婚。1925 年孙中山逝世后，她继承孙先生的遗志，坚定地站在正义的立场上，反对蒋介石背叛革命，挺身捍卫民主进步力量，真诚地与中国共产党合作。

▲ 宋庆龄与孙中山的合影

1949 年 9 月，宋庆龄作为特邀代表出席中国人民政治协商会议，并当选为全国政协副主席，1950 年被选为世界和平理事会理事，1951 年获得"加强国际和平斯大林奖金"。1981 年 5 月 15 日，宋庆龄加入了中国共产党；5 月 16 日，第五届全国人大常委会授予她中华人民共和国名誉主席称号。

宋庆龄的才华和能力，在国际事务和国内各方面工作中都得到了很大的发挥，被国际上公认为 20 世纪中国最伟大的女性。1981 年 5 月 29 日，宋庆龄因病在北京逝世。

1926年1月27日 电视诞生

1926年1月27日，苏格兰发明家约翰·贝尔德向伦敦皇家学院的院士们展示了一种新型的、能够通过无线电传递运动图像的机器。贝尔德把它称作"电视"。"电视"不是传统的电影放映机，而是通过电子方法将图像显示在阴极射线管上。最流行的大众传播媒介就此诞生。

▶ 早期的电视

▲一·二八事件爆发后，十九路军奋起抵抗日军

1月28日

1932年1月28日
"一·二八"事变爆发

1932年1月28日夜，日军从所占的上海日本租界向闸北、江湾、吴淞等区域发起进攻，史称"一·二八"事变。驻守上海的国民党蔡廷锴、蒋光鼐部十九路军奋勇抵抗，中共地下组织积极组织上海各界民众支援十九路军。淞沪抗战历时1个多月，日军死伤万余人，四度更换司令。由于国民党政府推行不抵抗政策，十九路军腹背受敌，被迫撤离上海。然而，国民党政府却乞求由帝国主义操纵的"国际联盟"进行"调停"。5月5日，国民政府与日本签订了屈辱的《淞沪停战协定》。不久，国民党政府竟将英勇抗战的十九路军调往福建"剿共"。

> 蔡廷锴（1892~1968），字贤初，广东省罗定县人。广东陆军讲武堂毕业。1932年任国民党十九路军军长兼副总指挥。1932年1月，日军制造"一·二八"事变，进犯上海。蔡廷锴率十九路军奋起抵抗，由于指挥淞沪抗战功勋卓著，被海内外誉为"抗日名将"、"民族英雄"。

1986年1月28日 "挑战者"号航天飞机遇难

"挑战者"号航天飞机是肯尼迪航天中心发射的第二架航天飞机，为美国的航天科学发展做出了卓越的贡献。

1986年1月28日，"挑战者"号在进行第十次飞行时，从发射架上升空72秒后发生爆炸，7名机组人员全部遇难，飞机在顷刻间炸成一团红白色火雾，飞机的残骸碎片在一小时内散落到距发射中心9千米的大西洋面，造成世界航天史上最大的惨剧。这是美国进行25次载人航天飞行中首次发生在空中的大灾难。

▲ "挑战者"号失事瞬间

1月29日

卡尔·本茨▶

▼最早的奔驰一号车

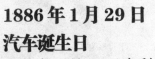

1886年1月29日
汽车诞生日

1886年1月29日专利人奔驰公司在德意志为汽车专利注册，两位德国人卡尔·本茨和戈特利布·戴姆勒为其机动车申请了专利，并获得了世界上第一辆汽车的专利权，标志着世界上第一辆汽车诞生。这一天就被人们称为汽车诞生日。同年10月，卡尔·本茨的三轮机动车获得了德意志专利权（专利号：37435a）。这就是世界上公认的第一辆汽车。

1月30日

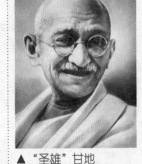

▲ "圣雄"甘地

1948年1月30日　甘地被暗杀

1948年1月30日，享有"圣雄"称号的甘地在德里作晚祷时，被印度教极右派分子刺杀，终年79岁。

甘地是印度国大党领袖、民族解放运动著名领导人，他发起和领导了声势浩大的非暴力不合作运动，以非暴力方式抵制英国统治和英国商品，是印度人民反抗英国统治的精神领袖。

1月31日

▼德国军队在严冬中投降

1943年1月31日
德军向苏联红军投降

1943年1月31日，德军在斯大林格勒开始向苏联红军投降。到2月2日，共有9万名德国官兵在斯大林格勒宣布投降，在第二次世界大战中起转折作用的斯大林格勒战役取得了最终胜利。

1949年1月31日　北平宣告和平解放

1949年1月，据守北平的国民党傅作义部队被迫接受和平解放北平问题的条件，22日发表文告，宣布停战。1月31日中午12时，中国人民解放军第四野战军一部由西直门进入北平城，开始接管北平防务。原守卫北平的傅作义部20万人全部开往城外听候整编。至此，历时64天的平津战役结束。这一天被定为北平和平解放纪念日。

1949年10月1日中华人民共和国成立后，北平恢复了原名——北京。

2月1日

▶ 台湾岛上的郑成功像

1662年2月1日　郑成功收复台湾

郑成功（1624~1662）明末清初军事家、民族英雄。初名森，又名福松，字大木，福建南安人。其父郑芝龙是明末福建总兵。他的少年时代正处于中国的动乱时期，救国救民的思想在心底打下了深深的烙印。1645年，赐姓朱，改名成功，封忠孝伯，任御营中军都督，世称"国姓爷"。

1661年正月，在厦门召开军事会议，决计收复台湾，而后下令整修船只，调整部署，加紧复台准备。"台湾者，中国之土地也……今余即来索，则地当归我。"这是郑成功正告荷兰殖民者的庄严誓词，也是他"十年始克复先基"的意愿。

1661年4月21日郑成功披甲执剑，率领大军浩浩荡荡从金门料逻湾扬帆出发，凌波越海去收复台湾。1662年2月1日，荷兰侵略者终于在中国人民面前低下了头，荷兰总督揆一在投降书上签字，被侵占达38年之久的台湾终于重归祖国怀抱。此后，郑成功在台湾加强建设，促进了政治、经济发展。

收复台湾后仅5个月，郑成功便因戎马倥偬，操劳成疾，不幸逝世，年仅38岁。

2003年2月1日　美国"哥伦比亚"号航天飞机遇难

2003年2月1日，"哥伦比亚"号航天飞机当天即将返回地面。然而就在当日美国东部时间上午8时53分，"哥伦比亚"号航天飞机左机翼上的温度感应器失灵了，5分钟后左侧主起落架上的轮胎气压表也不再显示数据。当时，该航天飞机正飞行于得克萨斯州中北部六万多米的高空，时速达到声速的18倍左右。9时，轰隆隆的巨响从天际传来，"哥伦比亚"号在空中解体坠毁，众多的碎块在空中划出道道白烟，人类航天史上又一起灾难发生了！

美国宇航局等随后相继证实，航天飞机上的7名宇航员无一幸存。

尽管这是一场巨大悲剧，但仍不失为人类探索太空的一次壮举，"哥伦比亚"号仍然是人类探索太空旅程中的一座丰碑！

▶ 宇航员

「哥伦比亚」号航天飞机上的7名

"哥伦比亚"号1981年建成，价值10亿美元，是美国宇航局最老的航天飞机，共进行了28次太空飞行任务。此次太空飞行中，机组人员在16天内完成了80多项科研实验。

2月2日

当年的新闻采访 ▶

1949年2月2日
北平新华广播电台开始播音

1949年1月31日，北平和平解放。1月31日晚上8点多，在军管小组的命令下，原国民党北平广播电台播出了该台奉命停止广播，等待接管的通知。

1949年2月2日上午，在军管人员的组织下，北平新华广播电台开始播音。播音以聂耳作曲的《大路歌》为前奏曲，并反复广播了《中国人民解放军平津前线司令部约法八章》和《以和平方法解决北平战事的经过》等报道。

> 1949年，党中央领导的陕北新华广播电台迁入北平，命名为北平新华广播电台，后又更名为北平人民广播电台。1951年3月，再次改名为北京人民广播电台，一直沿用至今。

1907年2月2日　俄国化学家门捷列夫逝世

1834年2月7日，俄国化学家德米特利·伊凡诺维奇·门捷列夫生于托波尔斯克市，青年时代，即对化学表现出强烈的兴趣。门捷列夫在1869~1871年间，著成《化学原理》一书，深入探索了元素性质间的关系，并对所有已知元素按原子量递增的顺序排列成表，并留有很多空格，认为这些元素应由尚未发现的元素来填满。他还从理论上计算出了这些未知元素的重要性质。这个周期表逐渐成为大部分化学理论的骨架。元素周期分类法是门捷列夫对化学最主要的贡献。1907年2月2日，这位伟大的科学家因心肌梗塞而溘然长逝。

门捷列夫的纪念邮票 ▶

019

2月3日

1966年2月3日
"月球9号"在月球着陆

人类探索月球的创举，从1959年1月开始，苏联陆续发射了24颗系列月球飞行器。其中有三次从月球表面带回标本，拍摄了月球表面498个形成物，并成功地拍摄到月球背面照片。

◀ "月球9号"

1966年1月31日，苏联又发射了"月球9号"宇宙飞船。它经过79小时的长途飞行之后，于1966年2月3日，首次在月球表面的风暴洋附近成功地进行软着陆，并向地球发回月球全景照片。

"月球9号"探测器重1583千克，在到达距月面75千米时，重100千克的着陆舱与探测器本体分离，靠装在外面的自动充气气球缓慢着陆成功。

▶「月球9号」到达月球的消息传回地球

2月4日

1923年2月4日　京汉铁路工人举行震惊中外的大罢工

1923年2月1日，京汉铁路工人在郑州举行京汉铁路总工会成立大会，遭到吴佩孚的武力阻挠，总工会遂发动全路工人于2月4日实行总罢工。

2月4日上午9点，武汉江岸车厂首先罢工。到中午12点，京汉铁路2万多工人全部罢工，1200多千米的铁路顿时瘫痪。这次罢工的主要领导人有张国焘、项英、罗章龙、林育南等。

◀ 京汉大罢工浮雕

2月7日，罢工遭到武力镇压。京汉铁路总工会江岸分会委员长、共产党员林祥谦及武汉工团联分会律师施洋英勇就义。亦称为"二七惨案"。

1945年2月4日
雅尔塔会议召开

1945年2月4日到11日8天的时间里，美国总统罗斯福和英国首相丘吉尔偕同他们的外长及参谋长，在苏联克里米亚半岛南岸的雅尔塔与苏联领导人斯大林举行了第二次世界大战期间最重要的一次三巨头会议，这就是世界现代史上著名的雅尔塔会议（亦称为克里米亚会议）。三国政府代表团经过一系列磋商，最后发表了会议公报，并签订了《雅尔塔议定书》和秘密的《雅尔塔协定》。

他们一致同意对德国实行分割政策：以东西德的分界为界限，东德划入苏联势力范围，西德划入美国势力范围。关于向德国索赔问题，英、美同意苏联提出的"战争赔偿总额为290亿美元，其中50%归苏联"的建议。

根据《雅尔塔协定》，苏联要在德国投降及欧战结束后2个月或3个月内参加对日作战，其条件是：1.外蒙古（今蒙古共和国）现状须予维持；2.库页岛南部及邻近一切岛屿须交还苏联；大连商港须国际化，苏联在该港的优越权益须予保证，苏联租用旅顺港为海军基地须予恢复；苏、中共同经营中东铁路和南满铁路，但苏联的优先权益须予保证，中国可保持在"满洲"的全部主权；3.千岛群岛须交予苏联。

▲ 雅尔塔和会上的首脑们

这完全是大国沙文主义与强权政治的一种丑恶行径，他们背着当时作为四大盟国之一的中国政府和人民，作出了侵犯中国主权和利益的协定，是雅尔塔会议最不光彩的一页。

总的来说，雅尔塔会议协调了反法西斯盟国彻底打败德、日侵略者的军事行动计划，对于推动反法西斯战争的最后胜利起到了重要作用。

雅尔塔会议无疑为战后世界以美、苏为主导的战略格局奠定了基础，因而后来人们惯称这种格局为雅尔塔格局或雅尔塔体系。

2月5日

1912年2月5日
民国政府第一家银行——中国银行开业

> 大清银行，1905年在北京创办，始称户部银行，由户部（度支部）筹设，额定资本银400万两，官商各半。1908年改称大清银行，具有中央银行和商业银行双重性质。

1912年2月5日，清政府在上海的金融机构——大清银行，经全体股东一致呈请，由临时大总统孙中山和财政总长陈锦涛批准，改为民国政府的金融机关，称中国银行。2月5日举行开幕茶话会，宣布开始营业，这是民国政府的第一个银行，也是中华民国新政府的中央银行。

大清银行大连支店

中国银行曾给予北伐战争有力的支持。现在的中国银行是统一经营国家外汇的专业银行。

1964年2月5日　中国第一例自体骨髓移植手术获成功

1964年2月5日，我国成功地为一位再生障碍性贫血的患者进行了第一例同卵孪生姐妹骨髓移植手术。骨髓移植疗法给一直被人认为是不治之症的白血病的治愈带来了希望，自体移植是骨髓移植疗法的一个新成就。

2月6日

1956年2月6日　国务院发布《关于推广普通话的指示》

新中国成立后，在1955年举行的"全国文字改革会议"上，张奚若在大会主题报告中说明："汉民族共同语早已存在，现在定名为普通话，需进一步规范，确定标准。"

1956年2月6日，国务院发布了《关于推广普通话的指示》，在全国范围内推广普通话。指示中对普通话的含义作了增补和完善，正式确定普通话"以北京语音为标准音，以北方话为基础方言，以典范的现代白话文著作作为语法规范"。"普通话"一词开始以明确的内涵被广泛应用。

2月7日

1856年2月7日　海涅逝世

1797年12月13日，德国伟大诗人、政论家海涅出生于德国杜塞尔多夫一个犹太商人的家庭。海涅的早期作品极具浪漫主义色彩。1843年海涅和马克思相识，在马克思的影响下写成《时代诗歌》。他的长篇政治讽刺诗《德国——一个冬天的童话》，尖锐讽刺了普鲁士封建王朝的反动统治，号召被压迫群众起来，建立自由的人间乐园。

▲德国诗人海涅

1845年起，他即身受瘫痪症的折磨，1848年5月，其最后一次出门，去了法国的卢浮宫，断臂的维纳斯令他无比伤感。对这一次旅行，他曾这样记述道：在她的脚下，我躺了许久，尽情悲伤了一阵，我相信大约连石人也要哀怜我了。女神似乎怜悯地望着我，但是并不慰藉，她好像在对我说：你看不见吗？我并无手臂，因此我无法帮助你。

末一句垂泪的微笑，正是海涅式的幽默，此后，在经历了8年"床褥墓穴"的生活后，1856年2月7日，海涅逝世。

1984年2月7日　人类第一次太空行走实验

1984年2月7日，当两名美国宇航员从航天飞机"挑战者"号中自由飞出后，首次成为两颗人体卫星。

布鲁斯·麦坎德利斯和罗伯特·L·斯图尔特进行了使用喷气背包的试验，这是世界上第一次不系安全带的太空行走，历时5小时。

◀人类行走在太空

两位宇航员进入太空中时身穿用金属链连接的两截充有冷却液的贴身内衣，外罩铠甲、手套、长统靴和盔帽，都通过金属链与躯体部分连在一起。宇航服的关节部分是可折皱的软结构，因此宇航员穿上后可以自由活动。

这一创举，是对可保证人类在太空中随意工作装置的试验。麦坎德利斯还首次解开系绳在太空中行走了170米。

2月8日

1926年2月8日

玛雅人金字塔被发现

1926年2月8日，一支在尤卡坦密林中考察的美国考古探察队报告说，他们在加勒比海岸附近发现了一座埋没的玛雅人城市，城中的10多座建筑和6座寺院都保存完好。这座叫做"姆伊尔"的城市曾是玛雅人各城市与中美洲之间重要的通商路线的途经站。

考察家们的这一发现证实了长期以来传说的关于丛林中有一座消失了的玛雅人城市的说法。

▼玛雅金字塔

2月9日

1900年2月9日

世界网球赛戴维斯杯产生

1900年2月9日，才华横溢的美国大学生运动员德怀特·F.戴维斯提出，他要提供一个新的网球奖杯。这是一只银质奖杯，大约有36磅重，它将奖给该年在罗得岛纽波特举行的跟英国队对抗比赛中的冠军队。此举后来被沿用至今，世界网球公开赛冠军杯便被命名为"戴维斯杯"。

▼戴维斯杯

戴维斯杯网球赛是每年一度的世界男子网球团体赛，也是世界网坛层次最高、影响最大的国际性团体赛，由国际网球联合会主办，除了奥林匹克网球比赛外是历史最长的网球比赛。

1998年2月9日

我国转基因羊研究获重大突破

中国科学院院士曾溢滔教授1998年2月9日在上海医学遗传研究所国家重点实验室学术委员会会议上公布，上海医学遗传研究所与复旦大学遗传所合作，从1996年春季

▶我国的转基因羊

开始，进行了119头羊的转基因试验，在上海奉新动物试验场，已获得5头与人凝血因子IX基因整合的转基因山羊，其中一头已进入泌乳期。这头羊分泌的乳汁含有血友病人所需的凝血因子IX活性蛋白。这种蛋白经过特殊的提炼，将成为血友病人的治疗药物。

这表明，我国关于转基因的研究已获得重大突破。为转基因动物的大规模产业化提供了基础。

2月10日

1837年2月10日　普希金逝世

普希金是19世纪俄国最伟大的诗人、俄国文学的鼻祖，俄国近代文学的奠基人，主要作品有浪漫主义诗歌《鲁斯兰和柳德米拉》，叙事诗《茨冈》，政治诗《自由颂》，长诗《青铜骑士》，长篇诗体小说《叶甫盖尼·奥涅金》和关于普加乔夫起义的长篇小说《上尉的女儿》。1837年2月10日，普希金逝世，年仅38岁。

1923年2月10日　德国物理学家伦琴逝世

威廉·康拉德·伦琴是著名的德国物理学家，X射线的发现者。1895年，伦琴发现阴极射线管发出了一种新射线，因为当时还不知道这种射线的属性，他便将这种射线命名为X射线。之后，伦琴对X射线的性质进行了深入的考察。几周之后，第一张X光照片问世，照片上显示出人手的骨骼图像。X射线很快被医学界用于诊断疾病、探查体内异物等。

X射线的发现宣告了现代物理学时代的到来，为创立电子论提供了有力的实验证据。为了表彰与纪念伦琴这一划时代的发现，X射线被命名为"伦琴射线。"1901年，伦琴成为第一个诺贝尔物理学奖的获得者。

2月11日

1990年2月11日　曼德拉获释出狱

1990年2月11日下午4时，南非著名黑人领袖纳尔逊·曼德拉自由地步出了南非开普省的维克托·韦斯特监狱，结束了他历时27年之久的铁窗生涯。

2月12日

1809年2月12日　达尔文诞辰

达尔文是英国伟大的生物学家、进化论的奠基人，生于1809年2月12日。在1859年出版了《物种起源》一书，提出了生物进化论学说。该学说摧毁了数千年来统治人类思想的各种唯心的神造论和生物不变论，导致了中世纪神学的土崩瓦解。1882年4月19日，达尔文因心脏病发逝世。

1912年2月12日　中国的封建帝制结束

1911年10月，武昌起义爆发，各省纷纷响应。清廷企图用袁世凯来镇压武昌起义。袁世凯在帝国主义的支持下，对革命党人威逼利诱，在得到由其出任民国总统的保证后，转对清廷施压，逼使清廷交出政权。1912年2月12日，宣统皇帝在尊号不变、每年领取400万元费用、暂居宫内等优待条件下，被迫宣布退位，在中国延续了两千多年的封建帝制自此告终。

2月13日

1949年2月13日　亚洲运动会联合会成立

　　1949年2月13日，亚洲运动会联合会在印度首都新德里成立，总部设在科威特。1981年11月26日和1982年11月16日，亚洲运动会联合会举行会议，决定将亚洲运动会联合会改名为亚洲奥林匹克委员会，简称为亚奥理事会，其宗旨是促进亚洲体育运动的发展，保证每4年举办一次亚洲运动会。

2月14日

1912年2月14日　聂耳诞辰

　　1912年2月14日，聂耳出生于昆明。他从小就喜爱音乐。1932年4月，聂耳通过左翼剧作家田汉，建立了与左翼文艺界的联系。1933年他加入了中国共产党，积

▶聂耳和他的《义勇军进行曲》

极从事左翼音乐、戏剧和电影工作，成为中国新音乐的开路先锋和反法西斯的勇士。1935年7月17日，聂耳在日本旅居期间，不幸溺水身亡，年仅23岁。

　　聂耳谱写的《义勇军进行曲》于1949年9月27日经全国政协第一届全体会议决议，作为中华人民共和国正式国歌未制定前的国歌；1982年12月4日，正式定为《中华人民共和国国歌》。

1946年2月14日
世界上第一台计算机诞生

　　第二次世界大战期间，美国军方要求宾夕法尼亚大学莫奇来（Mauchly）博士和他的学生爱克特（Eckert）设计以真空管取代继电器的"电子化"电脑——ENIAC（Electronic Numerical Integrator and Calculator）以用来计算炮弹弹道。1946年2月14日，ENIAC诞生。

　　在当时，这个庞然大物的计算速度可称得上是极快，每秒可进行5000次的加法运算，但和现在的计算机相比，它甚至还不如一些高级袖珍计算器，但它的诞生为人类开辟了一个崭新的信息时代，使得人类社会发生了巨大的变化。

　　1996年2月14日，在世界上第一台电子计算机问世50周年之际，美国副总统戈尔再次启动了这台计算机，以纪念信息时代的到来。

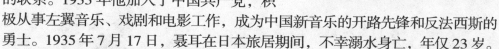

▶人类的第一台计算机

　　这部机器共使用了18800个真空管，长50英尺，宽30英尺，占地1500平方英尺，重达30吨。但它耗电惊人，据传ENIAC每次一开机，整个费城西区的电灯都因之黯然失色。而且，真空管的损耗率相当高，几乎每15分钟就可能烧掉一支真空管，使用上极不方便。

2月15日

1989年2月15日　苏联军队全部撤出阿富汗

1978年4月，阿富汗发生了军事政变，推翻了达乌德总统的政权。但是，在苏联支持下夺取政权的人民民主党内部矛盾很深，阿富汗政局日趋混乱。1979年12月，苏联悍然武装入侵阿富汗，从而拉开了阿富汗战争的序幕。

苏联的武装入侵激起了阿富汗全国范围内的顽强抵抗，联合国也曾先后通过10项决议，谴责苏联对阿富汗的侵占和占领。

1982年，在联合国的调解下，巴基斯坦政府和喀布尔政权开始了政治解决阿富汗问题的间接会谈，并于1988年4月在日内瓦达成协议，苏联和美国作为执行协议的保证国也在协议上签了字。

1989年2月15日，驻阿富汗苏军司令格拉莫夫中将和最后一批苏军人员通过苏联西南部乌兹别克共和国与阿富汗交界的阿姆河上的"友谊桥"进入苏联国境，从而结束了苏军对阿富汗长达9年的占领。

2月16日

1988年2月16日　叶圣陶逝世

叶圣陶，原名叶绍钧，江苏苏州人，著名作家、教育家、出版家和社会活动家。1919年叶圣陶参加了李大钊、鲁迅支持的北京大学学生组织的"新潮社"。1921年与郑振铎、茅盾等人组织发起了"文学研究会"，并与朱自清、俞平伯等创办了我国文坛第一个诗刊《诗》月刊。

1946年后，叶圣陶积极投身爱国民主运动。新中国成立后，曾任出版总署署长、教育部副部长兼人民教育出版社社长及中央文史研究馆馆长等职。

1988年2月16日叶老逝世，终年94岁。他创作的《稻草人》是我国第一部童话集，其主要代表作有长篇小说《倪焕之》、短篇小说《多收了三五斗》等。

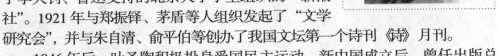

▶ 著名教育家叶圣陶

2000年2月16日　德总统为纳粹大屠杀道歉

2000年2月16日，德国总统约翰内斯·劳在以色列议会为在第二次世界大战期间纳粹德国的大屠杀暴行表示道歉，并强调应该教育年轻一代汲取历史教训。劳说，为了德国人民的子孙后代能够与以色列人民的子孙后代和睦相处，他要在几百万大屠杀受害者面前低头请罪，代表德国、他本人及他这一代人为德国过去所作的一切表示道歉，并请求宽恕。

2000年3月，德国在首都柏林为一座纳粹大屠杀纪念馆举行了奠基仪式，这表明德国人民为了牢记历史教训正在做出诚恳的努力。

▲约翰内斯·劳总统

2月17日

1673年2月17日

法国著名戏剧家莫里哀逝世

　　莫里哀原名让·巴狄斯特·波克兰，他从小喜爱戏剧，靠演戏为生，是世界上数一数二的戏剧家。他的喜剧成就超过了古典主义悲剧，成为法国古典主义最杰出的代表。曾创作并演出了《伪君子》、《吝啬鬼》、《多情的医生》、《无病呻吟》等近40部喜剧。伏尔泰称其为"描绘法兰西的画家"。

▲莫里哀

　　莫里哀主张作品要自然、合理，强调以社会效果进行评价。他的喜剧已成为典范性作品，影响了许多国家喜剧的发展，代表着"法兰西精神"。其剧作已译成几乎所有的重要语言，是世界各国舞台上经常演出的剧目，成为世界文学宝库中一份珍贵的遗产。

　　1673年2月17日，这位伟大的戏剧家逝世，年仅41岁。

1973年2月17日　毛泽东会见基辛格

　　1973年2月17日，毛泽东在中南海会见美国总统国家安全事务助理亨利·基辛格博士。双方就中美关系及其他多项国际问题进行了友好、坦率的谈话。并于会后发表了著名的《中美上海公报》。

　　该公报的发表是两国关系史上一个具有划时代意义的里程碑，宣告了中美关系的大门由此打开。公报为处理中美关系确定了基本指导原则：美方承认只有一个中国，台湾是中国的一部分。这些原则在后来的两国建交公报和"八·一七"公报中得到进一步确认和发展。

▶毛泽东和基辛格亲切交谈

2月18日

1930年2月18日　冥王星被发现

1930年2月18日，美国罗亚尔天文台的科莱特·汤博发现了太阳系的又一颗行星。一名英国少女提议定名为"冥王星"。多年来，冥王星一直被认为是太阳系中最后一颗被发现的行星，直到2005年"齐娜"的被发现。多年来，冥王星一直以太阳系第九大行星的身份示人，但根据最新的资料显示，由于其直径只有2300千米，实在难当第九大行星之名。2006年8月4日，第26届国际天文联合会做出了将其开除出太阳系九大行星行列的决定，将其列入矮行星之列。

2月19日

▶哥白尼纪念馆和他的雕像

1473年2月19日　哥白尼诞辰

1473年2月19日，伟大的天文学家、地动学说的创立人哥白尼诞生在波兰托伦城的一个普通商人的家里。

1491年，他到当时波兰首都克拉科夫大学学习天文和数学，之后又到意大利学习"教会法"。但他对天文学的研究一刻也未曾停止过，进行了无数次天文观察和测量，搜集到了大量的天文资料。1506年，哥白尼回到波兰赫尔斯堡，将收集到的大量天文资料整理汇编成了《试论天体运行的假说》一书，这实际上就是"日心说"的提纲。

1912年，他迁居弗隆堡，在那里他修建了一座小小的天文台，用自制的简陋仪器，不分昼夜地观察天文。这就是天文学史上著名的"哥白尼塔"。自17世纪以来，它作为天文学圣地保留至今。

哥白尼不顾教会的迫害，甚至不顾战争的血雨腥风，每天登上角楼，坚持天文观测工作，并写成了巨著——《天体运行》。它的发表，开辟了人类宇宙观的新纪元，恩格斯称之为自然科学从宗教神学中解放出来的"独立宣言"。

1997年2月19日　邓小平逝世

邓小平是我国伟大的无产阶级革命家、政治家、军事家、外交家，四川广安人。1920年赴法国勤工俭学，1924年参加中国共产党，后转往苏联学习。回国后积极参加抗日战争及解放战争。

1952年邓小平任中央人民政府政务院（1954年改为国务院）副总理。在八届一中全会上当选为中央政治局常务委员、中央委员会总书记。"文革"期间，被"四人帮"迫害，即不再担任领导职务。

▲伟人的仰望

党的十一届三中全会后，邓小平成为中国共产党第二代中央领导集体的核心，领导全国人民开辟了建设有中国特色社会主义的新道路。他提出了解放思想，实事求是，团结一致向前看的方针和坚持四项基本原则的主张。他提出把全党全国的工作重点转移到经济建设上来，建设有中国特色的社会主义。他提出了"一个国家、两种制度"的构想。1992 年春，他视察南方明确提出了建立社会主义市场经济体制，加快改革的步伐的伟大战略。被人们亲切地称作我国社会主义改革开放和现代化建设的总设计师。

1989 年 11 月，中共十三届五中全会同意他辞去中央军委主席职务，退出领导岗位。1997 年 2 月 19 日，这位伟大的老人在北京去世。

2月20日

▶ 中国南极长城站全貌

1985 年 2 月 20 日
中国南极长城站胜利建成

1985 年 2 月 20 日，我国第一个南极科学考察站——中国南极长城站胜利建成，标志着我国南极科学考察进入了一个新阶段。

长城站位于南极的乔治岛，占地一平方千米，站内各种科研和生活设施齐全。长城站是我国在南极的第一个科学基地。长城站的落成，结束了我国南极考察初期的帐篷时代，填补了我国科学事业上的一项空白，标志着我国的极地考察事业发展到了一个新的阶段。每年都有科学工作者前往度夏或越冬，从事各项专题性的考察，是一座微型的袖珍城。

2月21日

1972 年 2 月 21 日　尼克松访华

1972 年 2 月 21 日，美利坚合众国总统理查德·尼克松到达北京。这是美国总统第一次访问中华人民共和国。

▶ 周恩来在机场迎接尼克松

尼克松访华是中美关系史上重要的一页，它标志着中美在对抗 20 多年之后两国关系正常化过程的开始，为日后中美关系的进一步改善和发展打下了坚实的基础。

2月22日

1732 年 2 月 22 日　华盛顿诞辰

华盛顿生于 1732 年 2 月 22 日。16 岁时华盛顿就开始独立谋生，21 岁时，他已担任弗吉尼亚民兵少校副长官。在美国独立战争中，华盛顿被委任为大陆军的总司令，为美国独立和统一立下了不朽的功勋，在美国人民的心中享有极高的声望。美国联邦党国会议员亨利·李评价华盛顿说："他是战争中的第一人，和平中的第一人，他的同胞心中的第一人。"

▶美国领袖华盛顿

1997年2月22日 克隆羊多利诞生

1997年2月22日，英国生物遗传学家维尔穆特首次披露自己成功地克隆出一只羊，取名"多利"。"多利"的诞生震惊了世界。它被美国《科学》杂志评为1997年世界十大科技进步的第一项，也是当年最引人注目的国际新闻之一。科学家认为，多利的诞生标志着生物技术新时代的来临。

▼克隆羊多利和她的"父亲"

2月23日

1855年2月23日 高斯逝世

1855年2月23日，德国著名的科学家高斯逝世。高斯在天文、数学、物理学上成就卓越，被誉为"数学王子"。

高斯的主要著作有：《地磁概论》、《数论研究》、《天体运动论》等。高斯的《全集》从1863年起至1933年进行了出版，共12卷，这是高斯为全人类留下的宝贵的精神财富。

▼伟大的数学家高斯

1988年2月23日

《红高粱》获金熊大奖

1988年2月23日，由西安电影制片厂摄制，张艺谋导演，巩俐、姜文担纲主演的影片《红高粱》，在第38届西柏林国际电影节上荣获金熊大奖。

西柏林国际电影节是当代世界三大电影节之一，历来都是世界各地电影强手逐鹿之地。张艺谋的一举夺冠，是中国电影也是亚洲电影第一次在西柏林国际电影节获得大奖。

▲著名导演张艺谋和演员巩俐

2月24日

▶大学者胡适

1962年2月24日 胡适逝世

胡适，中国现代杰出学者。原名洪骍，字适之。安徽绩溪人。早年接触新学，信奉进化论。1910年赴美国，先后就读于康奈尔大学和哥伦比亚大学。

1917年初在《新青年》上发表《文学改良刍议》，提倡白话文，主张文学革命，是当时新文化运动的著名人物。1919年7月在《每周评论》上发表《多研究些问题，少谈些"主义"》一文，以改良主义反对用马克思主义指导中国革命。提出"大胆假设，小心求证"的历史研究方法，影响颇大。

九一八事变后，创办《独立评论》，发表"全盘西化"主张。

著有《中国哲学史大纲（上卷）》、《白话文学史》（上卷）、《胡适文集》等。

胡适于1948年前往美国，1962年2月24日，在台湾逝世。

1848年2月24日 《共产党宣言》出版

1848年2月24日，马克思和恩格斯合著的《共产党宣言》在伦敦第一次出版。这个宣言是共产主义者同盟第二次代表大会委托马克思、恩格斯起草的同盟纲领。

《共产党宣言》是科学共产主义的第一个纲领性文件，它标志着马克思主义的诞生，这部著作从诞生起就鼓舞和推动着全世界无产阶级争取解放斗争，成为无产阶级最锐利的战斗武器。

1920年，在《宣言》问世后的72年，由陈望道从日文译成中文出版。

2月25日

▶金大中和夫人在总统就职典礼上

1998年2月25日
金大中当选韩国总统

金大中1925年12月3日生于韩国全罗道新安郡荷衣岛一农民家庭，自幼便表现出对政治有浓厚兴趣。

1943年，金大中从木浦商业学校毕业后就读于高丽大学和庆熙大学研究院及建国大学外交政治系。其早年曾经营过实业，办过报纸。50年代起投身政界，6次当选国会议员；60年代以"懂经济的年轻议员"扬名全国。1971、1987、1992年3次竞选总统，均未成功。

1997年12月19日，韩国中央选举管理委员会正式公布总统选举结果，金大中以40.4%的得票率，战胜竞选对手，于古稀之年当选韩国第15届总统，入主青瓦台（总统府）。

1998年2月25日，金大中宣誓就任韩国总统。

2月26日

1802年2月26日 雨果诞辰

雨果是法国著名作家、诗人，1802年2月26日生于法国东部城市贝桑松一军官家庭，是法国浪漫主义运动的杰出代表。其早期作品将中世纪理想化，歌颂波旁王朝复辟，后受进步思想的启发，逐步摆脱保皇党观点，代表作有：《悲惨世界》、《巴黎圣母院》、《海上劳工》、《笑面人》、《九三年》等。1885年5月22日，雨果在巴黎逝世。

▲ 维克多·雨果像

1841年2月26日 关天培血战虎门

关天培，江苏淮安府山阳县人，1834年调任广东水师提督。

鸦片战争爆发后，昏聩的道光皇帝屈从侵略者的要求，将林则徐革职，派直隶总督琦善替任。琦善到任后，却下令撤除海防，正迎合了英军的需要。

▲ 民族英雄关天培像

1841年1月，英军乘虚攻陷沙角、大角两炮台，虎门形势万分危急。关天培坐镇前线，向琦善请求增援不成。忧愤交加之中，他拿出自己的银钱补充军饷，鼓励将士英勇杀敌，又将数枚脱落的牙齿和几件旧衣寄给家眷，誓与炮台共存亡。

2月26日，英军向虎门大举进攻。关天培率领将士顽强坚守，无奈寡不敌众，当敌人从炮台背后蜂拥而上时，为了不使提督大印落入敌手，关天培急令随从将大印带走，自己仍坚持指挥。最终，这位年逾六旬的老将不幸中弹牺牲，守卫炮台的400多名将士全部壮烈殉国。

1993年2月26日 纽约世贸中心发生大爆炸

世界贸易中心大厦坐落在纽约市中心曼哈顿岛的南端，是当时世界第二大摩天高楼。

1993年2月26日中午，纽约世贸中心大楼突然发生剧烈爆炸，造成5人死亡，700多人受伤，经济损失惨重，被称为"纽约几十年来从未有过的大悲剧"。

▲ 遥望曼哈顿美丽的夜景

2月27日

1936年2月27日
巴甫洛夫逝世

伊万·彼得罗维奇·巴甫洛夫生于1849年，是俄国著名的生理学家，其在血液循环生理学、消化系统生理学及高级神经生理学等领域为生理学的发展做出了杰出的贡献，其最杰出的贡献在于阐明了条件反射的概念，从而开辟了高级神经活动生理学的研究。

1904年，为表彰其在消化系统生理学方面取得开拓性的研究成就，斯德哥尔摩的卡罗琳医学院授予他诺贝尔生理学与医学奖。巴甫洛夫成为俄国第一个获得诺贝尔奖的科学家，也是世界上第一个获得诺贝尔奖金的生理学家。

2月28日

1972年2月28日　《中美联合公报》在上海发表

1972年2月，美国总统尼克松应邀访华，并于2月21日会见了中国共产党主席毛泽东，两位领导人就中美关系和国际事务认真、坦率地交谈了意见。并于1972年2月28日，在上海发表了《中美联合公报》。《中美联合公报》是中美两国政府就分步骤直到最后解决美国售台武器问题达成的协议。

《公报》指出：中美两国的社会制度和对外政策有本质的区别。但是双方同意，各国不论社会制度如何，都应根据和平共处的五项原则来处理国与国之间的关系。中国方面重申"中华人民共和国政府是中国的唯一合法政府"，"台湾是中国的一个省"，"解放台湾是中国的内政，别国无权干涉"。美国方面声明"美国认识到，在台湾海峡两边所有的中国人都认为只有一个中国，台湾是中国的一部分。美国政府对这一立场不提出异议，并确认从台湾撤出全部美国武装力量和军事设施的最终目标。"

《公报》为两国关系正常化开辟了新的前景，对缓和亚洲及世界局势做出了贡献，给中美建交奠定了基础。

▲ 尼克松的访华，中美交往的大门被打开

3月1日

1919年3月1日　朝鲜爆发"三一"起义

中日甲午战争后，日本先后从朝鲜赶走了大清帝国和俄国的势力，形成了一家独霸的局面，并于1905年11月，强迫朝鲜签订《乙巳保护条约》，使朝鲜沦为"保护国"。1907年，日本胁迫皇帝李熙退位，由太子即位。

1910年，日本正式吞并朝鲜，实行最残酷、最野蛮的"武断政治"：禁止朝鲜人民使用本民族语言，以日语为"国语"；在学校禁止讲授朝鲜的历史和地理，诬蔑朝鲜自古以来就没有自己的国家，是"劣等民族"。这一恶行激起了朝鲜人民无比的愤怒。1919年1月22日，废王李熙突逝。"他被日本帝国主义所毒死"的传言不胫而走，熊熊怒火在朝鲜人民心头如岩浆般迸发出来。

1919年3月1日，成千上万的朝鲜民众在汉城塔洞公园举行反日、争取独立集会，并举行了声势浩大的游行示威，并迅速转为武装起义。日本荷枪实弹的占领军对示威群众实行了血腥镇压。据不完全统计，从3月1日到5月31日，就杀害7500多人，打伤15900多人，逮捕入狱46900多人！

朝鲜"三一"起义是俄国十月革命后亚洲民族解放运动中的一件大事。诚如金日成将军所指出的那样："三一"起义为转折点，资产阶级民族运动的时期宣告结束。

3月2日

公元641年3月2日
文成公主入藏

公元641年3月2日（唐贞观十五年一月十五），文成公

松赞干布像 ▶
◀ 文成公主塑像

主在江夏王礼部尚书李道宗的护送下，经过青海入吐蕃与松赞干布完婚。松赞干布亲迎到青海，并在拉萨特地修筑了宫城（布达拉宫）作为寝宫居住。

文成公主从大唐带去了大批生产工具、菜种、医疗器械以及经、史、诗文、历算、医药和工艺等书籍，后来又从内地引进蚕种，并求得酿酒、纸、墨工匠入藏传授技艺等，极大地促进了内地与吐蕃的经济和文化交流，使吐蕃呈现出欣欣向荣的景象。

文成公主入吐蕃与松赞干布成婚，对加强唐蕃友好和发展吐蕃经济文化所做出的贡献，永远受到后人的称赞。

1930年3月2日　中国左翼作家联盟成立

第一次国内革命战争失败后在中国共产党的领导下，1930年3月2日，中国左翼作家联盟在上海中华艺术大学召开成立大会，简称"左联"。鲁迅、茅盾、丁玲、夏衍、田汉等50多人参加。鲁迅发表了《对于左翼作家联盟的意见》的演说。

"左联"提倡文艺大众化，宣传无产阶级文艺思想，批判各种错误的资产阶级文艺思想并提出了文艺要为"工农大众"服务的方向。为团结革命作家、培养文学青年、打击反动统治做了大量工作，对无产阶级革命文艺事业的发展做出了积极的贡献。"左联"成立后，进步的文艺工作者开展了强有力的无产阶级革命运动，但遭到国民党反动派疯狂镇压。"左联五烈士"柔石、殷夫、胡也频、李伟森、冯铿英勇就义。

"左联"在文学创作上的杰出成就首推茅盾的长篇小说《子夜》和短篇小说《农村三部曲》、鲁迅的杂文和历史小说《故事新编》。

1936年春，为了建立文艺界抗日民族统一战线，"左联"自动解散。虽然"左联"的历史不过短短6年，但是它以在当时的巨大作用以及对后世的深远影响，成为中国革命文学史上的丰碑。

▼ "左联"历史虽短，但影响深远

▶中国左翼作家之一的茅盾

3月3日

1971年3月3日　我国发射科学实验人造地球卫星

1971年3月3日，在毛泽东"我们也要搞人造卫星"指示的鼓舞下，我国成功地发射了一颗科学实验人造地球卫星。

卫星重221千克，运行轨道距地球最近点266千米，最远点1826千米，绕地球一周需时106分钟，用20009兆赫和19995兆赫的频率向地面发回各项科学实验数据。卫星上带有宇宙线、X射线、高磁场和轨道外热流探测器，使我国首次用卫星获取了空间物理数据。

1990年3月3日　人类第一次胜利徒步横穿南极

在20世纪中后期，世界上陆续有10多个国家在南极大陆四周设立了140多个考察站。但是，南极大陆的腹地对人类来说仍旧是个谜。为了揭开南极腹地之谜，由中、美、苏、英、法5个联合国安理会常任理事国和日本各派一名人员组成的"1990年国际横穿南极考察队"，准备完成人类历史上第一次徒步横穿南极大陆的伟大创举。中科院兰州冰川冻土研究所副研究员秦大河代表中国加入了考察队。

1990年3月3日，6名成员历时7个多月，跋涉5984千米，终于到达了苏联和平站。

▲行进中的破冰船

这次考察，向全世界显示了各国在南极考察活动中所遵循的"合作、和平与友谊"的精神，唤起了国际社会对地球上最后一块原始大陆的珍爱和关注。是20世纪以来，人类在到达地球的两极、登上珠穆朗玛峰、飞上月球之后取得的又一次具有重大意义的胜利。

3月4日

1951年3月4日　第一届亚洲运动会开幕

1951年3月4日~10日，由亚洲奥林匹克理事会主办的首届亚洲运动会在印度首都新德里举行。参赛的有阿富汗、缅甸、锡兰（现斯里兰卡）、印度尼西亚、伊朗、日本、尼泊尔、菲律宾、新加坡、泰国、印度等11个国家。运动员总计489名，其中女选手有31名。首届亚洲运动会的比赛项目有田径、游泳、举重、自行车、篮球和足球几个项目，共59枚金牌。

开幕式前夕，中国体育观光团应印度体育协会的邀请参观了亚运会，但并未派运动员参赛。

3月5日

▶平凡而高尚的
雷锋同志

1963年3月5日　《人民日报》发表
毛主席题词："向雷锋同志学习"

雷锋，1939年出生于湖南望城县安庆乡的一个贫农家庭，7岁就成了孤儿。在党和人民的培育下，成长为一名自觉的共产主义战士。1960年参军，同年11月加入中国共产党。

▼毛主席的亲笔题词：
向雷锋同志学习

他克己奉公，助人为乐，为集体、为人民做了大量的好事。雷锋始终"把别人的困难，当成自己的困难；把同志的愉快，看成自己的愉快"。他一向勤俭节约，艰苦奋斗，生活上从不乱花一分钱。1962年8月，雷锋因公殉职，年仅22岁。

1963年3月5日，《人民日报》发表毛泽东的题词："向雷锋同志学习"。此后，在全国迅速掀起了一个学习雷锋先进事迹的热潮。

1978年3月5日
中国新宪法颁布

1978年3月5日，五届人大常委会第一次会议正式以国家最高权力机关的名义审议通过新宪法。这部宪法基本上恢复和坚持了1954年宪法的一些好的原则和制度，用根本大法的形式规定了全国人民在新时期的总任务，为四个现代化确立了法律基础，坚持了民族团结，民族平等的原则和国际团结的原则。但由于当时受"两个凡是"错误方针的影响，所以仍有一些"左"的历史痕迹，有些条文的规定上欠严谨、具体和明确。

1989 年 3 月 5 日
拯救臭氧层世界大会召开

1985 年，科学家们发现南极上空有一个大小如美国大陆面积的臭氧层空洞，并且发展速度之快令人咋舌，长此下去，人类的生存将会受到极大威胁。

在当时英国首相撒切尔夫人的倡仪下，1989 年 3 月 5 日到 7 日，拯救臭氧层世界大会在英国伦敦召开，旨在动员发展中国家参加《蒙特利尔议定书》，该议定书是 1987 年在蒙特利尔保护臭氧层国际大会上通过的一项条约，它规定"工业化国家在本世纪末把氯氟烃使用量减少 50%"。

这次大会极大地增进了人们对臭氧层被破坏危害性的认识。

▲ 地球上空的臭氧层空洞图像

1982 年 12 月 4 日，五届人大五次会议通过颁布了我国新的宪法。新宪法是在 1954 年第一届全国人大会议制定的《中华人民共和国宪法》及以后几次修改的基础上制定的，指导思想是四项基本原则。

三月

037

臭氧层是大气平流层中臭氧集中的层次，距离地面高约 20~25 千米，能把太阳辐射到地球表面的紫外线吸收掉 99%，从而有效地保护地球上的生命免遭紫外线的伤害。

造成臭氧层耗损的罪魁是氯氟烃，氯氟烃又称氟利昂，发明于 1930 年，被广泛应用于电冰箱、空调器、泡沫塑料、溶剂、喷雾剂和电子工业中，在被发明半个世纪之后，科学家们才发现它在为人类造福的同时也给人类带来了危害，它不仅能破坏臭氧层，而且能加剧温室效应。

3月6日

1986 年 3 月 6 日
宇宙飞船发回哈雷彗星照片

1986 年 3 月 6 日，苏联宇宙飞船"维加一号"飞入了离哈雷彗星 5500 英里距离范围内，拍发回第一批彗星的冰核照片和电视图像。

哈雷彗星，每 76 年才能返回地球一次。它的核由直径大约 3 英里的冰组成，彗星那条长长的尾巴，是太阳的热能使彗星融化而释放的气体。来自宇宙飞船和科学仪器的数据表明，这条尾巴要比过去人们料想的大 2~3 倍。

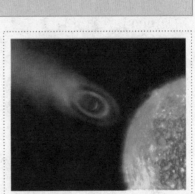
▲彗星的冰核和它长长的彗尾

3月7日

1965年3月7日　美国黑人举行自由大游行

1964年约翰逊总统提出《民权法》后，马丁·路德·金把运动的重点放在亚拉巴马州塞尔马城黑人选民登记问题上。在该城14000名黑人居民中只有335人被登记，增加登记人数的尝试遭到地方当局的阻止。

1965年3月7日，一支黑人抗议的游行队伍向州首府蒙哥马利进发，但遭到当局的暴力驱散，其中一名示威者被杀，由此引致数万名黑人的抗议游行。

两周后，联邦政府管辖下的一支国民警卫队，向金亲自率领的和平游行队伍提供保护。25000人冒雨在塞尔马集合，步行52英里来到蒙哥马利，金在那里向群众发表了讲话。

◀ 游行队伍向州府蒙哥马利进发，州军队用暴力驱散了游行队伍

1998年3月7日
世界上第一条主要用于互联网传输的海底电缆开通

1998年3月7日，世界上第一条主要进行互联网信息传输服务的横跨大西洋海底通信电缆提前正式开通。这条电缆连接伦敦和纽约，信息传输速率每秒达300亿比特，相当于同时传送50万路电话。

3月8日

中国妇女第一次举行"三八"节纪念活动是在1924年，会议由我国妇女运动的先驱何香凝主持，会上提出了"打倒帝国主义"、"保护妇女儿童"的口号。充分显示了中国劳动妇女的觉醒和力量。

1909年3月8日
美国芝加哥劳动妇女举行大罢工

1909年3月8日，美国芝加哥的劳动妇女和全国纺织服装工业的女工举行罢工游行，要求增加工资，实行8小时工作制和拥有选举权。这是历史上妇女的第一次游行示威，得到了美国和世界各国劳动妇女的热烈支持和响应。

1910年8月，在哥本哈根举行的第二届国际社会主义妇联大会上，正式确定每年的3月8日为国际劳动妇女节，以此团结和动员全世界广大劳动妇女反对战争、反对压迫、争取自身解放。

1917年3月8日
俄国二月革命爆发

二月革命前的俄国，经济落后，国内充满尖锐复杂的矛盾，统治者沙皇尼古拉二世虽然平庸无能，却是镇压革命的老手，人民称他为"血腥的沙皇"，为了对外掠

▼沙皇尼古拉二世和他的皇后

夺，他把俄国拖入了第一次世界大战。结果俄军大败，使本来就落后的经济更是雪上加霜。

1917年1月，在布尔什维克党的号召下，俄国各地爆发了大规模罢工示威，纪念1905年的"流血星期日"。3月8日（俄历2月23日）彼得格勒约13万工人举行罢工和游行。接着，首都各大工厂又举行了有30万人参加的联合总罢工。革命风暴使沙皇尼古拉二世惊慌失措，进而疯狂镇压，使总罢工转变为武装起义。群情激昂的起义工人和觉醒的士兵们迅速占领了沙皇的巢穴冬宫和政府各部，逮捕了沙皇的大臣和将军，尼古拉二世被迫于3月15日引退，让位给其弟米哈依尔，但次日，米哈依尔也宣布退位。统治俄国达304年的罗曼诺夫王朝被二月革命冲垮了。

1952年3月8日　我国政府发表声明，谴责美国使用细菌武器

1952年3月8日，中华人民共和国外交部部长周恩来发表《严重抗议美国政府使用细菌武器屠杀中国人民、侵犯中国领空的声明》。

《声明》指出：美国侵略军自1952年1月28日在朝鲜发动了大规模的细菌战之后，复自2月29日起至3月5日止，先后出动军用飞机68批，448架次侵入我国东北领空，并在抚顺、新民、安东、宽甸、临江等地撒布大量传播细菌的昆虫，并对临江、长甸河口地区进行轰炸扫射。对美国政府这一最野蛮和最残暴的侵略行为，中华人民共和国中央人民政府提出严重抗议。并宣布凡属侵入中国领空、使用细菌武器的美国空军人员，一经俘获，即行作为战争罪犯处理。同时声明，所有因侵犯我国领空、使用细菌武器、并滥施轰炸扫射、虐杀中国人民而招致的一切后果，应由美国政府担负完全责任。

3月9日

意大利航海家亚美利哥

1451年3月9日
意大利航海家亚美利哥诞辰

亚美利哥1451年3月9日生于意大利佛罗伦萨，是著名的航海探险家。1499～1504年间，亚美利哥到美洲探险，对南美洲东北部沿岸作了详细考察，并编制了最新地图。他证明了1492年哥伦布发现的这块土地是欧洲人所不知道的"新大陆"，而不是古老的亚洲。1507年，他的《海上旅行故事集》一书问世，向世界宣布了新大陆的概念。

普多列米的名著《宇宙学》修改出版后，新大陆就以亚美利哥的名字命名——亚美利哥洲，后改称"亚美利加洲"。起初，这一名字仅指南美洲，后来，南美洲和北美洲都统称为"亚美利加洲"。

1823年3月9日　圣西门自杀未遂

圣西门是19世纪初叶法国杰出的思想家，马克思、恩格斯把他同傅立叶、欧文并列为三大空想社会主义者。

▶圣西门

1789 年，法国爆发资产阶级大革命，圣西门积极投入了这场暴风雨般的革命。但是，革命胜利后建立起来的资本主义制度，只给少数富有者和大资产阶级带来了利益，对此，圣西门失望至极，他希望以一个"旨在改善占人口大多数的穷苦阶级命运"的新社会来取代它。

但这在当时根本得不到人们的理解和重视，加之破产的打击，1823 年 3 月 9 日，63 岁的圣西门感到极度痛苦和不安，他再也不能控制自己，愤然地举起手枪……

不过圣西门并没有如愿死去，只是打瞎了一只眼睛。后来，他依靠其学生的帮助，才在晚年时勉强摆脱了贫困的窘境，直到 65 岁去世。

1945 年 3 月 9 日
美军实施日本东京大轰炸

1944 年 11 月~1945 年 8 月，美国空军对日本 98 座城市实行战略轰炸，共出动 B-29 轰炸机 3.3 万架次，投弹 16 万吨，炸死 23 万人，炸伤 35 万人，全日本 24% 的房屋变成废墟，1600 架飞机被毁，1650 艘船舰被击沉击伤。东京是受常规

▲东京大轰炸后的城市废墟

炸弹破坏最严重的城市，也是世界上受常规轰炸死亡最多的城市。仅 1945 年的 3 次轰炸就死亡 14 万人，焚毁全城 50% 以上的房屋，使 100 多万人无家可归。

1945 年 3 月 9 日夜间，334 架 B-29 从关岛直扑东京，实行轮番扫地式的轰炸，投下 2000 余吨燃烧弹，市中心 41 平方千米被夷为平地，26.7 万幢建筑物付之一炬，共炸死烧死 83793 人（实际死亡人数超过 9 万人），另有 10 万人被烧成重伤，100 万人无家可归。

1997 年 3 月 9 日　日全食与彗星同时在漠河出现

1997 年 3 月 9 日 9 点零 7 分 40 秒~9 分 30 秒，黑龙江省漠河县境内发生日全食的罕见天象，在瞬间出现的黑色天幕上，海尔 - 波普彗星若隐若现。8 万多漠河居民和 3000 多位中外专家及天文爱好者，现场感受了这一宇宙壮景。

此次日全食发生于俄罗斯斯比克以北和我国新疆阿尔泰地区，扫过蒙古、我国漠河，最后结束于北冰洋。日食带上唯一的城市——漠河系世界最佳观测点，仰视可见。同时，每日晨昏才匆匆一现的海尔 - 波普彗星也已升至天顶。

3月10日

1876年3月10日　贝尔发明电话

苏格兰人亚历山大·格雷厄姆·贝尔生于1847年，24岁时移居美国，1873年开始担任波士顿大学语言生理学教授。有一天他突发奇想，企图通过一根电报线同时传递几个信息。经过数次试验后，在1876年3月10日，贝尔试验制成的"和谐电报"成为人类有史以来通话成功的第一部电话。1877年，第一份用电话发出的新闻电讯稿被发送到波士顿《世界报》，标志着电话为公众所采用的开端。

中国第一例试管婴儿诞生

1988年3月10日
中国大陆首例试管婴儿在北京诞生

1988年3月10日上午8点56分，在北京医科大学第三附属医院，大陆首例试管婴儿诞生。

这名健康女婴的降生表明了中国大陆现代医学技术完成了一次重大突破。

北京医科大学生殖工程组是从1984年12月开始开展有关试管婴儿的医学研究的。他们克服了没有专家指导、没有设备等种种困难，完全依靠自己的力量揭开了生殖医学的新篇章。

> 世界上第一个"试管婴儿"1978年7月出生在英国曼彻斯特，她被称作"世纪婴儿"，她的诞生被认为是继心脏移植成功后医学上的又一大奇迹。到大陆首例试管婴儿出世时，全世界"试管婴儿"已有6000例。

3月11日

▲南宋纸币交子

1161年3月11日
南宋发行纸币——交子

北宋以前，历代流通的货币都是"硬币"，从贝壳、铁钱、铜钱到白银。到了商品经济繁荣的北宋中期，为了携带方便，在四川地区首先出现了由商人发行的纸币，称"交子"。这是世界上最早的纸币。交子可以在市场上流通，又可以兑换钱银，使用十分方便。

1161年3月11日（宋绍兴三十一年二月十三），南宋政府发行了以铜钱为本位的纸币——交子。直到元朝，马可波罗才将纸币传播到伊朗，而后传到日本、高丽。直到500年后，即1690年，欧洲瑞典才出现纸币。

1974年3月11日　陕西临潼农民发现秦始皇兵马俑

1974年3月11日，陕西省临潼县农民在秦始皇陵园东侧1千米处打井时，发现秦陶俑残片。同年7月，陕西省文物考古部门组织考古队开始对该地进行勘察和清理，先后发现4个兵马俑坑，总面积为25380平方米。

▲中国的奇观——兵马俑

兵马俑排列有序，队形整齐。出土兵器多是实用的青铜兵器，个别的为铁器。许多陶俑身上都雕塑出皮甲，有的则是金属铠甲的模拟物。陶马形象准确生动，比例适度，千人千面体现出静中寓动的艺术效果。如此规模的随葬人俑在人类历史上是绝无仅有的，有着极高的文物价值与考古价值。它为中华民族灿烂的古老文化增添了光彩，也给世界艺术史补充了光辉的一页。

3月12日

1782年3月12日 《四库全书》编纂完毕

乾隆三十八年（1773年）开四库全书馆，历时10年编成。以乾隆第六子领衔编纂，纪昀（晓岚）任总纂官，参加纂修的主要有戴震、邵晋涵、周永年、姚鼐等，参与者达4000余人。第一部《四库全书》于1782年3月12日（乾隆四十七年正月二十九）缮写完毕。全书分经、史、子、集四大类，故称"四库全书"，共收录图书3503种，79337卷，几乎囊括了清乾隆以前中国历史上的主要典籍，是我国历史上最大的一部丛书。

全书共缮写七部，分藏于文渊、文源、文津、文汇、文宗、文溯、文澜七阁。文汇、文宗毁于战火，文源被英法联军烧毁，文渊所藏也多佚失，后经补抄得全。

1925年3月12日 孙中山于北京逝世

孙中山1866年11月12日生于广东省香山县（今中山市），名文，字德明，号日新，又改号逸仙，曾化名中山樵。是中国近代民主革命家、民主革命的先行者。1892年毕业于香港西医书院，其1894年赴檀香山组织兴中会，1905年，在日本领导兴中会联合华兴会和光复会组成中国同盟会，被推举为总理。确定"驱除鞑虏，恢复中华，建立民国，平均地权"的政纲；提出"三民主义"学说；主张用革命手段推翻满清统治。

▶孙中山先生

1912年，孙中山就任中华民国临时大总统，创立了中国历史上第一个共和政体。1912年4月卸任。1919年，孙中山将中华革命党改组为中国国民党，1921年就任非常大总统。1924年1月，在广州召开中国国民党第一次全国代表大会，通过宣言，实行联俄、联共、扶助农工的三大政策，把旧三民主义发展为新三民主义，并改组中国国民党。

孙中山于1925年3月12日在北京逝世，他在遗嘱中表示必须唤起民众并联合世界上下平等对待华夏民族，共同奋斗。1929年6月1日由北京移葬于南京中山陵。

3月13日

1781年3月13日

赫歇尔发现天王星

1781年3月13日这天，生于德国的英国天文学家威廉·赫歇尔用自制的望远镜在双子星座 H 星附近发现了一颗新星及其两颗卫星和土星的两颗卫星。这一发现，使太阳的六大行星变成七大行星。人们将这颗新星命名为天王星。

▼天王星的地表

3月14日

1883年3月14日　马克思逝世

卡尔·马克思1818年5月5日诞生于普鲁士莱茵省特里尔城，曾先后进波恩大学和柏林大学攻读，获哲学博士学位，是马克思主义的创始人，是第一国际的组织者和领导者，是全世界无产阶级和劳动人民的伟大导师。

◄伟大的导师马克思

1847年与恩格斯一起参加了"正义者同盟"（后改组为"共产主义者同盟"），并一起为该同盟起草纲领性文件——《共产党宣言》。1864年参加了"第一国际"成立大会，成为该组织领袖。1867年起发表经济学巨著《资本论》三卷，揭示了资本主义社会的经济运动规律。他创立的剩余价值理论和历史唯物主义，被恩格斯称为两项伟大的发现。

1883年3月14日，马克思在伦敦病逝。

1879年3月14日

爱因斯坦诞辰

阿尔伯特·爱因斯坦是20世纪最伟大的科学家之一，因创立了相对论而闻名于世。1879年3月14日，他出生在德国一个犹太人家庭。1905年获得物理学博士学位，同年发表狭义相对论。他还提出光的量子概念，并用量子理论解释了光电效应、辐射过程和固体比热，发展了量子统计。1921年，因其他物理学方面的杰出贡献，尤其是发现了光电效应定律而获诺贝尔物理学奖。1933年因受德国纳粹反犹太主义狂潮迫害而离开祖国，迁居美国，任普林斯顿高级研究所教授，从事理论物理研究，1940年加入美国籍。

1955年4月18日，这位科学界的伟人病逝于普林斯顿。

▲人类最杰出的大脑

3月15日

1983年3月15日　"国际消费者权益日"确立

美国前总统约翰·肯尼迪于1962年3月15日在美国国会发表了《关于保护消费者利益的总统特别咨文》，首次提出了著名的消费者"四项权利"。即：有权获得安全保障；有权获得正确资料；有权自由决定选择；有权提出消费意见。肯尼迪提出的这四项权利，逐渐为世界各国消费者组织所公认，并作为最基本的工作目标。

为了扩大对消费者权益保护的宣传，使之在世界范围内得到重视，促进国家、地区消费者组织之间的合作和交往，更好地开展保护消费者的权益工作，1983年国际消费者联盟组织将每年的3月15日确定为"国际消费者权益日"。

> 中国消费者协会于1987年9月加入国际消费者联盟组织后，每年的3月15日"国际消费者权益日"，也都组织全国各地的消费者举办大规模的"国际消费者权益日"宣传咨询服务活动。

3月16日

1868年3月16日　高尔基诞辰

马克西姆·高尔基1868年3月16日出生在伏尔加河畔的一个木匠家庭。由于父母早亡，他10岁时便出外谋生，四处流浪。在饥寒交迫的生活中，高尔基通过顽强自学，掌握了欧洲古典文学、哲学和自然科学等多方面的知识。

高尔基是位多产作家，为无产阶级文学宝库留下了一笔巨大的财富。1906年，高尔基的代表作、长篇小说《母亲》完成。《母亲》被公认为世界文学史上崭新的、现实主义的奠基作品。因此高尔基也被誉为苏联文学的奠基人。

1908年3月16日
南丁格尔被授予伦敦城自由奖

英国护理学先驱、妇女护士职业创始人和现代护理教育的奠基人弗罗伦萨·南丁格尔于1820年出生在意大利一个富裕家庭，后移居英国。1850年后，南丁格尔在德国新教徒慈善机关开办的一所医院里学习护理技术。1854~1856年在克里米亚战争中，她率38名护士赴前线参加病员护理工作，她以一颗关怀与仁爱的心，建立了更加完备的医院管理制度，并设法提高护理质量，使伤病员死亡率迅速下降，被战地士兵亲切地称为"提灯女神"。

> 1912年，国际护士会将南丁格尔的生日——5月12日定为国际护士节。她所著的《医院管理须知》、《护理须知》等主要著作成为医院管理、护士教育的基础教材。

▶黑暗中充满仁爱的提灯女神——南丁格尔女士

1860年，南丁格尔在伦敦创办了世界上第一所护士学校——南丁格尔护士学校，极大地推动了西欧各国以及世界各地的护理工作和护士教育的发展。为表彰其杰出的成就，1908年3月16日，授予其伦敦城自由奖。后来，南丁格尔还发起组织了国际红十字会。1910年8月13日，南丁格尔辞世。

3月17日

1966年3月17日　宇宙飞船首次在太空对接成功

宇航员尼尔·A·阿姆斯特朗和戴维·R·斯考特在计划为期3天的飞行使命中进行第五圈飞行时，操纵其双子星号密封舱与阿根纳号宇宙飞船对接成功。半小时后，双子星号密封舱开始旋转并失去控制。随后，宇宙飞船上12只小型助推火箭中的一只因原因不明而起火。宇航员随即将其飞行器与阿根纳号分离，并成功地在太平洋上溅落。

▲太空对接

航天飞机是世界上唯一可重复使用的航天运载器。航天飞机用途广泛，可进行空间交会、对接、停靠、空间科学实验、发射回收或检修卫星，通常可乘7人，飞行时间一般在2周以下，最长可达28天。载人飞船又称宇宙飞船，是一种运送宇航员到达太空并安全返回的一次性使用的航天器。它能基本保证宇航员在太空中短期生活并进行一定的工作。它的运行时间一般是几天到半个月，一般乘2~3名宇航员。

3月18日

▶巴黎公社宣告成立

1871年3月18日
巴黎公社革命爆发

1870年，法国为争夺欧洲霸权而发动了普法战争，结果法军惨败，10万普军直逼巴黎。资产阶级政府的阶级压迫和民族投降政策，激起了广大民众极大的愤恨，于是巴黎工人组成了国民自卫军奋起抗战。1871年3月18日，在国民自卫军中央委员会的领导下举行了武装起义，巴黎公社革命爆发。巴黎民众迅速占领了巴黎市政府，并推翻了资产阶级反动统治。随后，巴黎群众选举产生了一个真正代表人民利益的无产阶级政权——巴黎公社，公社委员会由工人或被公认为工人阶级的代表组成。巴黎公社是人类历史上第一次无产阶级专政的尝试。

但年轻的公社缺乏坚强、正确的领导，5月21日，凡尔赛反革命集团在普鲁士军队的帮助下攻入巴黎，经过激烈的巷战，28日公社失败。

3月19日

1966年3月19日
《音乐之声》获奥斯卡最佳影片奖

1966年3月19日，由美国20世纪福克斯公司出品的彩色音乐片《音乐之声》荣获第38届奥斯卡最佳影片奖；该片的导演罗伯特·怀斯获最佳导演奖。

《音乐之声》语言独具特色：歌词精练、韵律整齐、艺术性强，而且运用了大量朴实、自然而又颇具风趣的日常生活对话。片中的插曲《再见》、《雪绒花》、《音乐之声》、《哆来咪》等流传至今。

《音乐之声》剧照

《音乐之声》根据在奥地利发生的真人真事而改编。

1938年，年轻的见习修女玛利亚到退役的海军上校特拉普家中做家庭教师，玛利亚循循诱导，以童心对童心，孩子们逐渐接受她，她让7个孩子充分在大自然的美景中陶冶性情，上校也被她的音乐和性格所吸引，决定娶她为妻。而此时，德国吞并了奥地利，上校拒绝为纳粹服役，在一次民歌大赛中带领全家越过阿尔卑斯山，在修女们的帮助下逃脱了纳粹的魔掌，开始了他们的音乐人生。

3月20日

1913年3月20日　宋教仁被刺

宋教仁（1882~1913），名链，字遯初，号渔父，湖南桃源人。1904年2月与黄兴、刘揆一等在长沙创立华兴会，后与吕大森、刘静庵等在武昌组织科学补习所。11月华兴会密商长沙起义，事败，逃亡日本。1905年与友人创办《二十世纪之支那》杂志，宣传革命。同盟会成立，任司法部监事长，曾参加筹备广州起义（黄花岗之役）。他主张通过国会和政党政治来实现资产阶级民主，同盟会改组为国民党后，力倡责任内阁制。1913年2月，国民党在大选中获胜，行将出任内阁总理。在国会正式召开之前，他亲至长江流域各省宣传演说，为实现民主政治大造舆论。

由于宋教仁的活动危及到了袁世凯的独裁统治，于是1930年3月20日派人刺杀其于上海，两日后身亡。

宋教仁

1933年3月20日　纳粹建立第一个集中营

在第二次世界大战期间，由于德国的纳粹当局逮捕了众多的政治犯，致使监狱暴满。仅一个月，在普鲁士就有1.5万人被捕。监狱无法容纳这么多的人，慕尼黑的警察局长希姆莱想出了一个解决的办法。这办法就是所谓的集中营。

1933 年 3 月 20 日，第一座集中营建在慕尼黑城外 10 英里达豪城附近的旧火药厂。此后，纳粹又相继在法国及被占领土上，建立了 90 座集中营，其中最令人毛骨悚然的便是奥斯维辛营。现

1947 年 7 月 2 日，奥斯维辛集中营旧址被辟为殉难者纪念馆。1979 年，联合国教科文组织将其列入世界文化遗产名录，以警示世界"要和平，不要战争"。为了见证这段历史，每年有数十万来自世界各国的各界人士前往奥斯维辛集中营遗址参观，凭吊那些被德国纳粹分子迫害致死的无辜者。

集中营内绝望的目光

今留存的一张张令人发指的照片，将把法西斯的暴行永远钉在历史的耻辱柱上。

1996 年 3 月 20 日　英国疯牛病恐慌波及全球

1996 年 3 月 20 日，英国政府首次承认人类食用疯牛肉可能导致一种脑衰竭的绝症，10 起这种病症中已经有 8 人死亡。消息一经传出，在英国乃至全球引起了极大的恐慌。

英国 660 家麦当劳连锁店当即决定停止用英国牛肉，此后，30 多个国家相继宣布禁止进口英国牛肉。4 月 3 日结束的欧盟农业部长会议决定，继续禁止英国牛肉出口，对英国宰杀处理肉牛的损失给予 70% 的补偿，此次风波使英国经济遭受重创。

047

英国疯牛病又称牛海绵状脑病（BSE），系人畜共同传染病，目前尚无有效救治方法。此病通常是由于牛被饲喂了染病牲畜的肉骨后所致，人误食染病牛肉后，即会遭受感染。疯牛病感染后潜伏期一般为 2~30 年，病况异常复杂，病人最终脑组织呈海绵状而死亡。

疯牛病发生时，英国政府处理病牛的情景

2003 年 3 月 20 日　伊拉克战争爆发

美国总统布什于美国东部时间 3 月 19 日晚 10 点 15 分在白宫椭圆形办公室发表电视讲话，正式对伊拉克宣战。由于这次军事行动并未获得联合国安理会的授权，而引发世界范围内对此次战争正义与否的强烈争议。伊拉克首都巴格达 20 日凌晨响起美军空袭的爆炸声，美军针对伊拉克领导人的"斩首行动"开始，这标志着伊拉克战争正式爆发。

2003 年 4 月 7 日美军攻入巴格达市中心，并占领了伊拉克总统萨达姆的一个总统府。两天后，美军完全控制巴格达。4 月 14 日，美称大战已结束，"萨达姆政权不复存在"。7 月 13 日，伊拉克成立临时管理委员会。同年 12 月 13 日，萨达姆在其家乡提克里特附近被美军俘获。

此次战争无疑给伊拉克人民和给美国人民都带来了极大的战争灾难。

3月21日

1960年3月21日 "消除种族歧视国际日"确立

1960年3月21日,南非德兰士瓦州沙佩维尔镇的非洲人举行了大规模的示威游行,反对南非白人种族主义政权推行的种族歧视法令——"通行证法",遭到反动当局的残酷镇压和血腥屠杀。愤怒的南非人民反对"通行证法"的斗争迅速在南非各地展开,并获得了非洲以及全世界人民的深切同情和广泛声援。为了消除种族歧视,纪念不屈的沙佩维尔黑人,联合国通过决议,将每年的3月21日定为"消除种族歧视国际日"。

1990年3月21日 纳米比亚宣告独立

1990年3月21日零时,非洲大陆最后一块殖民地纳米比亚宣告独立。萨姆·努乔马宣誓就任纳米比亚共和国首任总统,他号召全体纳米比亚人民珍惜这来之不易的胜利,为建设自己的国家加强团结共同努力。

► 努乔马总统

时任联合国秘书长佩雷斯·德奎利亚尔高度赞扬非洲前线国家和全世界所有为推动纳米比亚独立做出贡献的国家和组织。纳米比亚共和国将成为联合国第160个成员国。

3月22日

> 15~18世纪,荷兰、葡萄牙和英国殖民者相继入侵纳米比亚,1890年,法国占领其全境,1915年7月,南非当局出兵入侵并占领纳米比亚,1990年3月21日纳米比亚宣告独立。

1993年3月22日
"世界水日"确立

为推动对水资源进行综合性统筹规划和管理,加强水资源保护,解决日益严峻的缺水问题。同时,增强公众节约用水,合理用水,保护水资源的意识。1993年第47届联合国大会决定自1993年起,将每年的3月22日定为"世界水日"。

> 地球全部的水资源中,与人类生活最密切的江河、淡水湖和浅层地下水等淡水,仅占地球总水量的0.26%,约为105万亿立方米,且分布不均。但这极其有限的淡水,正越来越多地受到污染。据估计,世界上缺水情况已相当严重,全世界有半数以上的国家和地区缺乏饮用水,有28个国家被列为缺水国或严重缺水国,特别是经济欠发达的第三世界国家。我国人均淡水为世界人均水平的1/4,属于缺水国家。

3月23日

▼台儿庄会战的历史照片

1938年3月23日

台儿庄会战开始

台儿庄是山东省峄县的一个小镇（今属枣庄市），位于津浦线台枣（庄）支线及台潍（坊）公路的交会点，扼运河的咽喉，是徐州的门户，在军事上有着重要的地位。

1938年日军大举进攻我国，激起我国民众极大的抗日怒潮，3～4月，中国军队同日本侵略军在这里进行了一次大规模的会战，击败了日军两个精锐师团，共消灭日军一万人左右，取得了震惊世界的辉煌胜利。因为这次会战的地点在台儿庄，故史称为"台儿庄会战"。

该会战是继平型关大捷之后我国军队取得的又一次伟大胜利，极大地提高了前线士气，振奋了民族抗战精神。李宗仁将军任总指挥。

1984年3月23日　中日友好21世纪委员会成立

中日友好21世纪委员会是1983年11月，时任中共中央总书记胡耀邦同志访日时，中曾根首相为响应胡耀邦同志关于谋求中日睦邻友好关系长期稳定发展的主张而提议设立的。1984年3月23日，日本首相中曾根访华期间，中日双方正式宣布成立中日友好21世纪委员会。

中日友好21世纪委员会是加强中日两国人民友谊的纽带，它的成立，标志着中日两国的友好关系进一步加深。

▼政治作风强硬的叶利钦总统

1998年3月23日

叶利钦解散俄政府

1998年3月23日，俄罗斯总统叶利钦签署命令，宣布解散俄政府，解除总理切尔诺梅尔金、第一副总理丘拜斯和副总理兼内务部长库利科夫的职务，理由是俄政府"缺乏活力"，缺乏主动精神及新思想和新方法，没有解决一系列重要的社会经济问题。

2001年3月23日　"和平"号空间站成功坠毁

"和平"号空间站是苏联第三代载人空间站，即人类历史上的第九座空间站，也是迄今体积最大、应用技术最先进、太空飞行时间最长的空间站，被誉为"人造天宫"。

"和平"号空间站于1986年2月20日发射升空，设计工作寿命3~5年。但由于苏联解体后，俄罗斯政府无力开发出接替它的"和平－2"号空间站，"和平"号空间站超期服役，这期间它的故障越来越多，难以正常运转，且每年维修"和平"号耗资巨大，在俄罗斯政府无能为力和国外航天部门对合作冷淡处之的情况下，在莫斯科时间2001年3月23日9时0分12秒（北京时间14时0分12秒），"和平"号空间站安全地坠毁入预定的南太平洋海域。

三月

3月24日

1980年3月24日

中共中央命名"经济特区"

1979年6月，广东省提出办出口特区；7月，中共中央、国务院同意在深圳、珠海试办出口特区。1980年8月，国务院提出在深圳、珠海、汕头、厦门设置经济特区，获得全国人大常委会通过。

1980年3月24日，中共中央在广州召开广东、福建两省会议，正式将"出口特区"定名为"经济特区"。

1999年3月24日　北约开始轰炸南联盟

1999年3月24日，以美国为首的北约（北大西洋公约组织）在未经联合国安理会授权的情况下，开始对主权国家南联盟进行军事打击。

北约在对南联盟长达78天的狂轰滥炸中，出动2.6万多架次的飞机，在南联盟10万多平方千米的土地上投下了2.1万多吨炸弹，击毁了包括学校、工厂、企业、桥梁、医院、电站、新闻机构等民用设施在内的许多目标。南联盟在这场战争中共有上千平民死亡，6000多人受伤。

北约这一野蛮的侵略行径，开了当代国际关系中极其恶劣的先例，对世界和平与发展构成了严重威胁，激起中国人民和全世界爱好和平的人民的强烈愤慨和谴责。

▶ 轰炸中遭袭的南联盟油库

▶ 人们在纪念北约轰炸南联盟的活动上悼念遇难者

050

3月25日

1957年3月25日　　《欧洲经济共同体条约》签订

1957年3月25日，法国、西德、意大利、卢森堡、比利时和荷兰在意大利首都罗马签订了建立欧洲经济共同体的条约——《欧洲经济共同体条约》。

欧洲经济共同体又称为西欧共同市场，总部设在比利时首都布鲁塞尔。1992年2月7日，在欧共体各成员国批准下，成立欧洲联盟（简称欧盟）。1997年6月，欧盟领导人在荷兰首都阿姆斯特丹签署了《阿姆斯特丹条约》，确定了欧盟跨世纪的战略目标。经过几十年的发展，欧盟现已成为拥有15个成员国，年国内生产总值超过美国和日本的世界最大经济一体化集团、世界最大贸易集团。

3月26日

1827年3月26日
乐坛巨匠贝多芬逝世

贝多芬于1770年12月16日出生在德国小城波恩的一个音乐世家。从4岁起，贝多芬就接受了父亲严格的音乐训练，13岁就成为了宫廷剧场首席小提琴师和教师、助理管风琴师。

1787年，贝多芬前往维也纳拜见莫扎特，莫扎特听完其演奏后宣称"这位少年即将震动世界"。

贝多芬不仅才华横溢，他也是努力而勤奋的，但痛苦却一直伴随着他。

从27岁起，他的耳朵渐渐地失聪。这对于一个音乐家来说是多么沉重的打击！同时，他还多次遭受失恋的折磨，但这更加激发了他旺

▼音乐大师贝多芬故居

1789年，法国大革命爆发，革命影响到德国，正在波恩大学作旁听生的贝多芬也沉浸在革命的激情之中。法国大革命对贝多芬产生了决定性的影响，他信仰共和制，热爱"自由、平等、博爱"，并把这作为自己的奋斗目标，至死不渝。

《第九交响曲》第一次演出时即盛况空前，曾受到观众五次鼓掌欢迎，而当时欢迎皇族也不过用三次鼓掌礼！《第九交响曲》成了交响乐作品中的不朽之作，而贝多芬也被誉为"交响乐之王"。

盛的创作力，写出了许多杰出的作品，其中《悲怆奏鸣曲》被公认为贝多芬奏鸣曲创作的顶峰，《第五交响曲》、《第九交响曲》堪称是贝多芬作品中最完整的典范，是贝多芬成就的顶峰。

贝多芬是跨越两个世纪，连接古典和浪漫两种乐派的巨匠。其创作牢牢扎根于古典传统，由于社会变革的要求和自身的才能，他也大大发展和改变了古典音乐，成为浪漫乐派的源头。

但音乐上的巨大成就并未使贝多芬摆脱贫病的境地。1827年3月26日，贝多芬伟大而痛苦的一生结束了。

3月27日

1981年3月27日
现代文学巨匠茅盾逝世

茅盾（1896~1981），原名沈雁冰，是我国伟大的革命现实主义文学家、新文化运动的先驱者、现代文学的开拓者和奠基人之一。他同鲁迅、郭沫若一起，为我国革命文艺和文化活动奠定了基础。《子夜》、《蚀》、《虹》、

▲茅盾先生

《春蚕》、《林家铺子》、《霜叶红似二月花》、《清明前后》等大量杰出作品均出自他的生花妙笔，在现代文学史上留下了不可磨灭的功绩。

茅盾不仅是位举世闻名的文学家，而且还是中国共产党最早的党员之一。1921年他就在上海加入了共产主义小组，同年，又加入了中国共产党。1928年他同党组织失去了联系，但并没有改变对共产主义的信仰，依然用手中的笔不懈地从事进步文化活动。

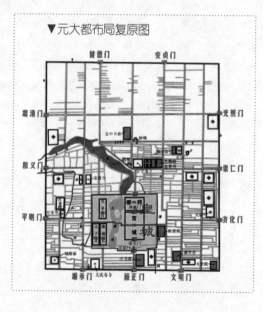
▲北京茅盾故居

十年浩劫使党的威信受到损害，但茅盾对党的深爱从未一刻停止过。

1981年3月27日，茅盾在京逝世。

1987年3月27日

中国首届特殊奥运会举行

1987年3月27日至29日，来自全国及香港14个队的314名弱智运动员，在国际特殊奥委会宣布的"勇敢尝试，争取胜利"的口号鼓舞下参加了中国首届特殊奥运会，并举行了田径、乒乓球、足球3个项目的比赛。

3月28日

▼元大都布局复原图

1272年3月28日

元朝改中都为大都

1272年3月28日（元至元九年二月二十七日）忽必烈下诏改京师中都为大都（今北京），并建立中书省署，成为当时全国政治、经济、文化的中心。

元大都是在荒野上平地起建的，布局方正、严谨，建立了中国封建社会后期都城的典范。

这座城是中国古代城市建筑的杰作，在中国都城发展史上占有重要地位。元大都在规划中还注意促进商业的发展，并有发达的给排水系统和完善的军事防御、对内监督设施。在当时是世界上有名的大都市。

1871年3月28日

巴黎公社成立

普法战争（1870~1871年）后，法国阶级矛盾极其尖锐。

1871年3月18日，法国巴黎的无产阶级和人民群众举行武装起义，推翻了资产阶级反动统治。

3月26日，巴黎公社举行选举，共选出86名公社委员，其中大多数是工人或是公认的工人阶级的代表。3月28日，公社委员就职，巴黎公社诞生。历史上第一个无产阶级政权庄严地宣告成立，并于次日颁布法令，宣布"巴黎公社为唯一政权"。巴黎公社也是人类历史上第一个无产阶级政权。

▲巴黎公社纪念墙

3月29日

2001年3月29日 人类第一次在银河系边缘发现黑洞

2001年3月29日，由多国科学家组成的研究小组，用多镜头望远镜观测到位于银河系边缘的一个黑洞。这个黑洞被发现是因为有一颗恒星以周期为4小时围绕着它旋转，恒星上的物质以一个螺旋形的轨迹被吸入到黑洞中。

◀宇宙中的黑洞

黑洞是爱因斯坦广义相对论预言的一种特殊的天体，它体积极小、质量极大。黑洞的引力场是如此之强，任何东西，包括光在内，只要进入黑洞的范围内都会被无情地吞噬掉。黑洞有大小之分，天文学家们通常将质量相当于太阳质量3.5~15倍的黑洞称为恒星级黑洞。

3月30日

1981年3月30日 里根遇刺

1981年3月30日，美国总统里根前往华盛顿的希尔顿饭店对数千名工会代表发表讲话。在他走出饭店返回自己轿车的一瞬间，一位金发青年突然向里根连射6发爆炸性子弹。里根左胸中弹，经过两个多小时紧

▲20世纪最有魅力的总统之一——里根

张的手术之后，脱离了危险。所幸的是，子弹离其心脏有3厘米远，而且没有爆炸。

当局逮捕了开枪者——25岁的失业青年约翰·欣克利。他刺杀总统的目的只是为了赢得女演员朱迪·福斯特的芳心。欣克利因为犯有谋杀总统等种种罪名而被起诉，但他以精神错乱为由拒绝服罪，最后在辩护人的有力辩护下，欣克利被判无罪。

从1980~1988年，里根连任两届美国总统。他直接、平易近人的作风以及其爱国精神赢得了国内人民的广泛支持。尽管里根一生不乏争议之处，但是历史学家们认为他给美国政治带来了影响一个世代的变革，是20世纪最成功、最有魅力的美国总统之一。

► 高高耸立的埃菲尔铁塔

3月31日

1889年3月31日
埃菲尔铁塔落成

1884年，为了迎接在巴黎举行的国际博览会和纪念法国大革命100周年，法国政府决定修建一座永久性的纪念建筑。法国工程师居斯塔夫·埃菲尔设计的铁塔从近700个方案中脱颖而出。1887年1月26日，埃菲尔铁塔正式开工，1889年3月31日，这座钢铁结构的高塔终于大功告成。

这种开放性的钢铁结构对一些人而言正是标示着科学与进步的艺术作品，但对另外一些人来讲，它则是个庞大的怪物而应该拆除。但无论人们怎么评论，100多年来，从世界各地到巴黎造访铁塔的人数已超过2亿。现在它已经成为巴黎乃至整个法国的象征。

► 埃菲尔铁塔的建造者——居斯塔夫

埃菲尔铁塔高327.7米，直到1930年它始终是全世界最高的建筑。它的形象奇特，地步宽大，好像是一条长得令人喘不过气来的脖颈直指云天。在这个庞大的建造工程中，总共使用了5300张蓝图，上面标示出了250万颗铆钉的位置！

在第二次世界大战期间，当德国人进入巴黎后，铁塔的升降梯神秘地出了故障，迫使希特勒必须攀爬楼梯才能到达顶层，而1944年巴黎光复后，才发现只是一颗螺丝松脱了，并轻易地得以修复，很快便恢复正常运转。

4月1日

1930年4月1日 阎锡山、冯玉祥、李宗仁宣誓讨蒋

1930年4月1日，阎锡山就任"中华民国军总司令"，冯玉祥、李宗仁就任副总司令，3人分别在太原、潼关、桂平宣誓就职，并相继宣誓讨蒋。

1930年4月5日，蒋介石下达"讨伐令"，与阎锡山、冯玉祥、李宗仁之间的军阀混战全面展开，史称"中原大战"。"中原大战"历时7个月，双方动用兵力110万人以上，支出军费5亿元，死伤30万人，战火波及20多个省。这期间，地方军阀混战也连续不断，频繁的军阀混战，给人民造成了痛苦和灾难，而蒋介石集团则在纵横捭阖的征战中扩大了自己的势力。

▲中原大战前冯玉祥的部队在潼关红场整装待发

▲中原大战前冯、蒋、阎的合影

> 冯玉祥在就职宣言中指斥蒋介石为国家动乱不安的祸根，历数了蒋介石践踏民主、弄权卖国的种种恶端，并发誓要为国家除此祸害。宣言称："近月以来，陕甘两省，大股土匪，到处焚掠，凡经被掠之人，周身悉现铁烙。迨军队拘获匪首，其身边皆带有委任状，乃煌煌全国主席蒋中正所颁发，至有数十路之多。"
>
> 阎锡山就职通电称："将统率各军，陈师中原，以救党国。古有挟天子以令诸侯者，全国必有而讨伐之，今有挟党部以作威福者，全国人亦必起而讨伐之。"

4月2日

1989年4月2日
阿拉法特出任巴勒斯坦国总统

亚西尔·阿拉法特，1929年生于耶路撒冷，早在青少年时期，阿拉法特就曾跟随父亲进行过反对犹太复国主义的斗争。以色列建国后，其举家迁往加沙地带，在这里他熟悉了阿拉伯难民的生活。20世纪50年代，他在科威特秘密筹建"巴勒斯坦民族解放组织"（简称"法塔赫"）及其军事机构"暴风"部队。

▶"巴解"的缔造者——阿拉法特

> "我带着橄榄枝和自由战士的枪来到这里，请不要让橄榄枝从我手中落下。"这是阿拉法特生前最著名的一句话，也是他临终前最大的愿望。2004年11月11日阿拉法特在法国巴黎去世，享年75岁。

1969年，阿拉法特担任了巴勒斯坦解放组织主席，他率领巴勒斯坦人同以色列人进行了一场长期而艰苦的斗争，并从1971年起兼任巴勒斯坦革命武装力量总司令。

1989年4月2日，巴勒斯坦解放组织中央委员会在突尼斯召开会议，一致选举阿拉法特为巴勒斯坦国总统。1991年9月蝉联总统。1994年5月，以阿拉法特为首的巴解组织同以色列当局在开罗签署协议，使加沙和杰里科这两个长期受以色列人控制的地区归巴勒斯坦人所有。中东和平由此进入了一个崭新的阶段，一个巴勒斯坦国的雏形开始呈现在世人面前。

1996年1月，巴勒斯坦举行历史上首次大选，阿拉法特当选为巴勒斯坦民族权力机构（自治政府）主席。

4月3日

▶世纪的梦魇
花儿一样的艾滋病毒，却成了跨

1987年4月3日
首例艾滋病传入我国

艾滋病，医学全称为"获得性免疫缺陷综合征"，是人体感染了人类免疫缺陷病毒（HIV，又称艾滋病病毒）所导致的一种传染性疾病。艾滋病病毒会破坏人体的免疫系统，使得人体对威胁生命的各种病原体丧失抵抗能力，从而引发多种感染或肿瘤，最终导致人体的死亡。

艾滋病是一种严重的传染病，传播途径主要包括血液传播、毒品注射、母婴遗传和性接触等。国际医学界至今尚无防治艾滋病的有效药物和精确疗法。

1987年4月3日，我国卫生部宣传首例艾滋病传入我国。

自1981年世界第一例病毒感染者在美国发现以来，"艾滋病"已成为让全人类闻之色变的词汇。仅仅25年的时间，艾滋病就已经蔓延了整个地球。为了提高公众对艾滋病危害的认识，同时更有效地唤醒人们积极采取措施预防艾滋病的传播和蔓延以及更有效地呼吁人们对艾滋病患者的理解和关爱，世界卫生组织于1988年1月确定每年的12月1日为世界艾滋病日，号召世界各国在这一天举办各种活动宣传和普及预防艾滋病的知识，与这个无情的病魔抗争到底。

1992年4月3日　七届人大五次会议通过三峡工程计划

1992年4月3日，第七届全国人民代表大会第五次会议，审议了国务院关于提请审议兴建长江三峡工程的议案，并根据全国人民代表大会财政经济委员会的审查报告，决定批准将兴建长江三峡工程列入国民经济和社会发展的10年规划，由国务院根据国民经济发展实际情况和国家财力、物力的可能性，选择适当的时机组织实施。

4月4日

1949年4月4日　《北大西洋公约》签订

1949年4月4日，美国、英国、法国、荷兰、比利时、卢森堡、挪威、葡萄牙、意大利、丹麦、冰岛、加拿大在华盛顿签署了《北大西洋公约》，这是一项军事同盟条约。公约的主要内容是：缔约国家实行"集体防御"，任何缔约国同他国发生战争时，必须给予"援助"，包括使用武力等。

1990年4月4日

《中华人民共和国香港特别行政区基本法》通过审议

1985年，全国人大决定成立香港基本法起草委员会，经过起草委员会的努力工作，《中华人民共和国香港特别行政区基本法》终于在1990年4月4日的第七届全国人大三次会议上获得通过，从而为实现香港的平稳过渡起到了有力的推动作用。

《基本法》在"序言"中指出：根据《宪法》第31条的规定，设立香港特别行政区，并按照"一个国家，两种制度"的方针，不在香港特别行政区实行社会主义的制度和政策。该法自1997年7月1日起实施。

4月5日

1976年4月5日
"四五"运动爆发

1976年1月8日，周恩来总理逝世，全国人民沉浸在无比的悲痛之中，从3月底开始，北京近百万群众连续几天自发地集合到首都天安门广场敬献花圈、朗诵诗词、发表演说，抒发对周总理的悼念之情，痛斥"四人帮"的倒行逆施。

4月4日，悼念活动达到高潮。当晚，中央政治局开会（叶剑英、朱德、李先念、许世友未参加），认定"这次是反革命性质的反扑"，决定当晚清理花圈、标语、抓捕"反革命"。报告得到重病中毛泽东的批准。

▲ "四五"运动中在天安门广场的群众手挽手，肩并肩，高唱《国际歌》，冲向指挥镇压群众的"指挥部小楼"

1978年11月16日，《人民日报》公布了中共北京市委的决定，宣布天安门事件完全是革命行动，并为受迫害的同志平反、恢复名誉。12月，党的十一届三中全会《公报》宣布："1976年4月5日的天安门事件完全是革命行动。以天安门事件为中心的全国亿万人民沉痛悼念周恩来同志、愤怒声讨'四人帮'的伟大革命群众运动，为我们党粉碎'四人帮'奠定了群众基础。全会决定撤销中央发出的有关'反击右倾翻案风'运动和天安门事件的错误文件。"至此，天安门事件终于得以昭雪。

4月5日清晨，群众来到天安门广场，发现花圈被撤走并销毁了，守护花圈的人也被抓走。于是，异常气愤的广大群众同部分民兵、警察和战士发生严重冲突。9时半，残酷镇压开始了。这就是著名的"天安门事件"。

在上海、天津、杭州、郑州、太原、西安、青岛、合肥、成都等地也发生了类似的群众运动。

1959年4月5日 容国团获男子单打冠军

1959年4月5日，我国优秀乒乓球运动员容国团，在西德的多特蒙德举行的第25届世界乒乓球锦标赛男子单打决赛中，连闯8关，连败7将，其中包括一个前世界冠军、一个欧洲冠军、一个国家冠军、一个国家亚军，先后厮杀了62个回合，最终以3：1的优异成绩，荣获男子单打冠军。这是我国在世界乒坛上荣获的第一个冠军奖项，极大地振奋了国民的体育精神。

当年夺冠的容国团意气风发

4月6日

1896年4月6日
第一届奥运会在希腊首都雅典开幕

1896年4月6日，第一届现代奥运会在希腊首都雅典开幕。

首届奥运会沿袭了古奥运会的旧制，没有女子参加。这次参赛的项目有田径、游泳、举重、射击、自行车、古典式摔跤、体操、击剑和网球9个项目。历时10天，首届奥运会结束。美国获得奖牌总数的第一

▲第一届奥运会的盛况

名，希腊第二名，德国第三名。据说当时的奖牌只有银、铜牌两种，他们授予冠军的是银牌和橄榄环，授予亚军的是铜牌和月桂花冠，第三名则只有铜牌。

这是历届奥运会举行月份最早的一次。东道主之所以将开幕式选在这一天，是为了纪念希腊反抗土耳其统治起义75周年。

1909年4月6日 人类首次徒步到达北极

北极点位于北冰洋北极海域的中部。那里终年寒冷，各类浮冰分布面积广，海洋生物种类和数量都十分缺乏，生存环境十分恶劣，因而被人们称为是"世界神秘顶点"。也正是由于此，它吸引了世界上为数众多的探险家。

探险者们使用了一切可能使用的方法和手段——乘船、坐狗拉雪橇、乘坐热气球或飞艇，甚至企图同浮冰一道漂流前往……但这一切都没有赶上皮里的双腿。

皮里率领的北极探险队在1901~1909年，先后对北极进行了四次探险，

前三次都没有成功。1909 年，皮里总结了以往失败的原因和教训，做了充分的准备工作，又率探险队第四次远征北极，并且终于在 4 月 6 日，到达了北极点。皮里在北极逗留了 30 小时后才返回营地。

皮里在日记中写道：北冰洋洋面"真是十足惊人"。其实，这正是他梦寐以求所要见到的。

4月7日

1948 年 4 月 7 日
"世界卫生日"确立

为纪念 61 个国家签署世界卫生组织《组织法》，1948 年第一届世界卫生大会决定将每年的 7 月 22 日作为"世界卫生日"，倡议各国举行各种纪念活动。第二届世界卫生大会召开时，考虑到 7 月 22 日绝大多数国家的教育机构和学校都已放假，无法参加这一庆祝活动，于是决定自 1950 年起将 4 月 7 日《组织法》正式生效的日子（1948 年 4 月 7 日）定为"世界卫生日"。

1994 年 4 月 7 日
卢旺达大屠杀开始

2004 年 4 月 7 日是卢旺达大屠杀 10 周年。数万名各界来宾和群众在卢旺达首都基加利隆重集会，纪念这一特殊日子。联合国秘书长安南当天发表声明说："无论是联合国安理会，还是各会员国，当时都没能对越来越多的灾难迹象给予足够的重视。"联合国大会还将每年的 4 月 7 日定为"反思卢旺达大屠杀国际日"，以追思过去，警示未来。

▲混乱中大约有 27000 名儿童与家人失散，救援组织拍摄并粘贴出这些无人陪伴的儿童的照片，以便其家人辨认

1994 年 4 月 6 日晚，卢旺达总统哈比亚利马纳和布隆迪总统恩塔里亚米拉在出席关于地区和平的首脑会议后，同机返回卢首都基加利时，飞机坠毁，两位总统和机上随行人员全部遇难。事发后，关于谁是凶手传说不一，卢旺达国内胡图族与图西族两大部族之间互相猜疑，基加利的局势迅速恶化。

4 月 7 日，由胡图族组成的总统卫队绑架并杀害了图西族总理乌维兰吉伊马纳女士和 3 名部长，同时组建了临时政府；8 日，图西族反政府武装"爱国阵线"拒绝承认该临时政府，并向首都进军，卢旺达内战再度爆发。胡图族极端分子在全国范围内大肆残杀图西族和胡图族温和派，实行种族灭绝政策，其状惨不忍睹。短短百日之内，近百万无辜者被残酷杀害，200 多万难民逃亡国外，另有 200 多万人流离失所。

4月8日

神采盎然的画家 ◀

1973年4月8日
画坛巨匠毕加索逝世

1881年10月25日，毕加索出生在西班牙马拉加省的一个美术教师的家里，4岁开始作画，7岁就崭露头角，15岁时，其作品《第一次圣餐仪式》在巴塞罗那市展出，他的名字也开始为人们所知。1904年，毕加索迁居巴黎，此后他一直居住在那里，直至去世。

◀ 毕加索的名作《格尔尼卡》

毕加索一生不断对绘画进行着探索和创新，是当代西方最有创造性和影响最深远的艺术家，人们对其给予了极高的评价，

称他为"20世纪美术史上的一位最伟大的大师"。在毕加索的画作中，透露着其强烈的爱憎情感。1937年为抗议希特勒轰炸西班牙北部城市格尔尼卡，他画了著名的大型壁画《格尔尼卡》。1952年为抗议美国入侵朝鲜，又创作了壁画《战争》、《和平》。至于他的《和平鸽》，更是为世人所称道。

1973年4月8日，这位欧洲画坛的巨匠带着和平的愿望在法国南部的穆丹逝世，长眠在地中海海边的墓地中。

1984年4月8日　中国自行研制的试验通信卫星发射成功

1984年4月8日，"长征三号"运载火箭成功地发射了"东方红二号"试验通信卫星。这颗卫星于4月16日18时27分57秒成功地定点于东经125°的赤道上空。试验通信卫星的发射成功，标志着中国航天空间科技进入了应用阶段，中国也由此成为世界上第五个能够自行研制和发射同步静止轨道卫星的国家之一。

4月9日

南北战争期间，亲临战场的林肯总统 ▶

1865年4月9日
美国南北战争结束

19世纪中叶，美国南北经济的差距进一步拉大，尤其是南方奴隶与奴隶主间的阶级矛盾不断激化，从而导致了1861年美国南北战争的爆发，这次战争又称"美国内战"，是美国历史上的第二次资产阶级革命。

1865 年 4 月 3 日，联邦军攻克里士满。4 月 9 日，同盟军总司令罗伯特·李将军率部 2.8 万人向联邦军投降，南北战争以北方的胜利而告终，美国恢复了统一。这场战争粉碎了美国政治和社会发展中的最大障碍——奴隶制度，战争后美国建立了联邦制，由资产阶级与种植园奴隶主联合执政，从而使美国在最短的时间内迅速繁荣起来，成为了世界上最强大的资本主义国家。

4月10日

报业先驱——约瑟夫·普利策

1847 年 4 月 10 日　普利策诞辰

约瑟夫·普利策，1847 年 4 月 10 日生于匈牙利，17 岁时离家出走，在美国成为林肯骑兵队的一名骑兵。1867 年加入美国籍。1868 年成为德文《西部邮报》的记者，从此步入报业。

普利策凭借强烈的求知欲和充沛的精力，不知疲倦地挖掘各种新闻，先后收购了《西部邮报》与《圣路易斯邮报》，并合并为《圣路易斯快邮报》，这是真正具有普利策风格的报纸，他在该报的创刊辞中称："《快邮报》将不会为政党而为人民服务……不支持'行政当局'，而对它进行批评，反对所有的欺诈与骗局，不管它们发生于何处，属于何种性质；提倡原则与理想，而不提倡偏见与党派性……"报刊史学家称普利策的这一办报方针是"美国新闻事业理想的、前所未有的、最好的表述"。

普利策使新闻成为社会公认的一门学科，他的一生标志着美国新闻学的创立和新闻事业的迅猛发展。他曾捐赠 200 万美元创办了美国第一所新闻学院——名扬世界的哥伦比亚新闻学院。

1911 年普利策逝世后，1912 年人们以他的名字设立了"普利策新闻奖"，这一奖项成为美国乃至全世界的最高新闻奖项。

普利策新闻奖奖牌

1883 年，普利策又以 34.6 万美元买下《纽约世界报》，并更名为《世界报》。普利策创新采用了编辑写作制，即记者采写的材料由编辑润色、整理、综合成稿件见报。这种写作规则，至今仍是整个新闻界的普遍原则。

1971 年 4 月 10 日　美国乒乓球队访问中国

1971 年 4 月 10 日~17 日，应中国乒乓球代表团的邀请，在日本名古屋参加第 31 届世界乒乓球锦标赛的美国乒乓球代表团访问了我国。周恩来接见了建国后首次来访的美国体育代表团，这一友好活动打开了隔绝 22 年的中美交往的大门，从而为中美的友好交往奠定了基础，被国际舆论美好地誉为"乒乓外交"。

中美两国乒乓球队的友好往来，推动了中美两国关系正常化的进程，这在中美两国的建交史上有着极为重大的意义。

▼当年美国乒乓球代表团在长城上的合影

1972年4月10日

《禁止生物武器公约》签署

《禁止生物武器公约》全称《禁止细菌（生物）及毒素武器的发展、生产及储存以及销毁这类武器的公约》，主要内容是：缔约国在任何时间、任何情况下，不以任何方式试制、生产、储存、取得和保留作用于和平目的的细菌（生物）和毒素武器设备和运载工具；也不协助、鼓励或引导他国取得这类制剂、毒素及其武器；缔约国在公约生效后 9 个月内销毁一切这类制剂、毒素及其武器；缔约国可向联合国安理会控诉其他国家违反该公约的行为。

公约草案是 1971 年 9 月 28 日由美国、英国、苏联等 12 个国家向第 26 届联大联合提出的，1972 年 4 月 10 日分别在华盛顿、伦敦和莫斯科签署。1975 年 3 月 26 日公约生效。1984 年 11 月 15 日，中国呈交加入书，公约同日对中国生效。

4月11日

▼在海湾战争中，英国空军损失的狂风 GR.1 攻击机

1991年4月11日

海湾实现正式停火

海湾战争是二战后参战国最多、一次性投入兵力最大、投入兵器最多最先进、空袭规模最大、战况空前激烈和发展异常迅猛、双方伤亡损失又极其悬殊的一场现代高技术局部战争。发展到最后，战争已经不再单纯是伊、科两国间的战争。在联合国维和部队的带领下，许多国家都投入了这场战争。战争虽仅持续了 43 天，但却给人类带来了极大影响。特别是由于大量高技术武器系统的使用而展示的"军事技术革命"，更为世界各国军事理论家所关注。

1991 年 4 月 11 日，安理会在给伊拉克驻联合国大使安巴里的信中称，今年 4 月 3 日通过的安理会第 687 号决议中第 33 款的要求已得到满足，因而该条款所规定的海湾正式停火开始生效。

4月12日

▲起飞中的"哥伦比亚"号

1981年4月12日 第一架航天飞机"哥伦比亚"号首次上天

美国研制的第一架航天飞机"哥伦比亚"号于1981年4月12日首次发射，并在美国佛罗里达州卡纳维拉尔角的肯尼迪航天中心进入绕地球的轨道。"哥伦比亚"号的外形像一架大型三角翼飞机，长18米，能装载36吨重的货物，其中心部分是一个带翼的轨道飞行器，垂直发射。起飞时，用2台巨大的固体推进剂的集束式助推器和3台液体推进剂的主发动机作动力。返航时进入地球大气层后，它能借助气动升力的作用，像飞机一样下滑在跑道上着陆。

1986年4月12日 中国开始推行九年制义务教育

义务教育，即九年制义务教育，是指我国的适龄儿童和少年必须接受的，国家、社会、学校、家庭必须予以保证的国民基础教育。义务教育包括初等教育（6年）和初级中等教育（3年）两个阶段，共9年。该政策于1986年4月12日正式开始实施。

> 目前，我国城市和沿海等经济发达地区，已经或正在全面实施九年义务教育，而少数经济、文化不发达的农村地区九年制义务教育的实施情况令人担忧。针对这种现状，我国政府在减轻农民负担的新政策下，又将农村地区的九年义务教育适时调整为免费义务教育，即免去全部学费，对部分贫困学生免去一切学杂费，从而为九年义务教育在农村的推广实施起到了重大的积极影响。

4月13日

▼武则天像

公元675年4月13日
唐高宗诏令武则天摄国政

公元675年，唐高宗病情日重，便与大臣们商议，准备让武后（则天）摄政。宰相郝处俊谏道："陛下奈何以高祖、太宗之天下，不传之子孙而委之天后乎！"唐高宗因而暂时停议。

武则天得知后，就召集了一些"文学之士"撰《列女传》、《臣轨》、《百僚新戒》、《乐书》，约千余卷；并且密令参决百官疏奏，以分宰相的权力。不久，太子弘死，高宗下诏："朕方欲传位皇太子，而疾速不起，它申往命，加以等名，可兹为孝敬皇帝。"

公元675年4月13日（后上元二年三月十三日）诏令：武后摄政。

唐高宗绝没有想到，正是这一诏令，造就了中国历史上唯一的一位女皇帝。

1950年4月13日　新中国第一部法规《婚姻法》诞生

1950年4月13日，中央人民政府委员会第七次会议讨论通过了《中华人民共和国婚姻法》，同年5月1日开始实施，是新中国成立后出台的第一部具有基本法性质的法律。《婚姻法》的实施，对保护妇女权益、提高妇女地位、提高婚姻质量等，都起到积极的作用。

1987年4月13日　中葡澳门问题联合声明正式签署

1987年4月13日，《中华人民共和国政府和葡萄牙共和国政府关于澳门问题的联合声明》在北京正式签署。中国总理赵紫阳和葡萄牙总理卡瓦科·席尔瓦分别代表各自政府在联合声明上签了字。联合声明宣布，中华人民共和国政府将于1999年12月20日对澳门恢复行使主权。

4月14日

1912年4月14日
"泰坦尼克"号不幸沉没

1912年4月10日，被称作是"世界工业史上的奇迹"的"泰坦尼克"号大型豪华客轮从英国的南安普敦出发前往美国纽约，开始了它令人

▲沉睡在海底的"泰坦尼克"号

瞩目的处女航。然而1912年4月14日，其不幸撞上加拿大沿岸纽芬兰岛附近的冰山，并于次日凌晨沉入海底，共有1513名旅客遇难。

这次辉煌的首航竟给它带来了葬身海底的厄运，令人唏嘘不已。这场海难被认为是20世纪人间十大灾难之一。

4月15日

1991年4月15日
"希望工程"开始实施

从总体看，我国目前教育的发展状况不够平衡，尤其是贫困地区的基础教育投入相对不足，办学条件差，一大批中小学的危房因资金不足而得不到及时修缮；全国目前仍有相当多的儿童因家庭贫困而徘徊于校门之外。

▶解海龙先生拍摄的《大眼睛》，孩子眼中流露出的对学习的渴望震撼着每一个观者的心灵，这张照片成为了日后『希望工程』的标志影像

在共青团中央的领导下，1989年10月，由中国青年基金会发起并组织实施了"希望工程"这样一项社会公益事业，其宗旨是：根据政府关于多渠道筹集教育经费的方针，以民间的方式广泛动员海内外财力资源，建立"希望工

程"助学基金，改善贫困地区办学条件，救助贫困地区家庭困难的学生。

1991 年 4 月 15 日，团中央中国青少年发展基金会在北京举行新闻发布会，宣布从即日起在全国实施"希望工程——百万爱心行动"计划，旨在动员更多的人参与"希望工程"，以使我国因贫困失学的儿童享有受教育的基本权利。

4月16日

1948 年 4 月 16 日　欧洲经济合作组织成立

第二次世界大战后，欧洲各国的经济被严重削弱，因此，他们迫切需要联合起来实施马歇尔计划，以稳定欧洲经济。英国、法国等 18 个国家根据 1948 年 4 月 16 日通过的《欧洲经济合作公约》成立了欧洲经济合作组织。该组织的主要目的是确保各成员国实施美国财政援助，发挥各成员国的经济力量，促进欧洲的经济合作，为欧洲复兴做出贡献。

1960 年 12 月 14 日，加拿大、美国及欧洲经济合作组织的成员国共 20 个国家签署《经济与发展组织公约》。1961 年 9 月 30 日，该公约正式生效，欧洲经济合作组织改组为经济合作与发展组织（OECD）。

1972 年 4 月 16 日　日本作家川端康成自杀

川端康成，1899 年生于大阪。自幼失去父母，由祖父母带大，极为任性、孤独和神经质。善于用意识流写法展示人物内心世界，是日本文学界"泰斗级"人物。川端康成因《伊豆的舞女》一书而成名。他的代表作有：中篇小说《雪国》、《千羽鹤》、《古都》等，于 1968 年获诺贝尔文学奖，成为亚洲第二位获诺贝尔文学奖的人。

川端康成素来喜欢清静，对于获奖后所带来的荣誉和涌来的慕名者，内心十分厌恶。他对因自杀身亡的古贺春江的口头禅极为赞赏："再没有比死亡更高的艺术了。死就是生。"1972 年 4 月 16 日，川端康成在极度忧郁、矛盾中选择了"最高的艺术"——自杀。

▶ 神情落寞的日本文学巨匠川端康成最终自杀

2007 年 4 月 16 日
美国发生历史上最惨痛的校园凶案

2007 年 4 月 16 日，美国当地时间 7 点 15 分（北京时间 19 点 15 分），美国弗吉尼亚理工大学发生一起校园枪击案。身材高大的凶手携带两把手枪，先后打死 32 人，最后举枪自杀。事发后，美国总统布什发表讲话，称枪案令人震惊，并下令全国降半旗致哀。

▶ 惨案的制造者韩裔学生赵承熙

4月17日

1941年4月17日　纳粹德国侵入南斯拉夫

希特勒让南斯拉夫军队为他们拒绝同轴心国签约而付出代价，于是在1941年4月6日，德国飞机空袭了贝尔格莱德，开始了这场不宣而战的战争。4月17日，德军先头部队从南部进入南斯拉夫首都，占领了贝尔格莱德。

4月18日

1955年4月18日
万隆会议召开

1955年4月18日~24日，在印度尼西亚的万隆举行了亚非会议。获得独立的20多个亚非国家第一次在没有殖民国家的

▲当时出席万隆会议的周恩来总理

参与下共同讨论了与亚非人民切身利益有关的问题。会议讨论了反对殖民主义、维护民族主权、世界和平和加强与会国的经济和文化合作等问题。

会后发表了著名的《关于促进世界和平与合作的宣言》，宣言中提出的十项国际关系原则，彰显了求同存异、平等协商、和平共处、谋求合作的"万隆精神"，对世界和平起到了极大的推动作用。

4月19日

▼世界上第一个空间站——"礼炮1号"空间站

1971年4月19日
苏联发射"礼炮1号"空间站

1971年4月19日，苏联发射"礼炮1号"空间站，开始实施"礼炮"号计划。这一空间站是世界上成功发射的第一个空间站，目的是试验和探索建立近地轨道航天站的技术途径，为未来建设大型宇宙空间站准备条件。

4月20日

1910年4月20日
哈雷彗星到达近日点

1910年4月20日，著名的哈雷彗星到达近日点。哈雷彗星是唯一一颗可以预报的大彗星，1705年，英

▲哈雷彗星到达近日点

国天文学家哈雷利用牛顿万有引力定律推算出了它的回归周期和轨道，人们为了表彰他的成就，便将该彗星命名为哈雷。哈雷彗星的周期约为76年，它已成为了自公元前240年以来有过32次回归记录的"熟客"。

一代文豪马克·吐温

4月21日

1918年4月21日
美国作家马克·吐温逝世

马克·吐温原名萨缪尔·兰亨·克莱门斯，1835年11月30日生于美国密苏里州的弗罗里达，4岁便随父母迁居到汉尼巴尔。12岁时开始独立生活，做过印刷所学徒、报童、排字工、水手、航手……这样的经历让他对大众的生活有着深刻的了解。马克·吐温的文笔犀利、凝练，为我们留下了许多著名的作品，如《镀金时代》、《百万英磅》、《王子与贫儿》、《汤姆·索亚历险记》、《密西西比河上的生活》等，多以深沉、辛辣的笔调揭露美国社会中存在的种种弊端，被誉为"美国文学中的林肯"。

4月22日

1915年4月22日
德军在第一次世界大战中首次施放毒气

1915年4月22日，德军在对法国沿线的进攻中首次使用了毒气炸弹和炮弹。这种新式武器的使用，不但未能使德国取得战术上的好处，反而给德国带来了极大的负面影响。他们正因为动用了这种不仁道的新式武器而遭到了全世界人民的强烈谴责。

1958年4月22日
人民英雄纪念碑建成

1949年9月30日，中国人民政治协商会议第一届全体会议通过了建立人民英雄纪念碑的决定。当天傍晚，毛泽东偕同全体政协委员参加了奠基典礼，并执锹铲土为纪念碑奠定了基石。1951年国庆，在征集的众多设计方案中，决定以梁思成先生

▼庄严耸立的人民英雄纪念碑

用17000块花岗石和汉白玉石建成的人民英雄纪念碑，是我国最大的纪念碑，是为了纪念1840~1949年间，为反对内外敌人、争取民族独立和人民自由幸福而牺牲的人民英雄们而兴建的。碑座四面嵌着10幅巨大的浮雕，内容分别为焚烧鸦片、金田起义、武昌起义、五四运动、五卅运动、南昌起义、抗日游击战争、胜利渡江等。高耸的碑身上有毛泽东主席的题词：人民英雄永垂不朽。

的设计方案为主，并综合其他 3 个设计方案，建筑纪念碑。1952 年 8 月正式开始动工兴建。全国著名的建筑物终于在 1958 年 4 月 22 日建成，同年 5 月 1 日隆重揭幕。

1990 年 4 月 22 日 "世界地球日"确立

1970 年 4 月 22 日在美国纽约举行了首次"地球日"活动，其声势浩大，有数十万群众参与集会，呼吁人们创造一个清洁、简单、和平的生活环境。这次活动被誉为二战以来美国规模最大的社会活动。1990 年 4 月 22 日，第一次"地球日"20 年后，又一次世界范围内大型的"地球日"活动得以举行。共有140 多个国家的 2 亿多人同时在各地举行了多种多样的纪念活动。这一次的行动的主题是：为了全球整体环境的改善。这项活动得到了联合国的高度赞扬。其后，将每年的 4 月 22 日确定为"世界地球日"。

莎士比亚戏剧的艺术特色主要在情节的生动性与丰富性的完美结合，不仅如此，他还是语言的大师，他吸收人民的语言以及古代和当代的文学语言，运用得得心应手，他的许多词句脍炙人口，已成为英语的一部分。莎士比亚被同时代的戏剧家称之为"时代的灵魂"，马克思也把莎士比亚誉为"最伟大的戏剧天才"。

在莎士比亚的作品中，透露着浓郁的人文主义思想和独特的艺术风格，出色的反映了英国社会五光十色的画面。《罗密欧与朱丽叶》、《威尼斯商人》、《理查三世》、《仲夏夜之梦》、《驯悍记》、《维罗纳二绅士》、《温莎的风流娘儿们》、《皆大欢喜》……无一不是有着深刻社会意义的传世名作。

莎士比亚创作高峰的标志是其著名的四大悲剧：《哈姆雷特》、《奥赛罗》、《李尔王》和《麦克白》。其中《哈姆雷特》堪称世界最佳悲剧，主人公哈姆雷特也成了最为复杂的文学典型之一。

4月23日

1564 年 4 月 23 日 莎士比亚诞辰

威廉·莎士比亚是欧洲文艺复兴时期最伟大的戏剧家和诗人。

1564 年 4 月 23 日，莎士比亚出生在英国中部斯特拉特福镇一个商人家庭，16 岁时因家境渐窘而辍学。但他并未因此而颓唐，他拼命进行艺术创作，很快便成为出类拔萃的人物。他一生创作了许多剧本和诗歌，流传下来的有 37 部戏剧、2 首长诗和 154 首十四行诗。

莎士比亚于 1616 年逝世，有趣的是他的生日和卒日同为 4 月 23 日，这么巧合的事是极为罕见的。

英国人民不但每年都举行纪念活动，而且每隔一年举行一次"莎士比亚戏剧节"。现在，"莎士比亚戏剧节"不仅盛行于英国，而且逐渐超越了国界，许多国家都举办类似的活动。

▶莎士比亚肖像

1616年4月23日　塞万提斯逝世

　　塞万提斯是文艺复兴时期西班牙著名小说家，出身于没落贵族，其一生经历奇特坎坷，曾多次参加西班牙神圣兵团与土耳其人的战斗，并不幸在战斗中失去了右手。其家境困窘，但他在谋生之余仍潜心创作，历时8年，于1605年完成了《堂吉诃德》的第一部，并着手进行第二部的创作，1614年在他即将完成之时，气愤地听闻有人已出版了《堂吉诃德》的续集，非常气愤，因此在书中揭露了其伪诈，并结束了堂吉诃德的故事，于1615年出版。这部大作受到人们极大的追捧。1616年4月23日，这位传奇的小说家却因穷困交加而亡于马德里。其主要作品还有悲剧《奴曼西亚》、《惩恶扬善故事集》等，其作品显示出丰富的创造力、想象力、幽默感和深刻的洞察力，广泛地描绘了当时西班牙的社会生活。

▼西班牙最伟大的小说家之一——塞万提斯

▼塞万提斯笔下的堂吉诃德和他的随从桑丘

4月24日

1919年4月24日　詹天佑病逝

　　詹天佑，字眷城，近代中国第一位铁路工程专家。祖籍安徽婺源，1861年4月26日生于广东南海县。1872年7月8日，年仅12岁的詹天佑作为中国第一批官办留美学生留学美国。1878年詹天佑考入耶鲁大学土木工程系。1881年获学士学位，并于同年回国，几经周折后进入中国铁路公司，开始致力于中国铁路的建设。在克服了重重艰难之后，詹天佑设计的京张铁路终于提前两年于1909年8月11日全线通车，成为中国人自己建造的第一条铁路。这极大地振奋了国人的民族精神，而他也被亲切地赞誉为"中国铁路之父"、"中国近代工程之父"。1919年4月24日，这位国人的楷模于武汉病逝，终年59岁。

◄中国铁路之父——詹天佑

1970年4月24日
我国第一颗人造地球卫星上天

　　1964年三届人大召开期间，当年积极倡导我国要进行人造卫星研制的知名科学家赵九章，致信周恩来总理，建议尽快开展人造卫星研究工作。此建议很快得到国家领导人以及一些著名科学家的支持。

1965年9月中国科学院开始组建卫星设计院。在科学家钱骥领导下，科技人员对我国第一颗人造卫星的总体方案展开了论证及一项项科技攻关。1970年4月1日，2颗"东方红一号"卫星、一枚"长征一号"运载火箭运抵我国西北的酒泉发射场。1970年4月24日10点，运载火箭1、2、3级工作正常，卫星与火箭分离正常，卫星准确入轨。并用20009兆周的频率，播送了乐曲《东方红》。

第一颗人造卫星进入太空，说明我国的空间技术进入了一个新时代。

▲我国第一颗人造卫星外观和结构

4月25日

2001年4月25日
国家天文台在北京成立

经有关部门批准，国家天文台于2001年4月25日在北京成立。国家天文台由分布于全国的八大天文台、站与高等院校合建的四个天文和天体物理中心整合而成。其主要任务是：统筹我国天文学科发展布局、大中型观测设备运行和承担国家级大科学工程建设项目；负责科研工作的宏观协调和指导；优化资源和人才配置；与高等院校结合形成若干研究中心，充分发挥天文观测、研究和学科交叉融合的优势。这标志着我国天文学发展进入了一个里程碑式的新阶段。

▲硝烟弥漫的以黎前线

4月26日

1996年4月26日
以色列和黎巴嫩达成停火协议

1996年4月26日晚，美国国务卿克里斯托弗在耶路撒冷宣布：以色列和黎巴嫩已达成停火协议，协议的内容为：以色列和黎巴嫩真主党承诺不向黎巴嫩境内平民开火；建立一个由美国、法国、俄罗斯等国组成的观察委员会，以监督各方遵守停火协议的情况；叙利亚承诺限制黎巴嫩真主党的行动，以色列同叙利亚恢复和谈。

以黎停火协议是在以军连续16天对黎巴嫩发动大规模军事行动，造成黎巴嫩160多人死亡、数百人受伤、50万人沦为难民的情况下，经过美国、法国、俄罗斯和欧盟等国家和国际组织调解而达成的。然而遗憾的是：双方的停火协议并未给彼此带来稳定的停火局面。

4月27日

1992年4月27日　南斯拉夫社会主义联邦共和国彻底解体

1992年4月27日，由塞尔维亚和黑山两共和国组成的南斯拉夫联盟共和国正式宣告成立，与此同时，南联邦议会联邦院通过了南斯拉夫联邦共和国的宪法。这意味着南斯拉夫社会主义联邦共和国彻底解体。同日，南联盟主席决定改组南斯拉夫人民军。

1993年4月27日　"汪辜会谈"在新加坡举行

1993年4月27日，备受世人瞩目的"汪辜会谈"在新加坡举行。晤谈的双方分别为海峡两岸关系协会会长汪道涵和台湾海峡交流基金会董事长辜振甫。这是海峡两岸授权民间机构领导人的第一次晤谈。

会谈中，经过磋商，他们在许多方面达成共识，并于4月29日上午签署了《汪辜会谈共同协议》、《两岸公证书使用查证协议》、《两岸挂号函件查询、补偿事宜协议》和《两会联系与会谈制度协议》四项文件，取得了双方都较为满意的结果。这标志着海峡两岸关系迈出了历史性的重要一步。

▲意义深远的"汪辜会谈"

4月28日

1945年4月28日　墨索里尼被处决

贝尼托·墨索里尼，1883年7月29日生于意大利弗利省的普雷达皮奥。早年是意大利社会党人，后被该党开除。1919年组织"法西斯战斗团"，1921年成立"国家法西斯党"。1922年发动"进军罗马"政变，并夺取政权，任内阁总理。1928年强行终止议会制度，建立了法西斯独裁统治，推行军国主义侵略扩张政策。1935年发兵埃塞俄比亚，1936年与希特勒联合武装干涉西班牙。1937年

▶臭名昭著的纳粹头子希特勒和墨索里尼

加入德日《反共产国际协定》，与德日形成法西斯轴心。1940年追随纳粹德国，参加"二战"。由于国内外人民反法西斯运动高涨和军事上节节失利，他的独裁统治于1943年7月垮台。1945年4月27日在逃往德国途中为意大利游击队捕获。次日被处决并暴尸在米兰广场。

2001年4月28日

宇宙探测器"先驱者10号"向地面发回信号

2001年4月28日，人类第一个飞出太阳系的宇宙探测器"先驱者10号"在与地球失去联系8个月后，突然于当日在距离地球112亿千米外的太空向地面发回信号。

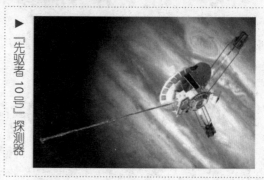
▶「先驱者10号」探测器

"先驱者10号"是人类1972年3月发射升空的，它是第一个毫发无伤地穿过火星和水星之间的陨石带，并发回木星和土星照片的宇宙探测器；也是第一个抵达水星，第一个飞越冥王星轨道、离开太阳系的宇宙飞行器。目前它正以4.38万千米的时速遨游太空，预计将在200万年后抵达金牛星座。

2003年4月28日　中国银监会正式挂牌

2003年4月28日，中国银行业监督管理委员会正式挂牌履行职责。

中国银监会发布公告称，根据第十届全国人民代表大会第一次会议通过的《关于国务院机构改革方案的决定》，国务院决定设立中国银监会。中国银监会根据第十届全国人大常委会第二次会议通过的《关于中国银行业监督管理委员会行使原由中国人民银行行使的监督管理职权的决定》，统一监督管理银行、金融资产管理公司、信托投资公司及其他存款类金融机构，维护银行业的合法、稳健运行。

成立银监会是我国金融发展史上的一件大事，是完善宏观调控体系、健全金融监管体制的重大决策。

4月29日

1954年4月29日　"和平共处五项原则"问世

1953年12月31日，中国和印度两国政府代表团就历史遗留下来的中国西藏地区和印度的关系问题开始在北京举行会谈。当天，周恩来总理在接见印度政府代表团时说："新中国成立后就确定了处理中印两国关系的准则，那就是，互相尊重领土主权，互不侵犯，互不干涉内政，平等互利和和平共处的原则。"印度方面对周恩来总理的主张表示赞同。在1954年4月29日签署的《中印关于中国西藏地方和印度之间的通商和交通协定》的序言中正式列入了这五项原则。

"和平共处五项原则"经历50多年国际政治风云的考验，已经成为举世公认的当代处理国际关系应该遵循的基本准则。

▲电影悬念大师——希区柯克

1980年4月29日

影界悬念大师希区柯克逝世

希区柯克1899年8月13日生于伦敦，1919年投身电影界，加入英国拉斯基影星公司。其早期拍摄导演的影片都是无声片，反响不大。

1929年，他拍摄了其第一部有声片《讹诈》，获得观众的喜爱和影评家的一致好评。其后，希区柯克在英国的导演生涯极为成功，这期间他的主要作品有《知情太多的人》、《三十九级台阶》、《美人计》等。

1938年后，希区柯克携妻女定居美国，并加入美国国籍。他于1940年拍摄的《蝴蝶梦》获得巨大成功，同年导演的《外国记者》也获得巨大反响。此后，其大作不断问世，如《深闺疑云》、《眩晕》、《后窗》、《西北偏北》、《精神变态者》等，使其声望日隆。

希区柯克一生导演了50余部悬念片，还监制了不少影片。1980年4月29日，希区柯克在睡梦中离开人世。

4月30日

1945年4月30日

战争狂人——希特勒自杀

阿道夫·希特勒，1889年4月20日生于奥地利。曾自学绘画与建筑。1913年移居慕尼黑。第一次世界战时在陆军服役，并获铁十字勋章。1919年9月加入德国工人党（即纳粹党），从事宣传工作。1921年成为该党主席。1923年11月，其策划啤酒店暴动，事败被捕，在狱中写成《我的奋斗》一书，宣扬复仇主义和种族主义。1933年1月制造"国会纵火案"，夺取政权，任总理。1934年自称元首。此后，开始疯狂迫害与屠杀共产党人、进步人士和犹太人、镇压工人运动、实行法西斯独裁，并积极扩军备战，成为发动第二次世界大战的元凶。

北非阿拉曼和斯大林格勒战役后，其军队实力大减。1945年4月30日，在柏林被苏军攻占后，与情妇爱娃同时自杀，结束了罪恶的一生。

▶纳粹党魁——希特勒

5月1日

1851年5月1日
第一届世界博览会在英国伦敦举行

1851年5月1日，第一届世界博览会在英国伦敦举行。这次博览会以展示各参展国家的经济成就和文化传统为主，不直接进行任何贸易活动。这次博览会长达5个多月，有10多个国家参加，并对公众开放，参展观众多达630万人次，从而给英国带来了可观的的经济效益和巨大的社会效益。

▲第一届世界博览会会场

1886年5月1日　芝加哥工人大罢工

1886年5月1日，美国芝加哥的21.6万名工人为争取实行8小时工作制而举行大罢工，经过艰苦的斗争，终获胜利。为纪念这次伟大的工人运动，1889年7月第二国际宣布将每年的5月1日定为国际劳动节，得到了世界各国工人的积极响应。

1980年5月1日
中国第一家合资企业正式营业

1980年5月1日，由中国民航北京管理局和香港中国航空食品公司合资经营的企业——北京航空食品公司正式营业，获得中国工商部门颁发的中外合资企业营业，执照001号。合资期限为8年，注册资本588万元。此举标志着中国投资环境的巨大改变。

> 1918年，中国一些革命的知识分子在上海、苏州、杭州、汉口等地向群众散发介绍"五一"的传单。1920年5月1日，北京、上海、广州、九江、唐山等各工业城市的工人群众举行了声势浩大的游行、集会，这就是中国历史上的第一个五一劳动节。1949年12月，中央人民政府政务院正式将5月1日定为法定的劳动节。此后每年的这一天，举国欢庆，举行各种庆祝集会或文体娱乐活动，并对有突出贡献的劳动者进行表彰。

5月2日

1842年5月2日　英国宪章运动爆发

1842年5月2日，伦敦街头浩浩荡荡的工人队伍来到国会下院，宪章派全国协会的负责人向下院递交了全国宪章派请愿书，明确指出：当下的下议院就其组成来说，既非由人民选出来的，也非由人民作主的。它只为少

> 英国是第一个发生资产阶级革命和进行工业革命的国家，19世纪时被称为"世界工厂"，但在这个以实行"议会民主"而闻名的国家里，只有缴纳高额所得税的人才有选举权，广大工人被排斥在议会大门之外。
>
> 1840年7月，各地宪章派的代表在曼彻斯特召开了大会，宣告成立全国宪章派协会，它是近代第一个工人政党的萌芽。

数人的利益服务，而对多数人的贫困、苦难和愿望置之不理。

1848年，在欧洲大陆革命风暴的推动下，宪章运动再度高涨。又一次全国请愿书进一步提出，劳动是一切财富的唯一来源，劳动者对于自己的劳动果实享有优先权，人民是权力的唯一来源。但遭当局镇压，并被勒令解散。

这次运动是世界上第一次广泛的、真正群众性的、政治性的无产阶级革命运动，它标志着英国无产阶级开始作为一支独立的政治力量登上了历史舞台，揭开了同资产阶级争夺政治权力斗争的序幕。

1998年5月2日　欧盟特别首脑会议召开

1998年5月2日，欧盟15国国家元首和政府首脑在比利时首都布鲁塞尔举行特别会议。经过数小时艰难的谈判后终于达成一致，确认比利时、德国、西班牙、法国、爱尔兰、意大利、卢森堡、荷兰、奥地利、葡萄牙和芬兰11国为首批加入欧洲单一货币体系的欧元创始国，同意由现任欧洲货币局局长的杜伊森贝赫担任欧洲中央银行首任行长。此次欧盟特别首脑会议所做出的决定，标志着欧洲统一货币体系的实施即将成为现实。

▲欧盟特别首脑会议照片

5月3日

1928年5月3日　日本制造"济南惨案"

▲老照片：济南惨案之一

1928年初，中国正处在军阀混战时期，蒋介石与奉系军阀张作霖的争斗如火如荼。支持张作霖的日本帝国主义害怕英、美势力侵犯其利益，就借口保护侨民，进兵济南，以阻挠蒋部北上。

5月1日，蒋介石的军队一开进济南，日军就寻衅开枪，打死中国军民多人。3日，日军又以种种借口在济南奸淫掳掠，并公然破坏外交惯例，冲进国民党战地政务委员会外交公署，惨无人道地屠杀中国外交官员，制造了震惊中外的"济南惨案"，因其发端于5月3日，故又称"五三惨案"。

次年，中日两国政府签订"济南惨案"协定，规定南京政府负责保障日侨生命安全，日军于两个月后全部撤退。由于国民党政府的对日屈服，"五三"惨案就此草草了结。

> 这次惨案，日寇杀死中国军民6000多人，伤1700多人，激起了全国人民极大的愤怒。"打倒日本帝国主义"及抵制日货的怒潮随即席卷全国。蒋军官兵对日军暴行忍无可忍，被迫进行自卫还击，但蒋介石却置同胞死活于不顾，竟下令各师"约束士兵不准还击"。

5月4日

1919年5月4日　"五四"运动爆发

1919年5月4日,北京大学等十几所专科以上学校的学生集会游行示威,抗议巴黎和会承认日本接管德国侵占我国山东时的各种特权,要求惩办当时著名的亲日派卖国贼曹汝霖、章宗祥和陆宗舆。北京军阀政府竟然出动军警镇压并逮捕了32个学生,激起极大民愤。这场运动很快扩大到全国,发展成为有广大无产阶级、城市小资产阶级和民族资产阶级参加的极其广泛的革命运动。

"五四"反帝反封建爱国运动获得了重大胜利。为纪念伟大的"五四"运动,我国于1936年正式订立"五四"青年节。

▶珍贵的五四运动照片

5月5日

1949年5月5日　欧洲委员会宣告成立

第二次世界大战后,欧洲兴起了联合的思潮,欧洲统一运动蓬勃发展。经过丘吉尔、雷诺等著名人士的努力,1948年5月,欧洲统一运动首届大会在海牙召开。英国、法国、荷兰等10国政府于1949年5月5日成立了欧洲委员会,总部设在施特拉斯堡。他们以欧洲的统一为目标进行了许多活动,特别是为促进各国议会间的合作做出了卓越的贡献。

1988年5月5日

中日尼联合登山队双跨珠峰成功

1987年2月24日,中国、日本、尼泊尔三国经过14次磋商,最终达成协议,在北京签订了《中日尼1988年珠穆朗玛/萨迦玛塔友好登山协定书》。

1988年5月5日12点44分,北侧中国次仁多吉、日本山田升、尼泊尔昂·拉克巴登顶,在顶峰停留了99分钟后向南坡跨越。16点05分,日本山本宗彦从南侧登顶,实现了南北队员会师的伟大理想。17点全部队员撤离顶峰,顺利地实现了这次登山的主要目标——双跨珠峰。

▼中方队员次仁多吉（右）和尼泊尔队员昂·拉克巴

这次联合登山队的12人全部登顶,其中6人在人类登山史上首次成功进行了南北大跨越,实现了人类在珠峰顶上会师的目标。次仁多吉成为第一个从北坡向南坡跨越珠峰的中国人。

5月6日

1840年5月6日
世界上第一批邮票在英国开始使用

世界上第一枚邮票

1840年5月6日，英国发行了世界上第一批邮票。这批邮票的发明者是英国人罗兰·希尔，邮票的票面是黑色的，上面印着英国维多利亚女王的浮雕像，每枚面值1便士，人们称它为"黑便士邮票"。后来人们把这一天称为邮票诞生日。希尔则当之无愧地成了英国的邮政大臣。

▼被炸毁的中国大使馆

5月7日

1999年5月7日
以美国为首的北约袭击我驻南联盟大使馆

1999年5月7日，贝尔格莱德时间晚11点45分（北京时间8日5点45分），以美国为首的北约，悍然从不同方向发射5枚导弹，袭击中国驻南斯拉夫联盟共和国大使馆，造成新华社女记者邵云环、光明日报记者许杏虎和夫人朱颖3人牺牲、多人重伤，使馆馆舍遭严重毁坏。

5月8日

事件发生后4个多小时，美国东部时间5月7日午夜（北京时间8日上午11点30分），应中国方面的要求，联合国安理会召开紧急会议进行磋商。7月30日，中美两国代表团在北京就这一事件的赔偿问题达成共识。2001年1月19日，美国政府向中国政府支付了轰炸中国驻南使馆财产损失赔偿金2800万美元。

1828年5月8日
简·亨利·杜南诞辰

简·亨利·杜南1828年5月8日出生于瑞士日内瓦。18岁起，他就加入了赈济协会，业余时间都用在访贫问病的活动上。1862年，其正式出版了《索尔弗利诺回忆录》一书，在该书中他竭力主张建立伤兵救护组织，提议伤员中立化，并在各国成立永久性团体照顾战争受难者。

1863年2月17日，杜南和他的4位友人成立了"伤兵救护国际委员会"（后改称"红十字国际委员会"）。同年10月23日，日内瓦委员会宣布成立，红十字运动由此开始。1864年8月22日瑞士政府正式召开外交会议，12国政府签署了《关于改善战地陆军伤者境遇之日内瓦公约》，这是目前得到国际社会最广泛认可和尊重的国际公约之一。

1910年10月30日，杜南在海登逝世，终年82岁。他在遗嘱中决定把他遗产的大部分捐赠给挪威和瑞士的慈善团体。

1948 年，红十字会与红新月会协会执行委员会建议选择杜南的生日（5 月 8 日）作为世界红十字日。同年这一建议被正式批准。

▶ 杜南

1945 年 5 月 8 日　德国投降

1945 年 5 月 8 日深夜，在柏林近郊的卡尔斯霍尔特举行了德国无条件投降仪式。德军最高统帅部代表凯特尔等 3 人代表德国正式签署德军无条件投降书，投降书从 1945 年 5 月 9 日零点开始生效。第二次世界大战的欧洲反法西斯战争胜利结束。

1975 年 5 月 8 日
中国同欧洲经济共同体建立正式关系

欧洲经济共同体也称欧洲共同市场，它与欧洲煤钢共同体、欧洲原子能共同体一起共同组成欧洲共同体（简称欧共体）。在欧共体中以欧洲经济共同体最为重要。

20 世纪 70 年代初期，中国同西欧国家的关系有了很大发展。中国支持西欧联合的态度受到共同体各国的欢迎。1974 年 11 月，共同体委员会表示愿意同中国签订贸易协定，并希望就建交问题进行谈判。

1871 年，由于他经营的公司破产，使他负债累累。在此后的十几年里，他贫病交加，受尽了折磨，1892 年住进海登地区医院而不被人知晓。

1895 年，一位新闻记者无意中发现了杜南，并在报上作了报道，一时轰动了全世界。瑞士联邦委员会颁发特奖，表彰杜南的行动"促进和平与团结"。莫斯科国际医学大会也为他颁奖，颂扬他为受苦人民所作的贡献。1901 年，挪威政府授予他首届诺贝尔和平奖。

1975 年 5 月 8 日达成我国与欧洲经济共同体建交协议。9 月，我国在布鲁塞尔设立了使团，正式委派驻比利时大使兼任驻欧洲经济共同体使团团长。

中国与欧洲经济共同体建交后，有力地推动了双方关系的发展，1983 年实现了中国同欧洲共同体的全面建交。1988 年 5 月，欧共体委员会正式在华设立代表团，此后合作领域不断扩大。

▼ 德军最高统帅部派出了以凯特尔元帅为首的代表，出席在柏林近郊卡尔斯霍尔特正式举行的德国无条件投降仪式

5月9日

1993 年 5 月 9 日
首届东亚运动会在上海举行

1993 年 5 月 9 日，第一届东亚运动会在上海隆重开幕，这是亚洲体育运

动史上的新篇章。

在首届东亚运动会上，来自东亚地区的中国、日本、中国台北、中国香港、朝鲜、韩国、蒙古、中国澳门、关岛 9 个国家和地区的 1200 多名男女运动员参加 12 个项目的比赛。比赛设田径、游泳、赛艇、体操、柔道、武术、羽毛球、篮球、举重、拳击、足球和保龄球 12 个大项、168 个小项。

▶东运会上的中国健儿

5月10日

1949 年 5 月 10 日　德国被分裂为东西两部分

1949 年 5 月 10 日，德国西部统治机构经西方占领国当局的同意，宣布将该地区成立为德意志联邦共和国，设波恩为首都，并于 23 日正式通过了《德意志联邦共和国基本法》。至此，德国分裂为两个主权国家，即德意志联邦共和国和德意志民主共和国。德国的分裂是第二次世界大战后的重大国际事件，是雅尔塔体系的重要组成部分，也是苏、美两个超级大国及其各自所领导的国家集团对峙的直接后果。

1972 年 5 月 10 日　世界卫生大会恢复我国合法席位

1972 年 5 月 10 日，第 25 届世界卫生大会通过了恢复我国在世界卫生组织中的合法席位的决议。

世界卫生组织是一个国际性组织。它的宗旨是使全世界人民获得尽可能最高水平的健康。主要职能包括：促进流行病和地方病的防治；提供和改进公共卫生、疾病医疗和有关事项的教学与训练；推动确定生物制品的国际标准。

▶世界卫生组织标识

1982 年 5 月 10 日
著名经济学家马寅初逝世

马寅初生于 1882 年，浙江嵊县人，是我国著名经济学家、教育家。早年留学美国，获经济学博士学位。1915 年回国，先后在北京大学、中山大学、重庆大学等任教。

◀著名经济学家马寅初

在抗日战争以及内战期间，他目睹国民党反动派的腐败、民族危机的深重，大声疾呼，反对官僚资本主义和通货膨胀，反对出卖民族利益和独裁统治。

马寅初最先提出了以节制生育、提高人口质量为中心的"新人口论"和综合平衡、按比例发展的经济理论。他认为我国人口"增殖太快"，"影响积累、影响工业化"，"是个极大的负担"，主张"实行计划生育"，"推迟结婚年龄"。他认为国民经济要综合平衡，主张引进外国先进技术设备，主张充分利用价值规律等。

他以赤诚之心针砭时弊，但当时受到很不公正的对待。然而这位当时年近八旬的老人，仍执著地坚持着自己认定的真理，为我国学术争鸣创一代新风，为后来学人树立了光辉榜样。十一届三中全会后，马寅初得到了彻底平反，他的新人口论和综合平衡经济理论得到了充分的肯定。

1982 年 5 月 10 日，马老在北京逝世。

5月11日

▶ 聚精会神对弈的卡斯帕罗夫

1997 年 5 月 11 日
卡斯帕罗夫与"深蓝"对弈

1997 年 5 月 11 日，国际象棋世界冠军卡斯帕罗夫与 IBM 公司的国际象棋电脑"深蓝"的六局对抗赛降下帷幕。在前五局以 2.5 对 2.5 打平的情况下，卡斯帕罗夫在第六盘决胜局中仅走了 19 步就向"深蓝"拱手称臣。整场比赛进行了不到一个小时。"深蓝"赢得了这场具有特殊意义的对抗。

"深蓝"此次胜利，标志着电脑技术又上了一个新台阶，但我们从此将不得不认真地思考人与电脑的关系。

什么是思维的本质？思维是神秘莫测的吗？

卡斯帕罗夫自 1985 年成为世界冠军以来，12 年间，他在国际象棋领域里的地位一直未受到过严峻挑战，其等级分超过 2800 分，没有人达到过这一高度。他被认为是有史以来最强的棋手之一。

"深蓝"是 IBM 公司研制的新型电脑，重量达 1.4 吨，有 32 个节点，每个节点有 8 块专门为进行国际象棋对弈设计的处理器，拥有每秒超过 2 亿步的惊人速度。它不会疲倦，不会有心理上的起伏，也不会受到对手的干扰。它的缺陷是没有直觉，不能进行真正的思考。但是比赛过程表明，"深蓝"无穷无尽的计算能力在很大程度上弥补了这些缺陷。卡斯帕罗夫曾经说过，电脑要想战胜世界冠军，得等到 2010 年。"深蓝"把这个日子提前了 13 年。

1939 年 5 月 11 日　《黄河大合唱》首次演唱

1939 年 5 月 11 日，在延安陕北公学礼堂庆祝会上，鲁艺师生首次演唱了《黄河大合唱》，这部作品是音乐家冼星海与诗人光未然（张光年）合作而成的，冼星海为此曲亲自指挥。中华民族的怒吼声，更加强劲地传遍了全中国、乃至全世界。

5月12日

1951年5月12日　第一颗氢弹爆炸试验成功

1951年5月12日，美国政府报道说，在太平洋中部进行的原子武器试验使氢弹研制工作有了明显进展。氢弹是利用在极高温度下轻核聚变释放出大量能量制成的杀伤力极强的核武器。在一个封闭的弹壳中包括有两个主要部分：一个是聚变物质；另一部分是引爆装置。它所用的材料和原理与原子弹相同，但氢弹爆炸后产生的威力比原子弹要大得多。

2008年5月12日　"5·12"汶川大地震

北京时间5月12日14时28分，四川汶川县发生了里氏8.0级强烈地震，震中位于阿坝州汶川县。与此同时，全国大部分省份同时受到地震影响。地震造成上万人死亡，无数房屋垮塌，数万人无家可归。胡锦涛总书记立即作出重要指示，要求尽快抢救伤员，保证灾区人民生命安全。温家宝总理亲临第一线指挥。

▲地震后的汶川县映秀镇

5月18日，国务院决定，2008年5月19日~21日为全国哀悼日。在此期间，全国和各驻外机构下半旗志哀，停止公共娱乐活动，外交部和我国驻外使领馆设立吊唁簿。5月19日14时28分起，全国人民默哀3分钟，届时汽车、火车、舰船鸣笛，防空警报鸣响。

▲
触目惊心的印尼惨案

5月13日

1998年5月13日　印尼发生有组织地侵害华人的重大惨案

1998年5月13日到15日，印尼雅加达等地发生严重骚乱，导致1200多人在骚乱中被屠杀，其中绝大部分是华人，5000多间华人商店和住宅惨遭烧毁，数百名华人妇女在光天化日之下，被丧心病狂的暴徒强暴。

据印尼全国人权委员会和印尼人权志愿者组织的调查显示，大部分针对华人的袭击都由有组织的团体煽动。

5月14日

1955年5月14日　　《友好互助合作条约》签订

1955年5月14日，为针对美、英、法决定吸收联邦德国加入北约一事，苏联、捷克斯洛伐克、保加利亚、匈牙利、德意志民主共和国、波兰、罗马尼

《华沙条约》的签署 ◀

亚、阿尔巴尼亚8国在华沙签订了《友好互助合作条约》，也称《华沙条约》。条约宣称缔约国将致力于"国际和平安全"，并以和平方法解决国际争端。同年6月条约生效时正式成立了军事政治同盟——华沙条约组织，简称"华约"，常设机构在莫斯科。1991年7月，华约组织解体，条约失效。

1973年5月14日　美国发射太空实验室

太空实验室是美国的第一个试验型空间站。它总长30米，重82吨，最大直径6.5米，工作容积316立方米，是通过两次发射对接而成的。是人类迄今向近地轨道发射的人造天体中重量和容量最大而又最复杂的一个。从1973年5月太空实验室建立到1974年2月，先后有3批宇航员进入该太空实验室，一共拍摄了4万多张照片，以及大约7.2万米长的满载数据资料的磁带。对于农学、地质学、海洋学以及其他地球科学的研究，起到了非常重要的作用。

工作舱是太空实验室的基本部位，是宇航员主要的工作和生活舱室。

舱内设有环境控制系统，它能给宇航员提供舒适的环境，保持室温为15.6～20℃。

太阳能望远镜是太空实验室上的一个天文台，可以拍摄太阳的紫外光线和X射线等，获得精细的日冕照片。

1979年7月11日，该太空实验室穿过大气层，成功坠落在澳大利亚西部地区和南印度洋。至此，它在宇宙空间运行了2246天，绕地球3.4981万圈，航程达14亿多千米。

5月15日

1904年5月15日　中国红十字会创立

日俄战争期间，由于战事在中国东北地区进行，旅居关外的各国侨民都在本国红十字会的资助下，乘坐印有红十字标记的船舶车辆逃离战区。清廷也派遣轮船到东北接运中国难民，但俄国政府却称中国进入战区的船舶和人员不属于红十字会，而不予保护，并阻挠中国船只。

消息传到上海，各界哗然，当即由绅商沈敦和与英、美、德、法等中立国领事磋商，成立了"上海万国红十字会"，并取得了清廷的支持。

1904年5月15日，清廷命外务部照会瑞士，声明愿意加入红十字联约；24日，清廷拨款10万两，以作为红十字会的开办费；29日，红十字会订立了暂行章程。该会成立后，立即前往东北接运难民，并设立分会，扩大救济灾民和战后放赈工作。

1989年5月15日　　戈尔巴乔夫访华

1989年5月15日，苏联最高苏维埃主席团主席戈尔巴乔夫抵达北京。当戈尔巴乔夫从专机舷梯上走下来，他的一只脚刚刚踏上中国的国土，迈出他"三十年后第一步"时，中苏两国、两党的关系也开始向结束过去，开辟未来的正常化轨道迈进。

两位领导人表示，过去的事过去了，重点在于应该向前看。在发展两国关系上，多做实事。16日上午，中共中央军委主席邓小平和苏联最高苏维埃主席团主席、苏共中央总书记戈尔巴乔夫宣布，中苏两国关系实现了正常化。

2002年5月15日　　中国海军舰艇编队首次环球航行开始

2002年5月15日，由中国自行设计制造的"青岛"号导弹驱逐舰和"太仓"号综合补给舰组成的中国海军舰艇编队从青岛启航，首次进行环球航行。

此次航行先后横跨印度洋、太平洋、大西洋，远涉亚洲、非洲、欧洲、南美洲和大洋洲，对10个国家和港口进行了友好访问，总航程33000多海里，途经14个主要海峡和苏伊士、巴拿马运河，横跨68个纬度，6次穿越赤道，创造了人民海军舰艇编队出访时间最长、航程最远、航经海域最广、访问国家最多等纪录。

▶中国海军舰队编队出航

5月16日

1929年5月16日

第一届奥斯卡奖颁奖

奥斯卡是当前世界上影响最大、历史最悠久的电影奖，由美国电影艺术与科学学院颁发。第一个关于成立电影艺术和科学学院的念头在好莱坞巨头——米高梅公司总经理梅椰的头脑里萌发，并得到了众多电影界权威人士的热烈响应。1929年5月16日，在好莱坞著名的罗斯福饭店的"花房"内举行了第一届奥斯卡奖的颁奖宴会。

▶溢彩流光，犹如电影般灿烂的奥斯卡小金像，雕像展现一位骑士手持长剑，站在有5个轮幅（代表演员、导演、制作人员、技师和作家）的电影胶片上。它由铜、镍、银和24K金浇铸而成。

本来电影艺术与科学学院将这个奖的正式名称叫做学院奖，但实际上世人更喜欢它的另一种称呼——奥斯卡奖（Oscars）。相传，学会的一个名叫玛格丽特·赫丽克的图书馆管理员认为象征电影成就的小雕像很像她名字叫奥斯卡（Oscar）的叔叔，所以，她就以此来称呼它。之后，以奥斯卡来作为小雕像的昵称便叫开了。

1940年5月16日　抗日爱国将领张自忠牺牲

▲梅花上将——张自忠将军

张自忠生于1891年，字荩忱，山东临清县人，1914年投笔从戎，后追随冯玉祥将军多年，深受其爱国思想的影响。"九一八"事变后，成立了第29军，张自忠将军时任第29军38师师长，承担长城防务，1933年在喜峰口痛击来犯日军，立下赫赫战功。"七七"事变后，他以誓死报国之志，驰骋在抗日沙场，所向披靡。此后，他晋升为第33集团军总司令，并兼第五战区右翼兵团总指挥，成为国民党的高级将领。

1940年5月16日下午，在率部于湖北宜城县十里长山一带与日军鏖战中，不幸身中数弹而逝，时年49岁。张自忠是中国抗日战争时期牺牲在疆场上的唯一一位集团军总司令，虽已长逝，但其英风浩气将与世长存。

这位英勇的抗日爱国将领去世后，举国悲痛。5月23日，10万民众不顾日军飞机的侵袭，一路上香案夹道，护送张将军的灵柩在宜昌上船，抵达重庆，葬在北碚的梅花山。冯玉祥将军在墓地周围亲手栽种了许多梅花。

8月15日，延安各界人士千余人为张将军举行隆重的追悼大会。毛泽东、朱德、周恩来分别送了"尽忠报国"、"取义成仁"、"为国捐躯"的挽词。

▲张将军使用过的铜墨盒，其拳拳报国之心令人敬仰

5月17日

1969年5月17日
"世界电信日" 确立

1969年5月17日，国际电信联盟（ITU）第二十四届行政理事会正式通过决议，决定把国际电信联盟的成立日——5月17日定为"世界电信日"，并决定在每年的这一天开展纪念活动。1973年，国际电信联盟再次通过决议，要求各会员国在继续开展各种纪念活动的同时，为了使纪念活动更有系统性，每年的世界电信日都要有一个主题。我国每年也举行各种纪念电信日的活动。

21世纪"世界电信日"的主题
2000年第32届：移动通信
2001年第33届：互联网的挑战、机遇与前景
2002年第34届：信息通信技术为全人类服务；帮助人们跨越数字鸿沟
2003年第35届：帮助全人类沟通
2004年第36届：信息通信技术：实现可持续发展的途径
2005年第37届：行动起来，创建公平的信息社会
2006年第38届：推进全球网络安全
2007年第39届：让信息通信技术惠及下一代

5月18日

1872年5月18日
英国著名逻辑学家罗素诞辰

1872年5月18日，罗素出生在英国一个显赫的贵族家庭，其祖父在维多利亚时代曾两度出任首相。

罗素喜爱数学，少年时代便开始探求数学之完美与宗教之可疑的哲学根据，18岁时考入剑桥大学三一学院，在怀特海指导下攻读数学，后又转攻哲学。

1900年，罗素受到意大利数学家皮亚诺的启发，开始用新的逻辑分析技术研究数学的基本概念，至1910年间，他同怀特海合作撰写了数学和逻辑发展史上里程碑式的著作——《数学原理》，正是这部巨著使罗素赢得了学术上崇高的地位和荣誉。1949年罗素获得了英国的荣誉勋章。1950年，罗素又因其在哲学领域的杰出贡献，被授予诺贝尔文学奖。

晚年的罗素还积极参加反对核战争、保卫世界和平等社会活动，曾发表了著名的《罗素－爱因斯坦宣言》，并筹建了"罗素和平基金会"。他还曾插手调停古巴导弹危机、阿以冲突和中印边界冲突，反对美国的侵越战争，并因此而获得"世界和平奖"。

1970年2月，98岁高龄的罗素与世长辞。

▶ 20世纪影响最大、声望最高的思想家之一——罗素

1980年5月18日　中国发射第一枚运载火箭

1980年5月18日，我国向太平洋预定海域发射了第一枚运载火箭。这枚运载火箭在高空中顺利完成了火箭级间的分离、发动机关机和火箭头体分离等一系列程序后，精确地沿预定轨道飞完了全程，最后在预定区域准确入海。这次运载火箭的发射成功，是继我国成功地进行原子弹、氢弹、导弹核武器和发射人造卫星成功后，在尖端科学技术领域里取得的又一新的重要成就，具有里程碑式的意义。

我国著名的卫星发射基地

酒泉卫星发射基地：位于酒泉市东北的巴丹吉林沙漠深处，始建于1958年，是规模最大的卫星发射中心，也是各种型号运载火箭和探空气象火箭的综合发射场。

西昌卫星发射中心，始建于1970年，主要担负广播、通信和气象等地球同步轨道（GTO）卫星发射的组织指挥、测试发射、主动段测量、安全控制、数据处理、信息传递、气象保障、残骸回收、试验技术研究等任务。

太原卫星发射中心：始建于1967年，是中国试验卫星、应用卫星和运载火箭发射试验基地之一。

▶ 酒泉卫星发射基地

5月19日

▼圣海伦斯火山爆发

1980年5月19日 圣海伦斯火山爆发

　　1980年5月19日，圣海伦斯火山在沉睡了123年之后苏醒过来，突然爆发，剧烈的爆发炸掉了2950米高的山峰的峰顶，在160千米以外都能感觉到震撼。浓密的火山烟云扶摇直上，呈蘑菇状直冲16000米的高空，竟然随气流扩散至4000千米以外的地方，使周围近百千米的晴空顿时变色，昏暗无光。粗硬的火山灰石从空中散落到地面上，在远隔804千米处的蒙大拿和怀俄明之间的公路上堆积起来，向人们显示着圣海伦斯的巨大威力。另外，火山爆发后，引起了火山周围的十几处森林大火；火山爆发所引起的滔滔洪水与泥浆涌进了图特尔河谷，吞噬了尚未离开的人们。

　　地质专家称，这次火山爆发是由此前发生的两次地震引起的。圣海伦斯火山爆发是其时美国历史上最大的一次火山爆发，其爆发释放的能量是当年美国投掷在日本广岛的原子弹（当量为二万吨）的500倍。一鸣惊人的圣海伦斯火山，立时成为世界头号新闻。

5月20日

▶航海家哥伦布画像

1506年5月20日 航海家哥伦布逝世

　　克里斯托弗·哥伦布，约1451年生于意大利热那亚的一个织布工家庭。1476年移居葡萄牙。其相信地圆说，认为自欧洲一直向西航行可达东方，曾向葡王建议开辟赴东方的航路，未被采纳。1485年，哥伦布移居西班牙，得到西班牙国王斐迪南二世的资助，于1492年率船横渡大西洋，抵达巴哈马群岛、古巴、海地等。此后1493、1498、1502年又3次西行，驶抵牙买加岛、波多黎各诸岛以及中南美的加勒比海沿岸。他因误认已驶至印度，故将当地居民称为"印第安人"（意为"印度的居民"）。1504年返回西班牙。

　　哥伦布晚年贫病交加，于1506年5月20日抑郁而终。

1799年5月20日 法国著名作家巴尔扎克诞辰

　　1799年5月20日巴尔扎克生于法国中部的图尔城。20岁时开始从事文学创作。1829年出版的历史小说《舒昂党人》，初步奠定了其在文学界的地位。1831年发表的长篇小说《驴皮记》为他赢得声誉，成为法国最负盛名的作家之一。

1841年，巴尔扎克在但丁《神曲》的启示下，正式把自己作品的总名定为《人间喜剧》，并在前言中宣称要做社会历史的"书记"。从1829~1849年，其为《人间喜剧》陆续写出了包括长篇、中篇、短篇小说和随笔等在内的91部作品，分为《风俗研究》、《哲学研究》和《分析研究》三个部分。其中的《欧也妮·葛朗台》、《高老头》、《幻灭》、《农民》、《贝姨》等为各国读者所熟悉、推崇。

▶法国文豪——巴尔扎克

5月21日

1984年5月21日　世界第一台光纤录像电话开始使用

在光纤通信出现前，通信主要通过同轴电缆来实现，由于光纤的阻力比同轴电缆小10倍，但容量却大10倍，并且，光纤通信网可用于录像电话、电视联播网和存取资料及图像。因此，世界各国相继对光纤通信进行研究。

1984年5月21日，世界上第一台利用光纤通信网的录像电话在法国西南部的比亚里茨正式启用。这一天，时任法国总统密特朗在爱丽舍宫通过录像电话同正在比亚里茨的法国邮电事务部长路易·梅克桑多进行了10分钟的交谈。

这一成果使通信工业具有了更为广泛的应用与发展空间。

1990年5月21日
国家对可可西里进行科学考察

1990年5月21日，我国科学考察史上的一次壮举——对青藏高原最大的无人区可可西里的综合科学考察拉开帷幕。

专家们认为，对这一地区的综合科学考察不仅可以补充对青藏高原综合研究的资料，而且还在许多研究领域具有填补空白的意义；同时，由于这一地区的特殊性、所取资料的不可替代性，这次考察对深入研究青藏高原的隆起、环境演变、生物区形成、自然地域分布及资源的开发利用等方面，都具有十分重要的意义。

▶可可西里，绝美的人间天堂

▶可可西里保护区

可可西里位于青藏高原腹地，是地球上人类迄今鲜为人知的地区之一，也是世界生物、地学研究的重要地区，素有"人类禁区"、"神秘国土"之称。

5月22日

伟大的浪漫主义文学先驱——维克多·雨果▶

1885年5月22日　法国作家雨果逝世

雨果1802年生于法国东部的贝桑松，父母亲都是王室的热烈拥护者，少年时期的雨果深受家庭熏染，公开维护伪古典主义，后受进步思想的启发，于1827年发表了剧本《克伦威尔》，在序言中，他对束缚资产阶级文学发展的伪古典主义进行了激烈的批判，提出一整套浪漫主义的文学主张。该主张成为法国浪漫主义文学运动的宣言。

其后完成的《欧那尼》、《国王取乐》，表达了人民对暴政的极端不满。长篇小说《巴黎圣母院》则表达了人民对专制以及教会的痛恨。路易·波拿巴政变后，他被迫流亡国外。其间，著有抨击拿破仑第三帝国的小册子《小拿破仑》和诗集《惩罚集》、长篇小说《悲惨世界》、《笑面人》等。

1870年拿破仑第三帝国垮台后，雨果回国。普法战争时，他表现了高度的爱国主义热忱。巴黎公社失败后，他曾勇敢地庇护受迫害的公社社员。1874年，他的又一部重要的长篇小说《九三年》问世。

1885年5月22日，这位文坛巨擘逝世。

5月23日

1906年5月23日　挪威戏剧家易卜生逝世

1828年3月20日，易卜生出生在挪威一个富商家庭，后来家道中落。1848年，他在欧洲资产阶级革命浪潮的激励下，开始从事剧本创作，其作品大都充满了揭露黑暗、批判权贵、倡导群众利益的斗争精神。

由于在国内屡遭保守势力的攻击，1864年易卜生离开祖国，侨居意大利和德国长达27年。1866年他在罗马创作了诗剧《布朗德》，使他在欧洲文坛上一举成名，接着又写了著名诗剧《培尔·金特》。

19世纪70年代，欧洲革命斗争和民族解放运动蓬勃发展，更加强了易卜生对资产阶级社会的反抗情绪。他用犀利的笔锋创作了十多部"社会问题"剧，无情地揭露了资产阶级社会道德的堕落、婚姻的不合理、家庭生活的虚伪和资产阶级民主的破产，整个西欧资产阶级为之触痛。《玩偶之家》就是其中之一。

易卜生的艺术创作，不仅在当时，而且在今天都具有深刻的现实意义。在挪威，人们把这位世界知名的戏剧大师称为"挪威民族的骄傲"。

1906年5月23日，易卜生不幸病逝，终年78岁。

1951年5月23日　西藏和平解放

1951年4月，西藏地方政府派出以阿沛·阿旺晋美为全权首席代表的和平谈判代表团抵达北京，同中央人民政府指派的以李维汉为全权首席代表的代表团进行关于西藏和平解放的谈判，并于5月23日在北京签订《关于和平解放西藏办法的协议》（简称"十七条协议"）。继而，人民解放军进驻拉萨，西藏和平解放。

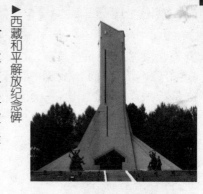

▲西藏和平解放纪念碑

1981年5月23日

第一届金鸡奖揭晓

金鸡奖是中国电影界专业性评选的最高奖，由中国电影家协会主办，旨在奖励那些优秀影片和表彰成绩卓著的电影工作者。首次评奖活动于1981年即农历鸡年举行，故名金鸡。1981年5月23日，第一届中国电影金鸡奖评选揭晓，《巴山夜雨》、《天云山传奇》获得最佳故事片奖；《刘少奇同志永垂不朽》获得最佳新闻纪录片奖；叶楠（《巴山夜雨》编剧）获得最佳编剧奖；谢晋（《天云山传奇》导演）获得最佳导演奖；张瑜（《庐山恋》中饰周筠、《巴山夜雨》中饰刘文英）获得最佳女主角奖。

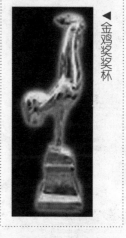

◀金鸡奖奖杯

089

5月24日

1844年5月24日

莫尔斯试验成功世界上第一份电报

1832年的秋天，美国青年塞缪尔·莫尔斯开始对用电流传送电磁信号的技术进行研究。其间，他一次又一次面临贫困甚至饥饿的窘境，但他依然坚持不懈。

莫尔斯首先利用使电流交替通电和切断所产生的不同信号，编制了代表字母和数字的电码，即著名的莫尔斯电码。1837~1838年间，他又制成了能够在短距离往返传送信号的电报机。由于长距离的试验需要大笔经费，于是他向国会提出拨款申请，可直到两年后的1844年3月，国会才通过了拨款。电报线路终于建成了。5月24日，在美国华盛顿国会大厦联邦最高法院会议厅中，莫尔斯用激动得发抖的手，向65千米以外的巴尔的摩城发出了历史上第一份长途电报。

▼人类的第一个电报机

莫尔斯的电报机经过多次改进，被迅速推广应用：战争的爆发、和约的缔结、风暴的预测，甚至鱼群的发现……各种信息都通过电报而得以迅速传递。

1858年，欧洲许多国家联合赠给莫尔斯一笔40万法郎的奖金，并且在莫尔斯垂暮之年，纽约市在中央公园为他塑了雕像，用巨大的荣誉，来补偿曾使这位科学家陷于饥饿境地的过错。

2002 年 5 月 24 日　俄美签署大规模削减核武器的协议

2002 年 5 月 24 日，俄罗斯总统普京与美国总统布什在莫斯科签署了《俄美关于削减进攻性战略力量条约》和《俄美新战略关系联合宣言》。条约规定在 2012 年年底前，俄美两国将各自的核弹头数量削减到 1700 枚至 2200 枚。这是冷战结束近 10 年来两国第一次签署大规模削减核武器的协议。此举对于改善两国的双边关系及维护国际战略稳定都有着重大的历史意义。

5月25日

1960 年 5 月 25 日　我国登山队从北坡征服珠穆朗玛峰

▼魅力无穷的世界屋脊——喜马拉雅山

1960 年 5 月 25 日北京时间 4 点 20 分，年轻的中国登山队队员——王富洲、贡布（藏族）、屈银华等胜利登上珠穆朗玛峰峰顶，从而完成了人类历史上从珠穆朗玛峰北坡攀上它顶峰的壮举。我国登山健儿在顶峰竖起红色测量标，经 3 天观测，测量出珠穆朗玛峰海拔高度为 8848.13 米（根据 2005 年 10 月 9 日公布的最新数据，应为 8844.43 米）。

1961 年 5 月 25 日　美国首次载人宇宙飞行成功

1961 年 5 月 25 日，37 岁的海军中校小艾伦·舍巴德在距地面 115 英里的空间进行了 15 分钟的飞行，这次飞行使他成为第一个进入太空的美国人。随着美国首次载人宇宙飞行的成功，20 天后，肯尼迪总统要求国会批准一项把人送上月球的计划。他说，"预计将耗资 70~90 亿美元的登月计划，"可使我们"把握人类的未来"，并坚决主张美国"必须在宇航领域领先"。

▼第一个进入太空的美国人

5月26日

▶精美的莫高窟壁画

1900 年 5 月 26 日
莫高窟"藏经洞"被发现

1900 年 5 月 26 日，莫高窟道士王圆箓（也作元录、圆禄）在第 17 窟（现编号）中偶然发现一个"藏经洞"，里边藏有从公元 4 世纪到公元 14 世纪历代文物五六万件，除汉文写本外，藏文、梵文、怯卢文、粟特文、古和阗文、回鹘文等民族文字写本，并有绢本绘画、刺绣等美术品数百件。写本中除大量佛经、道经、儒家经典之外，还有史籍、账册、历本、契据、信札、状牒等。这些文物对研究我国古代的政治、经济、文化、军事以及中外友好往来等，都具有重要的历史、科学价值，是20世纪初我国考古学上的一次重大发现。

> 1907~1925年间，这些中华民族文化瑰宝先后遭到英国的斯坦因、法国的伯希和、沙俄的鄂登堡、日本的桔瑞超、美国的华尔纳等人的偷窃和掠夺，导致许多珍贵文物流失。
>
> 1987年12月，甘肃敦煌莫高窟被列入《世界遗产名录》。

1967年5月26日 中国首次成功发射地对地中程导弹

在1944年的伦敦大轰炸中，导弹作为一种超远程、高精度的空间兵器，首次走进了世界兵器王国。导弹是现代战争和高科技的产物。它不仅能突破诸如飞机、坦克等传统型进攻兵器的局限，而且还能突破传统战场时间与空间、前方与后方的局限，导弹的出现标志着进攻性兵器的一次革命。

1967年5月26日，中国首次成功发射了地对地中程导弹，这标志着中国空军的综合战斗水平又踏上了一个新高度。

5月27日

1900年5月27日 义和团运动爆发

义和团运动是1900年发生在中国北方的一次以农民为主体的大规模反帝爱国运动。19世纪末，各帝国主义疯狂侵略中国边疆和邻近国家，中国边疆地区出现了新的危机。1900年5月27日，直隶（河北）义和团进占涿州城，开始由乡村向城市发展，北京、天津迅速成为运动的中心，轰轰烈烈的义和团运动全面爆发。1901年屈辱的《辛丑条约》签订后，义和团余部改"扶清灭洋"口号为"扫清灭洋"，继续斗争。义和团运动沉重地打击了帝国主义瓜分中国的野心，促进了资产阶级民主革命的兴起。

当时的义和团团民

> 孙中山先生曾高赞义和团道：（义和团）用大刀、肉体和联军相搏……其勇、锐之气殊不可当，真是令人惊奇佩服。……经过那次血战，外国人才知道中国还有民族思想，这种民族是不可消灭的。

5月28日

1858年5月28日 《中俄瑷珲条约》签订

1858年5月，沙皇俄国趁英法联军进犯天津、威胁北京之际，率兵驶入瑷珲。5月28日，清朝黑龙江将军奕山被迫与俄方签订《中俄瑷珲条约》，这是沙皇俄国迫使清政府签订的中俄第一个不平等条约。

该条约主要内容为：黑龙江以北、外兴安岭以南60多万平方千米的中国领土划归俄国，仅在江东六十四屯一带保留中国人的永久居住和管辖权；乌苏里江以东的中国领土划为中俄"共管"；原属中国内河的黑龙江和乌苏里江，此后亦准俄国行船，别国不得航行。该条约使中国领土完整与主权蒙受了重大损失，虽清廷未批准该条约，并对奕山等人予以处分，但1860年《中俄北京条约》的订立，实际认可了《中俄瑷珲条约》。

> 沙俄的野蛮侵占，激起了中国人民的极大愤怒，1900年8月，在卡伦山、瑷珲、匡安岭、大岭等地，爱国军民与来犯者进行了艰苦卓绝的斗争，并终于收复了失陷的瑷珲。1956年，根据国务院规定，"瑷珲"改为"爱辉"。1983年撤销，并入黑河市。

5月29日

1972年5月29日 美国总统尼克松访问苏联

1972年5月29日，尼克松总统与苏联共产党领导人列昂尼德·勃列日涅夫之间为期一周的具有历史意义的会谈在莫斯科结束。在会谈后发表的联合公报中，两位领导人都承认在越南战争问题上双方有许多重大分歧，但是他们都同意"尽最大努力避免军事对抗"。双方都赞同在中欧"双方都削减"武力的想法。这对两国的友好和平相处有着重要的意义。

5月30日

1925年5月30日 "五卅"惨案发生

1925年2月～4月，在中国共产党领导下，上海、青岛的日本纱厂数万工人罢工，取得了重大胜利。日本帝国主义勾结北洋军阀政府进行了血腥镇压，激起了上海工人、学生和市民的强烈愤慨。5月28日，中共中央决定进一步动员群众开展反对帝国主义的政治斗争。30日，上海学生2000多人在租界内发表演说，号召收回租界，被英国巡捕逮捕100多人。下午万余群众聚集在南京路老闸捕房门口，高呼"打倒帝国主义"等口号，要求释放被捕学生。英国巡捕开枪射击，当场打死11人，被捕及受伤者无数，制造了震惊中外的"五卅"惨案。

"五卅"运动是继"五四"运动以后中国人民又一次大规模的反帝斗争。它打击了帝国主义的嚣张气焰，增强了人民的反帝爱国意识，揭开了大革命高潮的序幕。

▼五卅惨案时的游行

5月31日

1924年5月31日　中苏签订《中俄解决悬案大纲协定》

1924年5月31日，中国和苏联签订《中俄解决悬案大纲协定》，也称《中苏协定》。主要内容：一、废除中俄间一切不平等条约；二、苏联放弃帝俄在中国的一切租界、租地；三、苏联放弃庚子赔款的俄国部分；四、苏联取消帝俄在中国的治外法权和领事裁判权；五、中东铁路同意由中国赎回。六、承认外蒙古是中国领土，中国在外蒙古有完全的主权。

但中国方面多数合理要求以及苏方承诺实际上仍然悬而未决，后由于苏方根据国际局势变化一再拖宕中苏会议的召开，使得苏联在协定中就中国主权利益等方面的承诺只是长期停留在纸面上，解决悬案大纲的一些规定形同具文。

1931年5月31日　我国第一辆国产汽车诞生

1931年5月31日，我国第一辆国产汽车——民生牌75型载货汽车问世。

这第一辆新问世的国产车除了少数部件，如发动机曲轴等，是委托国外厂家依照本厂图样代制的外，其余部件均由本厂自行研制。为了庆祝这第一辆国产汽车的问世，辽宁迫击炮厂举行了隆重的庆祝大会。

民生牌汽车问世以后，在国内引起很大反响。中华全国道路建设协会为纪念建会10周年，在上海举办路市展览会，并强烈要求展出第一辆国产汽车，为展览会增色，为国争光。李宜春厂长决定派人参加会议，并将汽车和各种汽车零件以及各种图表一并发往上海。这就是第一辆国产汽车的辉煌。

► 第一辆中国造汽车

1936年5月31日
全国各界救国联合会在沪成立

1936年5月31日，全国20多个省市60多个救亡团体和十九路军代表共70多人在上海集会，宣告成立全国各界救国联合会。主要领导人有宋庆龄、何香凝、沈钧儒、章乃器、李公朴、邹韬奋、沙千里、王造时、史良、陶行知等。

最后，联合会发表《抗日救国初步政治纲领》，号召全国各党各派停止军事冲突，团结合作，并建立统一抗日政权，以团结全国力量，夺取抗日战争的最后胜利。

▲全国各界救国联合会领导人沈钧儒、章乃器、邹韬奋、李公朴、沙千里、史良、王造时等

6月1日

1968年6月1日

美国女作家和教育家海伦·凯勒逝世

海伦·凯勒幼年就丧失了视力、听力和说话能力。她在老师莎莉文的教导下，经过顽强的努力，1904年从拉德克利夫学院毕业，并成为一位学识渊博，掌握英、法、德、拉丁、希腊五种文字的著名作家和教育家。

1968年6月1日，海伦·凯勒因病逝世。海伦·凯勒21岁时，和老师合作发表了她的处女作《我生活的故事》。在以后的60多年中她共写下了14部著作。

她一生都致力于盲聋人的公共救助事业，并且刻苦地练习写作。海伦·凯勒所取得的成就体现了人类伟大的生命潜能。

6月2日

▶踏于蓝波之上的长靴——意大利

1946年6月2日　意大利共和国成立

意大利位于欧洲南部，它像一只长靴，踏在碧波万顷的地中海之滨，其全境面积30多万平方千米，古城罗马是它的首都。

12～13世纪，意大利处于四分五裂状态，除王国、公国、教皇辖地及许多封建领地外，威尼斯、热那亚等先后建立了自治的城市国家。到15～16世纪，意大利出现了前所未有的文艺繁荣，成为欧洲"文艺复兴"的发源地。从16世纪起，意大利又先后被法国、西班牙、奥地利占领。意大利人民为争取国家统一，不断进行反抗外来侵略和封建统治的斗争。1861年3月，意大利王国成立。1870年9月，王国军队攻克罗马，完成统一大业。1946年6月2日，意大利举行制宪会议选举，同时举行公民投票，正式宣告成立意大利共和国。这一天被定为意大利国庆日。

6月3日

1839年6月3日　林则徐虎门销烟

道光年间（1820～1850年），清政府多次颁布制止鸦片流毒的谕旨，但是，贩入中国的鸦片数量仍在逐年上升。1838年12月，道光皇帝任命林则徐为钦差大臣，前往广东查禁鸦片。林则徐于1839年3月10日抵达广州，在两广总督邓廷桢、水师提督关天培的通力合作下，发动广州人民共同禁烟。此

▲人民英雄纪念碑碑座上的虎门销烟纪念浮雕

间，其严令英美商船缴出鸦片237万多斤。

6月3日，林则徐在虎门当众销烟，22天方销完。虎门销烟是禁烟运动的高潮，是对于数十年来外商贩运鸦片的严正抗议和坚决打击，维护了中华民族的尊严，显示了中国人民反抗侵略的意志。

6月4日

1940年6月4日　敦刻尔克大撤退

1940年5月，希特勒利用英、法两国执行"绥靖政策"的慕尼黑协定，指挥法西斯德军突然向西线大举进攻，接连占领了挪威、丹麦、荷兰和比利时等国，同时绕过"马其诺防线"，横扫法国北部，把英法联军切成两段。24日，法国北部和比利时境内的近40万英、法、比部队，被迫退到法国北端濒临英吉利海峡的一块狭小的地带——敦刻尔克。

▼世界军事史上著名的敦刻尔克大撤退

从5月27日到6月4日，英法水兵和船员冒着德国施图卡式轰炸机的猛烈轰炸和炮火的轰击，把行将被歼灭的33.8万余人（其中英军22万人，法军8万多人）从德军虎口下回撤到英国，这就是被称之为"战争史上一大奇迹"的敦刻尔克大撤退。

1990年6月4日
美国首次实行安乐死

1990年6月4日，一个叫詹纳的美国老年痴呆症患者在他的医生纪恩的帮助下，利用"自杀机器"结束了自己的生命，成为美国实行的首次安乐死案例。

由于安乐死涉及政治学、医学、法学、宗教学、伦理学和社会学等学科，至今在全世界范围内仍然是一个极其敏感的话题。

安乐死一词源于希腊文，意为善终、无痛苦的死亡或尊严地死去。现在安乐死是指为结束不治之症患者的痛苦而施行无痛苦致死术。我国学者所下的定义为"患不治之症的病人在垂危濒死状态下，由于精神和躯体的极端痛苦，在病人和其亲友要求下，经医生认可，用人为方法使病人在无痛苦状态下度过死亡阶段而终结生命的过程"。

6月5日

1941年6月5日　重庆发生防空大隧道惨案

1941年6月5日晚上9点多，日军出动了24架飞机对重庆进行大规模的

"地毯式"反复轰炸。因平时这一时段都不曾有空袭，所以接到警报后准备不足的重庆市民像潮水一般拥向公共防空大隧道中。顷刻间，涌入人数已达万余人，几近饱和。防空洞内没有任何通风、医疗和电话设施。时间一久，由于高温和严重缺氧，恐慌的人们又纷纷向洞口处跑去，但管理隧道口的宪兵及防护人员已将栅门锁死。这样一来，避难人员互相挤压、互相践踏，惨案便发生了。近万名市民因窒息痛苦而死。此案发生，举世震惊，成为第二次世界大战中间接死于战争的最大惨案。

1947年6月5日　马歇尔计划提出

▲马歇尔像

第二次世界大战西欧经济遭受巨创，战后恢复和重建十分艰难，加之1946年底到1947年初，罕见的寒流侵袭西欧，使西欧经济濒临崩溃。西欧各国为挽救经济崩溃和政治危机，希望获得美国援助。美国也重视援欧问题。1947年初，国务院建立了一个特别委员会，专门研究对欧洲援助问题。

1947年6月5日，马歇尔借出席哈佛大学毕业典礼并接受名誉学位的机会，发表演说，提出美国帮助欧洲复兴的建议，即马歇尔计划。

除苏联及其东欧盟国以及西班牙外的16个欧洲国家参加了关于马歇尔计划的讨论会议，6个多月以后，美国国会批准通过了《1948年对外援助法》，马歇尔计划正式开始实施。根据该法案，美国将在15个月内向欧洲提供68亿美元赞助，并保证在以后的3年中每年给予援助款项，直到1952年结束。

1967年6月5日　第三次中东战争爆发

1948年、1956年，以色列曾两次对阿拉伯国家进行侵略战争。1967年6月5日上午以色列再次向埃及发动全面侵略，对埃及进行大规模的空中和地面袭击。第三次中东战争全面爆发。

同时，以色列部队也对其他阿拉伯国家发起了进攻。面对以色列的武装进攻，阿拉伯人民奋起抗击。叙利亚、约旦、黎巴嫩、科威特、阿尔及利亚、摩洛哥、苏丹、沙特阿拉伯等相继向以色列宣战。

在联合国安理会的调停下，中东各参战国相继宣布接受联合国安理会的停火呼吁。这次战争共进行六日，故又称"六日战争"。

这次战争中，以色列共侵占65700平方千米的土地，使50万阿拉伯人民沦为难民。

1972年6月5日　"世界环境日"

1972年6月5日~16日，联合国在瑞典首都斯德哥尔摩召开了有113个国家参加的联合国人类环境大会。这次会议讨论了保护全球环境的行动计划，通过了著名的《人类环境宣言》，发出"为了这一代和将来世世代代而保护和改善环境"的号召。为了纪念斯德哥尔摩会议和发扬会议精神，出席会议的全体代表建议把大会开幕的日子——6月5日定为"世界环境保护日"。同年10月，第27届联合国大会接受并通过了这项建议。

从此每年6月5日就成为保护环境、反对公害的世界性纪念日。

6月6日

1944年6月6日
诺曼底登陆战打响

1944年6月6日凌晨，由美国、英国和加拿大等14个国家组成的盟军登陆部队在法国诺曼底登陆，突然向德国守军发起了猛烈的攻击，人类历史上一场投入最多、规模最大、战斗最残酷的登陆战就这样打响了。

▲诺曼底登陆中的战斗　　▲诺曼底登陆的士兵写照

　　诺曼底登陆战役到7月24日结束时，盟军共投入288万人、5300多艘战舰和13700多架战机。德军投入的兵力达51万人。战役中，盟军共消灭德军11.4万人，击毁坦克2117辆、飞机245架，盟军方有12.2万将士献身疆场。

整个诺曼底地区狼烟滚滚，战火四起，无情的炮火吞噬着那里的一切。诺曼底登陆以德军的溃败和盟军的胜利而告终，并以向世界宣告盟军在欧洲开辟第二战场取得成功而永载史册。

1981年6月6日　袁隆平荣获我国第一个特等发明奖

袁隆平1953年毕业于西南农学院农学系，历任湖南农科院研究员、西南农学院教授和湖南杂交水稻研究中心主任，并曾当选为全国政协常委。

袁教授从20世纪60年代开始，就潜心研究杂交水稻育种，先后育成多个优良杂交水稻新品种，并得以成功大面积推广，使我国水稻栽培获得大幅增产，是我国水稻育种史上继矮化育种之后又一次重大突破。为我国水稻增产增收做出了非常大的贡献。

为此，袁隆平教授于1981年荣获了我国第一个特等发明奖，1987年又获得联合国教科文组织科学奖，在国内外享有"杂交水稻之父"的美誉。

6月7日

1915年6月7日　《中俄蒙协约》签订

沙俄早就对中国蒙古地区觊觎良久。1911年，中国爆发了辛亥革命，12月沙皇俄国便策动外蒙古分裂主义分子宣布"独立"后，又于1913年11月利用袁世凯卖国政府的内外交困，迫使中国政府签订了《中俄声明》文件，承认外蒙古所谓的"自治权"和沙俄对外蒙古的实际控制。1915年，日本向中国提出"二十一条"，中日关系十分紧张，俄国乘人之危，再度迫使中国政府于1915年6月7日，在恰克图正式签订了《中俄蒙协约》。该条约使中国徒有宗主虚名。自此，中国失去了在外蒙的实际统治权。

1974年6月7日　《孙子兵法》和《孙膑兵法》竹简出土

1974年6月7日，我国文物考古工作者从山东临沂银雀山发掘的西汉前期墓葬中，发现了著名的《孙子兵法》和已失传近1000多年的《孙膑兵法》

等竹简 4000 多枚。这批先秦古籍的发现，是我国文物、考古工作取得的又一重大新成果，使《孙子兵法》作者孙武是否实有其人等国内外长期存在的疑案得以解决，对于研究我国古代军事思想提供了重要的新资料。

▲银雀山汉墓竹简博物馆内的孙武、孙膑塑像

《孙子兵法》是世界上现存最古老的兵书，为春秋末期的著名军事家孙武所著，历来受到兵家的重视。宋朝以后被列为《武经七书》之首。

6月8日

1958年6月8日

"大跃进"运动放出第一颗亩产卫星

1958 年 6 月 8 日，《人民日报》报道河南省遂平县卫星农业社 5 亩小麦田的平均亩产达到 2105 斤。6 月 12 日，该社又放出第二颗"卫星"，2.9 亩小麦试验田，亩产达 3530 斤。随后，全国各地陆续放出了小麦亩产"卫星"，短短 3 个月时间内，粮食亩产放"卫星"的浮夸报道已经发展到稻谷亩产量为 130435 斤。

"卫星数字"和"浮夸风"过后的 1959 年，中国进入了痛苦的"三年自然灾害"时期。

▲大跃进时期的浮夸风照片

▼同样浮夸的宣传

1985年6月8日 胡风病逝

胡风（1902~1985），中国现代文学史上一位极富个性和社会热情的杰出文艺理论家、批评家和诗人。从早年起，就对我国左翼文艺运动有过真诚的关心和一定的贡献。

1949 年人民政权建立之后，左翼革命文学成为新中国文学的主导潮流。在这种历史变革

▲热诚而杰出的文化战士——胡风

中，胡风努力探索在历史转折期中社会主义文艺如何摆脱机械决定论的束缚，如何赢得更多的创作自由以及党对文艺的领导方式应当如何相应地更新。但其观点公开后却遭到中央宣传部的公开批判，并在全国范围内展开了揭露、批判、清查"胡风反革命集团"运动，竟使 2000 余人受到牵连，胡风本人也于 1965 年锒铛入狱。

1978 年 12 月，中共十一届三中全会以后，中共中央为胡风等人恢复了名誉。1980 年，胡风政治上获得平反。曾任全国政协常务委员、中国文联第四届委员、中国作协顾问等。1985 年 6 月 8 日，胡风在北京病逝。

6月9日

Donald Duck

1934年6月9日

"唐老鸭"首次亮相

1934年6月9日，美国著名动画片画家沃尔特·迪斯尼塑造的"唐老鸭"在电影《聪明的小母鸡》中首次亮相。以唐老鸭为主角的《元首尊客》荣获1934年奥斯卡最佳动画短片金像奖。

▲最为著名的迪斯尼卡通形象之一：唐老鸭

> 沃尔特·迪斯尼于1901年在美国芝加哥出生，他以创造了著名的卡通形象米老鼠和唐老鸭而闻名于世。沃尔特一生凭他的作品，共获取32项奥斯卡殊荣，并发行81部电影，其中包括《幻想曲》、《白雪公主》、《木偶奇遇记》及《小飞象》等经典之作。他的名字现在已代表了幻想力、乐观思想与自强不息的精神。
>
> 迪斯尼的作品为全世界的人类带来了无穷的欢乐。

6月10日

1929年6月10日　英国妇女首次进入内阁

1929年6月10日，新当选的英国首相拉姆齐·麦克唐纳在唐宁街10号外面的草坪上介绍了新工党内阁，内阁中有一名女成员，这在英国历史上是第一次。

新入阁的这位妇女是玛格丽特·邦德菲尔德。麦克唐纳亲切地称她为"我们的老朋友"。

6月11日

1898年6月11日　戊戌变法开始

19世纪末，中国在中日甲午战争后面临着被帝国主义瓜分的危险，民族危机空前严重，以康有为等为首的维新派，主张对中国进行资产阶级性质的改革，把中国引向资本主义发展道路，以挽救民族危机，使国家富强。1898年6月11日，光绪皇帝下"明定国是"诏书，宣布变法维新，升用维新人士。"戊戌变法"开始。在维新派的影响和直接参与下，从6月11日~9月21日，光绪皇帝一连下了几十道实行新政的命令，对封建的政治、经济和文化教育等各个方面进行改革。

▼极力主张变法维新的清朝光绪皇帝

1983年6月11日　李苦禅逝世

1983年6月11日，我国现代著名画家李苦禅在北京逝世，享年86岁。李苦禅与潘天寿并列为当代两位大写意花鸟画家，有"南潘北李"之称。他的作品主要有《兰竹》、《怒放图》、《双栖图》、《松禽图》、《盛夏图》、《朝晖》、《松风兰气》、《蜀葵雄鸡》等。

▲李苦禅与齐白石老人的合影

李苦禅吸取石涛、八大山人、扬州画派、吴昌硕、齐白石等前辈技法，在花鸟大写意画方面显示出了独到的特色。他的作品融中西技法于一炉，气势磅礴、天趣自然、个性鲜明，展现了不同的时代精神。

▲大师李苦禅的作品

6月12日

1944年6月12日
世界上第一种导弹V-1正式投入实战

1944年6月12日，由德国研究成功的世界上第一种导弹——V-1导弹正式投入实战。

V-1的飞行高度比较低，速度不够快，最快的盟军战斗机就能拦截它。V-1这种设计简单，价格低廉的武器，是所有巡航导弹的前身。它由一条长长的斜角发射架发射，以使其速度达到间歇喷射引擎开始

▼V-1导弹参与了实战
▼世界最早的导弹——V-1导弹

工作的要求。随后，V-1在3个简易陀螺仪的引导下，在2000～3000英尺的高度飞行。飞完设定航程后，引擎关闭，导弹向下俯冲，在触地前瞬间爆炸。

1985年6月12日　数学家华罗庚逝世

华罗庚，我国著名数学家，1910年生于江苏金坛。1924年，华罗庚初中毕业后刻苦自学数学和外语，1930年发表《苏家驹之代数五次方程式解法不能成立的理由》，被数学家熊庆来发现后，破格被邀请到清华大学任教。1936年赴英国剑桥大学访问学习，1938年回国任西南联大教授，并开展了矩阵几何和多复变函数论的研究。1946年应美国普林斯顿高等研究院邀请前去进行研究和教学，后受聘为伊利诺伊大学终身教授。1950年，华罗庚先生毅然回国，

▶杰出的数学家华罗庚

任清华大学教授，投身祖国建设，他是新中国成立后首位回国的世界著名学者，其行动对当时的海外学者影响很大。其著作甚多，并被译成多国文字。

他是中国解析数论、典型群论、矩阵几何等许多领域研究的创始人和开拓者。他不仅在基础理论研究方面成就卓著，而且非常重视数学的应用和普及。

1985 年 6 月应邀到日本讲学，12 日因心脏病突发在东京逝世。

6月13日

1981 年 6 月 13 日

世界公布首例艾滋病

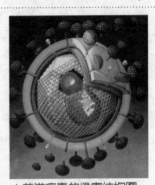

▲艾滋病毒的侵害结构图

1981 年 6 月，美国疾病控制中心首次向全世界报道了 5 个十分罕见、危及生命的病例，并把此症命名为"获得性免疫缺陷综合征"，也就是如今人们所说的艾滋病。

艾滋病作为危害人类生命的严重疾病之一已经引起了各国医学家和生物学家的高度重视。艾滋病传播迅速，死亡率几乎是 100%，而且目前的医学尚不能彻底治愈艾滋病，也不能进行手术切除。可以说，艾滋病是 21 世纪对人体健康的最严峻的挑战。

1994 年 6 月 13 日　震惊美国的辛普森案发生

1994 年 6 月 13 日，洛杉矶一市民在一公寓外发现一具女尸。警察赶到现场后，发现离女尸 10 英尺远处还躺着一具男尸。经辨认，死者是美国前橄榄球明星、影视界当红明星辛普森的前妻尼科尔

▲报刊上的辛普森

和她的男友罗纳德·戈德曼。当日警方传讯辛普森，后将其释放；17 日，辛普森驾车外逃时被捕，并被警方指控犯有双命血案，但他自称无罪，并指责控方涉嫌种族歧视。于是一场历时 474 天的、震撼全美的"世纪审判"开始了。

1995 年 10 月 3 日，由 10 名黑人、1 名白人和 1 名西班牙人后裔组成的陪审团在讨论不足 4 小时后裁决辛普森两项杀人罪名均不成立。辛普森当场被释放。1996 年 9 月 18 日，辛普森案第二次开审。至 1997 年，受害人获 3350 万美元的赔偿，辛普森仍被无罪开释。

6月14日

1868 年 6 月 14 日　ABO 血型系统的发现者兰德斯坦纳诞辰

卡尔·兰德斯坦纳 1868 年 6 月 14 日，生于奥地利首都维也纳。他少年时即酷爱医学，17 岁时进入维也纳大学学习医学，1891 年他获得了医学博士学

位。1929 年加入美国国籍。

1902 年，兰德斯坦纳就已宣布了 20 世纪医学上的重要发现之一，即 ABO 血型系统。并因这一杰出贡献而荣获了诺贝尔生理学与医学奖。

为了纪念兰德斯坦纳的功绩，2005 年 5 月世界卫生大会通过决议，将每年的 6 月 14 日，即卡尔·兰德斯坦纳的生日定为世界献血者日，以推动世界范围的自愿无偿献血。

▲试验室中的兰德斯坦纳

1982 年 6 月 14 日
英阿马岛战争结束

马尔维纳斯群岛位于麦哲伦海峡东南 450 千米处的南大西洋，由 200 多个岛屿组成，总面积为 11700 平方千米，群岛面积虽小，但战略地位重要，是大西洋和太平洋的航道要冲，也是南极科学考察的前哨阵地和后方补给站。

1816 年，阿根廷继承了对马岛的主权，并于 1820 年派兵进驻该岛。1833 年英国乘阿根廷内乱之机，以武力占领该岛，此后，阿根廷一直为恢复它的主权而斗争。20 世纪 70 年代后，在马岛海域发现了丰富的石油和天然气资源，使争执愈演愈烈。

1982 年 2 月英阿谈判破裂，同年 4 月 2 日，阿根廷以恢复其主权为名，派遣海、陆、空三军四千多人在马岛登陆，迅速控制了全岛，英国立即作出强烈反应，派兵驶向南大西洋。两军激战随之展开。6 月 14 日阿军战败投降，撤离马岛。马岛战争宣告结束。

这场战争对英阿两国乃至世界形势都产生了重大影响。由于英军重占马岛，加强了撒切尔首相在国内的地位，却损害了英国在第三世界国家中的形象。在战争期间，美国由于偏向英国而引起美国同拉美国家关系恶化。

▼当时的马岛海战

6月15日

1215 年 6 月 15 日　英国颁布《自由大宪章》

《自由大宪章》是英国资产阶级革命时期，被用来作为争取权利的法律根据，也是英国确立君主立宪制的宪法性文件之一。

该宪章系 1215 年 6 月 15 日英国贵族胁迫英王约翰签署的，该文件用拉丁文写成，主要内容是：保障选举教会教职人员的自由；保护贵族、骑士的领地继承权，国王不得违章征收领地继承租；未经"王国大会议"的同意，国王不得向直属附庸征派补助金和盾牌钱；取消国王干预封建主法庭从事司法审判的权利；未经同级贵族的判决，国王不得任意逮捕或监禁自由人或没收他们的财产。国王如违背宪章，由 25 名贵族组成的委员会有权对国王使用武力。

6月16日

1888 年 6 月 16 日　《国际歌》诞生

1871 年 6 月，巴黎公社诗人鲍狄埃在一间简陋的屋里创作了《国际歌》的歌词，原名为《国际工人联盟》，1887 年正式刊载在他的诗集《革命歌集》中。1888 年 6 月 16 日，法国里尔的工人业余音乐家狄盖特为歌词谱上了曲子，《国际歌》正式诞生。

> 在我国，早在 20 世纪之初，就有了《国际歌》的中译本。1962 年，中国音协和中央人民广播电台邀请有关专家，对《国际歌》歌词加以更加仔细的推敲，产生了《国际歌》最终的中文译本，一直传唱至今。

一个多世纪以来，《国际歌》成为国际无产阶级的战歌，被翻译成世界各国文字，传遍地球上每一个角落，响彻寰宇。列宁称其为"全世界无产阶级的歌"，鲍狄埃也因此被称为"最伟大的用歌作为工具的宣传家"。

1924 年 6 月 16 日　黄埔军校举行开学典礼

为了培养中国革命的军事骨干，在中国共产党和苏联顾问的帮助下，孙中山领导的国民党于 1924 年 1 月开始筹备黄埔军校，5 月 5 日成立，定名为"中国国民党陆军军官学校"。6 月 16 日国共两党人士 500 多人，举行了隆重的开学典礼，孙中山以国民党总理身份亲临主持。

黄埔军校开幕典礼铜质纪念币

黄埔军校举行开学典礼后，正式开学。该校第一期录取学生 350 名，备取学生 120 名。孙中山亲自担任军校总理，蒋介石任校长，廖仲恺任党代表，中国共产党先后派周恩来、恽代英、叶剑英、聂荣臻等担任政治领导和其他重要职务。军校仿效苏联红军的经验设立党代表和政治部，这是在中国军队中首次建立的新型政治工作制度。1927 年改名为中央军官学校。

6月17日

1967 年 6 月 17 日　我国第一颗氢弹试验成功

我国的科学家们从 1960 年底已开始摸索氢弹原理，1964 年，我国第一颗原子弹爆炸成功之后，从事原子弹研究探索的队伍转而开始与原氢弹研究的队伍一起开始了氢弹的研究。1966 年 12 月 28 日，氢弹原理试验成功；1967 年 6 月 17 日上午 7 时，空军徐克江机组驾驶轰炸机，进行氢弹空投试验。沉寂的戈壁大漠上空，瞬时升起了一颗极为神奇壮观的"太阳"。

从第一颗原子弹试验到氢弹原理突破，美国用时7年多，苏联4年，英国4年半，而中国仅用了两年零两个月。这是一个令全世界为之震惊的速度！

▼因"水门事件"而黯然辞职的尼克松

1972年6月17日　美国发生"水门事件"

"水门事件"是美国历史上最严重的宪政危机事件之一。在1972年的总统大选中，为了取得民主党内部竞选策略的情报，1972年6月17日，以美国共和党尼克松竞选班子的首席安全问题顾问詹姆斯·麦科德为首的5人闯入位于华盛顿水门大厦的民主党全国委员会办公室，在安装窃听器并偷拍有关文件时，当场被捕。

1973年10月23日，美国众议院决定由该院司法委员会负责调查、搜集尼克松的罪证。1974年6月25日，司法委员会决定公布与弹劾尼克松有关的全部证据。7月底，司法委员会陆续通过了三项弹劾尼克松的条款。

> "水门事件"对美国本国历史以及整个国际新闻界都有着长远的影响。事件发生之后，每当国家领导人遭遇执政危机或执政丑闻，便通常会被国际新闻界冠之以"门"的名称，如"伊朗门"、"情报门"、"虐囚门"等。

这起未遂的盗窃事件，最终导致了美国总统尼克松迫于各方面的压力，于8月8日宣布辞职，从而成为美国历史上首位辞职的总统。杰拉尔德·福特在1974年8月9日成了美国新总统。

6月18日

1815年6月18日

滑铁卢战役爆发

1815年初，拿破仑在厄尔巴岛获悉反法联盟在维也纳会议上由于"分赃不均"而几乎分裂后，率旧部逃离厄尔巴岛回巴黎，重登帝位。英、普、奥、俄等国君主闻风后，结成第七次反法同盟，集结了70万重兵，准备分头进攻巴黎。

▼终结拿破仑横行欧洲历史的滑铁卢战役

6月18日，拿破仑率兵10万抵达比利时布鲁塞尔南的滑铁卢村，与英国将军威灵顿所率的6万兵马相遇。英军盼来了布吕歇尔的3万援兵，于是战局急转直下，拿破仑腹背受敌最终大败。

滑铁卢之战是极少数单凭一场战斗就决定胜败的战役。这次战役的惨败，结束了拿破仑横行欧洲的历史。

1858年6月18日　美国诱迫清政府签订《中美天津条约》

1858年6月18日，第二次鸦片战争期间，美国驻华公使利用英法联军攻陷大沽，进逼津、京之机，伪装调停，诱迫清政府钦差大臣桂良、花沙纳签订

《中美天津条约》。其主要内容有：一、清政府倘准许其他国家公使驻京，应准美国一律照办。二、增开潮州（后改汕头）、台湾（台南）为通商口岸。三、耶稣教教士得自由传教。四、确定领事裁判权。五、扩大片面最惠国待遇，即清政府给予其他国家的特权，美国可以"一体均沾"。

6月19日

1925年6月19日　省港大罢工开始

1925年6月19日开始，广州和香港工人为抗议帝国主义制造的"五卅"惨案，声援上海人民反帝斗争，举行了声势浩大的政治大罢工。

6月23日，约10万人的示威游行队伍行经沙基时，租界内的英、法军警突然向游行群众开枪射击，当场打死52人，重伤170多人，轻伤无数，制造了"沙基惨案"。

惨案发生后，全国人民极为愤怒，积极支援省港大罢工。7月6日，省港罢工委员会正式成立。香港内外交通断绝，物价不断上涨，街上垃圾、粪便成堆，无人清理，臭气熏天，蚊蝇成群，香港变成了"饿港"、"死港"。

省港大罢工历时1年零4个月，是世界工运史上时间最长的一次大罢工。在政治和经济上沉重地打击了英帝国主义，对巩固广东革命根据地和准备北伐战争起到了重要作用。

6月20日

1991年6月20日　中国最大的斜拉索桥全线贯通

1991年6月20日，中国最大的斜拉索桥上海南浦大桥全线贯通。南浦大桥全长8346米，跨径423米，在46米高空与主桥相接。两座桥塔高154米，用180根碗口粗的斜拉索，将重达万余吨的主桥悬吊在空中。这座投资8.2亿元的大跨径斜拉索桥，是当时世界上建成的第二座，仅次于加拿大的阿纳西斯桥。

6月21日

1900年6月21日　清廷向列强宣战

1900年6月21日，清廷正式向八国联军发布宣战诏书。诏书说："我朝二百数十年，深仁厚泽，凡远人来中国者，列祖列宗，罔不待以怀柔。……讵三十年来，恃我国仁厚，一意拊循，乃益肆嚣张，欺凌我国家，侵犯我土地，蹂躏我人民，勒索我财物。……朕今涕泣以告先庙，慷慨以誓师徒，与其苟且图存，贻羞万古，孰若大张挞伐，一决雌雄。连日召见大小臣工，询谋金同。近畿及山东等省义兵，同日不期而集者不下数十万人，下至五尺童子，亦能执干戈以卫社稷。彼仗诈谋，我恃天理；彼凭悍力，我恃人心。无论我国忠信甲胄，礼义干橹，人人敢死，即土地广有二十余省，人民多至四百余兆，何难歼彼凶焰，张国之威。……"

6月22日

1941年6月22日
德国入侵苏联

1941年6月22日，法西斯德国撕毁《苏德互不侵犯条约》，出动190个师、3500辆坦克、

▶德国军队入侵苏联时，德国士兵通过被烧毁的村庄

5000多架飞机，在从波罗的海到黑海的1800千米战线上，分三路对苏联发动突然袭击，使苏联国土成为世界反法西斯战争的欧洲主战场。苏联人民在斯大林领导下，开始了卫国战争，第二次世界大战进入了新阶段。

1997年6月22日　银河–III巨型计算机研制成功

美国科学家西蒙·克雷发明的电脑叫巨型机，它以运算速度最高、系统规模最大、具有最高一级的处理能力而得名，它是衡量一个国家计算机研制水平的重要标志之一。

1993年6月22日，标志我国高科技领域又一重大突破的"银河全数字仿真·II"计算机研制成功。

1997年6月22日，由我国著名的计算机专家周兴铭领导研制的"银河–III"巨型机成功面世，并通过国家鉴定。这台巨型机每秒运算速度达到100亿次，系统综合技术达到国际先进水平，从而使我国真正跻身于世界上少数几个掌握了巨型机技术国家的行列。

6月23日

1894年6月23日
国际奥林匹克运动委员会成立

奥林匹亚是古代希腊宗教圣地和奥林匹克运动的发祥地。由于法国教育家、学者顾拜旦的努力，1894年6月16日在巴黎举行了一次国际体育会议，共有49个体育组织和12个国家的79名代表参加了巴黎举行的成立大会。6月23日通过恢复奥林匹克运动会的决议，并正式成立国际奥林匹克运动委员会（简称国际奥委会），总部设在瑞士洛桑。

◀位于瑞士洛桑的奥林匹克委员会门口的雕塑

奥林匹克运动的宗旨是：在奥林匹克理想指导下，鼓励组织和发展体育运动、体育比赛；促进和加强各国运动员之间的友谊；保证按期举办奥运会。

6月24日

1911年6月24日　电影首次进入我国民间放映

1896年8月11日电影传入中国。当时外国人在上海徐园的"又一村"茶楼中放映了一部表现法国人生活的短片，引起了轰动，被称为西洋影戏。但当时能有幸一饱眼福的只是极少数上流社会的人。1911年6月24日，西班牙人雷玛斯在上海虹口建筑虹口大戏院，电影开始进入我国民间。

当时上海自治公所针对电影的放映，曾公布了严格的管理办法。其中规定：开设影戏院，必须领有执照，男女观众必须分座，影片不得有淫亵内容，放映时间至迟以夜间12点以前为限等。

6月25日

1951年6月25日
世界首次播出彩色电视节目

1951年6月25日晚，世界上第一部彩色电视节目播出。这一长达4小时的节目由美国CBS播放，纽约、巴尔的摩、费城、波士顿和华盛顿的居民都可以看到。当时人们还没有一台彩色电视，而CBS自己也只拥有30多台。

参加这一节目的有阿瑟·戈德弗雷、菲尔·埃默森、萨姆·莱文森和埃德·萨利文，他们都成了这一历史里程碑的见证人。

> 1954年，美国正式开办了彩色电视节目，成为世界上第一个开办彩色电视节目的国家。
>
> 1960年，日本开办彩色电视节目。
>
> 1967年，苏联、法国和联邦德国开办了彩色电视节目。
>
> 以后，世界各国也陆续开办了彩色电视节目。

1998年6月25日　英国不列颠图书馆新馆正式开放

英国不列颠图书馆（又称大英图书馆）新馆在历经36年的周折之后，1998年6月25日终于在伦敦竣工并正式向读者开放。不列颠图书馆前身是建于1753年的不列颠博物馆图书馆，建新馆工程于1981年开工。新馆建筑群内设配有一整套展览、会议中心及图书检索出库电脑系统等现代化设施，并有宽敞、舒适的阅览厅，馆藏2000万种图书文献、

气势宏伟的大英图书馆新馆

4000万册期刊、800万种邮票和200万张地图，是世界上最著名、藏书最丰富的图书馆之一。

6月26日

1987年6月26日 "国际禁毒日"正式确立

20世纪80年代以来,吸毒在全世界日趋泛滥,毒品走私日益严重。鉴于此,1987年6月12日~26日,联合国在维也纳召开有138个国家的3000多名代表参加的麻醉品滥用和非法贩运问题部长级会议。会议提出了"爱生命,不吸毒"的口号。与会代表一致同意将每年6月26日定为"国际禁毒日",以引起世界各国对毒品问题的重视,号召全球人民共同来抵御毒品的危害。

同年12月,第42届联合国大会通过决议,决定把每年的6月26日定为"反麻醉品的滥用和非法贩运国际日"(即"国际禁毒日")。

2000年6月26日 人类基因草图绘就

2000年6月26日,参与人类基因组计划的美国、日本、英国、法国、德国和中国6国科学家,向全世界公布了人类基因组的工作草图。该草图破译了人体97%的遗传基因密码,完成了85%基因的碱基对测序,为最终完成所有测序工作奠定了基础。中国作为参与该计划的唯一的发展中国家,承担了人类基因组1%的测序任务。

国际人类基因组计划于1990年启动,是人类科学史上的伟大科学工程。它对于人类认识自身、推动生命科学、医学以及制药产业的发展等领域,具有极其重大的意义。

▲神秘的基因让人类对自身充满了好奇

6月27日

1927年6月27日
日本制定对华侵略总政策

1927年6月27日,日本田中义一内阁召开决定对华侵略总政策的所谓东方会议。

为阻挠中国的统一并维护日本在华殖民权益,1927年5月日本出兵山东,制造济南惨案。同年6月27日总理兼外务大臣田中义一在外务省召集、主持"会议",7月7日会议制订《对华政策纲领》,宣称采用武力来维护日本的利益,设法压制中国各地反日行动;强调"满蒙"(即中国东北、内蒙地区)对日本的国防与生存具有"重大利害关系",将采取适当措施以确保日本在"满蒙"的特殊利益等。

据当时中国政府揭露,此次会议后田中向天皇密呈奏折,鼓吹"欲征服中国,必先征服满蒙;欲征服世界,必先征服中国"等。虽目前尚未发现《田中奏折》的原件,但1928年日本制造炸死张作霖的皇姑屯事件。1931年挑起"九一八"事变,进而在1937年发动全面侵华战争等侵略行动,皆与该会议的《对华政策纲领》或《田中奏折》的计划、部署相吻合。

2004年6月27日　中国皮划艇男选手首获世界冠军

2004年6月27日，世界杯皮划艇总决赛在德国结束，中国选手孟关良和杨文军获得了男子双人划艇500米冠军。这是中国皮划艇男选手夺得的第一个世界冠军。孟关良和杨文军两人在雅典奥运会也夺得了该项目的冠军。

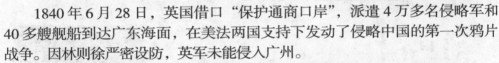

▲孟关良和杨文军

六月

6月28日

1840年6月28日　鸦片战争爆发

1840年6月28日，英国借口"保护通商口岸"，派遣4万多名侵略军和40多艘舰船到达广东海面，在美法两国支持下发动了侵略中国的第一次鸦片战争。因林则徐严密设防，英军未能侵入广州。

1919年6月28日　中国拒绝在《凡尔赛和约》上签字

《凡尔赛和约》或称《凡尔赛条约》，全称为《协约和参战各国对德和约》，是第一次世界大战之后，战胜国对战败国的合约，于1919年6月28日在巴黎凡尔赛宫签署。

1919年6月27日晚，在对德和约签字前，中国代表团成员顾维钧拟定了最后一个妥协方案。由中国代表发表一个口头声明，声明签约之后，不得妨碍将来重新提议山东问题。6月28日晨，驻法公使胡惟德将中国这一声明带至和会磋商，被拒。中国代表团随即"共同决定，不往签字"。

当日，中国代表团成员联名致电政府，报告拒约情况，指出："此事我国节节退让。最初主张注入约内，不允；改附约后，又不允；改在约外，又不允；改为仅用声明，不用保留字样，又不允；不得已，改为临时分函声明不能因签字而有妨将来之提请重议云云。岂知今午时完全被拒。……大会专横至此，竟不稍顾我国家纤微体面，曷胜愤慨！弱国交涉，始争终让，几成惯例。此次若再隐忍签字，我国前途将更无外交之可言。……不得已，当时不往签字。"

由于拒约决定非政府指示，因此，中国代表当即备函通知会长，声明保存我政府对于和约最后决定之权等语，最后，四位全权代表以"奉职无状"为由，请政府罢免职务，"交付惩戒"。

1992年6月28日　钱三强逝世

钱三强1913年10月16日出生于浙江吴兴。1936年毕业于清华大学物理系，1937年赴法国留学，在约里奥·居里夫妇的指导下从事原子核科学研究。他发现了铀核三分裂现象，深化了人类对核裂变的认识。1948年夏，钱三强和夫人毅然回国，为祖国的强盛而奋斗。1954年加入中国共产党。

钱三强毕生都致力于祖国的科学技术事业，为我国原子能科学事业的创立，特别是从研制原子弹氢弹，到中国整个高能物理科学的发展，做出了卓越贡献，被人们亲切地称为"中国原子弹之父"。

1992年6月28日，钱三强在北京逝世，享年79岁。

6月29日

1900年6月29日　诺贝尔基金会成立

诺贝尔奖金是以瑞典化学家诺贝尔的遗产设立的奖金。阿尔弗雷德·诺贝尔是位杰出的化学家，他的一生中有许多发明，其中最为重要的是安全炸药的发明。他希望这项发明能够为促进人类生活的繁荣做出贡献，但事与愿违，炸药被广泛地使用于战争。这使他在人们心目中成了一个"贩卖死亡的商人"，为此，他深感失望和痛苦。诺贝尔在逝世前立下遗嘱，把遗产的一部分——920万美元作为基金，以其每年约20万美元的利息作为奖金，奖励那些为人类的幸福和进步做出卓越贡献的科学家和学者。为此，瑞典于1900年6月29日专门成立了诺贝尔基金会，并由其董事会管理和发放奖金。

6月30日

1860年6月30日

牛津大辩论

1860年6月30日发生的"牛津大辩论"是人类科学史上的一件大事。

"人是上帝创造的，地球上一切生物都是上帝按照一定的目的创造出来的。猫被创造出来是为吃老鼠，老鼠被创造出来是为了给猫吃。"这就是西欧古代的"目的论"，一直被人们认为是真理。1859年，达尔文生物进化论的提出，好比一枚巨型炸弹，引起了轩然大波。

自诩为"达尔文牛犬"的英国博物学家——赫胥黎

反动统治阶级及其教会组织攻击进化论是对上帝的叛逆，有失人类尊严。攻击达尔文的文章连篇累牍，威胁恐吓的信件不断向达尔文飞来，连达尔文的老师也感到"极度忧伤"。当然，进化论也受到另一些有识之士的热烈支持和拥护。进步学者赫胥黎就写信给达尔文说："至于你的理论，我准备接受火刑——如果是必须的——也要支持。"一场大辩论终于爆发。

辩论中，赫胥黎以雄辩的事实驳斥了大主教的歪曲和污蔑，揭露他对进化论和人类起源问题的无知。此后不久，进化论迅速传遍了欧美各国。

1908年6月30日　"通古斯事件"之谜

1908年6月30日晨，在苏联内贝加尔湖西北800千米的通古斯河谷上空，突然出现了一个火球，释放出耀眼的光芒。它在离地面6千米的上空爆炸了。爆炸力非常之大，其威力竟使2000平方千米范围内的树木被刮倒，并引起一场大火；距爆炸地点600千米的一列火车上的乘客，被震得几乎摔出座位；爆炸的声音，在2250千米以外的地方都能听见；甚至爆炸以后的两个晚上，这里的天空还异常明亮。因为这件事发生在通古斯河上空，人们习惯地把它称作"通古斯事件"，而把那爆炸的物体称作"通古斯天体"。

7月1日

1997年7月1日　香港特别行政区政府成立

1997年7月1日凌晨，中华人民共和国主席江泽民向全世界郑重宣告：中华人民共和国香港特别行政区政府成立。与此同时，香港特别行政区第一任行政长官董建华在庄严的仪式上宣誓就职。随后，李鹏总理代表中央人民政府对香港特别行政区政府的成立表示热烈祝贺。董建华接着表示，他将以忠诚的心志，坚决执行法律赋予香港高度自治的神圣责任，带领650万富于创业精神的香港市民，坚定地按照"一个国家，两种制度"的道路向前迈进。

► 香港湾仔会展中心前的香港回归祖国纪念碑

7月2日

公元626年7月2日　玄武门之变

公元626年7月2日，李世民亲自率领长孙无忌等人，趁李建成将要上朝之机，埋伏在玄武门附近。此时，守卫玄武门的将领常何已经被李世民所收买。当李建成和李元吉走到临湖殿时，发现情况异常，立即掉转马头往东宫跑，只听有人喊："太子、齐王，为什么不去上朝？"李元吉回头见是李世民，当即取弓搭箭，射向李世民，但都未射中。李世民则趁李建成慌乱之机，一箭将其射落马下，想要趁乱而逃的李元吉也被尉迟敬德一箭毙命。

▲如今依然矗立的玄武门，是否还记得那往日的宫廷之争呢

随后，尉迟敬德便匆匆赶往后宫见驾，称太子、齐王叛乱，已被秦王射毙。高祖闻听十分难过，忙问大臣意见，萧和陈说："建成、元吉本来就没有大功，秦王功德盖世，深得人心，理该立为太子。"高祖应允并传旨派兵结束了这场政变。历史上即称这次政变为"玄武门之变"。

> 唐朝建立不久，李世民和皇太子李建成之间就为争夺皇位展开了激烈的斗争。
>
> 唐朝的建立，李世民贡献最多，并且，他还吸纳了像尉迟敬德、秦叔宝、李靖等诸多的著名将领，广泛结交知名人士，实力自然无人能比。
>
> 李建成在太原起兵之后，虽也积蓄了一些实力，但远不如李世民，但其依太子身份，使得一大批皇亲国戚聚集在其周围，齐王李元吉也被他拉拢到身边。

3天后，秦王被立为太子，总理国家大事。同年8月，唐高祖被迫让位，称太上皇。李世民称帝，即唐太宗。次年，改年号为贞观，开创了中国历史上辉煌的"贞观之治"。

1922年7月2日

法国时装设计师皮尔·卡丹诞辰

时装设计师皮尔·卡丹 ▲

皮尔·卡丹是20世纪服饰史中的关键人物。1922年7月2日，皮尔·卡丹出生于意大利，29岁开始时装设计。经过近20年的不懈努力，皮尔·卡丹终于实现了自己创业的梦想，成为一个世界级的服装设计师。

皮尔·卡丹的设计充满了创新精神。50年代是不对称图案，60年代是几何图案，70年代他的设计更趋简洁。他曾三次获得法国服装设计的最高奖项——金顶针奖，这个奖项能得到一次便已是设计师的最高成就了。

1992年，皮尔·卡丹被法兰西美术学院选为院士，成为法国历史上第一个获此殊荣的服装设计师。

1961年7月2日 著名作家海明威自杀身亡

1899年，海明威出生在美国一个乡村医生的家庭，曾作为红十字会的救护车司机参加了第一次世界大战，后长期担任驻欧记者，并曾以记者身份参加第二次世界大战和西班牙内战。

海明威的写作风格独特，文体简洁，对后世欧美文学有着一定的影响。代表作有小说《战地钟声》，话剧《第五纵队》，长篇小说《永别了，武器》，短篇小说集《在我们的时代里》、《没有女人的男人》等。1952年海明威出版中篇小说《老人与海》，该小说先后获得普利策奖和1954年的诺贝尔文学奖。

海明威晚年患有多种疾病，精神抑郁，于1961年7月2日饮弹身亡。

7月4日

1903年7月4日 太平洋海底电缆投入使用

1903年7月4日，美国总统西奥多·罗斯福通过新铺设的太平洋电缆，发出了第一封庆祝独立日的正式贺电。他的贺电从纽约的奥伊斯特贝发出，寄给菲律宾总督塔夫脱，贺电到达地球另一侧只用了9.5分钟。如果用过去的方法，则需要几个小时。在回电中，塔夫脱借此机会说服总统降低对菲律宾商品的关税。

▶ 居里夫人

1934年7月4日 居里夫人逝世

居里夫人原名玛丽亚·斯可罗多夫斯卡，法国物理学家，也是最早荣获诺贝尔奖的女性。1867年11月7日出生于波兰华沙市的一个教师家庭。1891年，只身前往法国巴黎大学求学深造，其后获得物理学硕士学位。

1902 年，居里夫人和居里先生经过整整 45 个月的艰辛奋斗，终于发现了比铀的放射性更强的新元素，并以祖国波兰的意义将之命名为镭。他们还成功地提取出了 1/10 克纯镭，初步测定了镭的原子量。镭的发现在科学界爆发了一次真正的革命。居里夫妇开创了原子时代，导致了原子能应用的研究，使人类加速迈向了现代文明。

由于长期在艰苦的条件下进行紧张的放射性元素研究，居里夫人的健康受到了极大的伤害，1934 年 7 月 4 日终因罹患白血病不幸身故。

1997 年 7 月 4 日 "火星探路者"在火星阿瑞斯平原成功着陆

1997 年 7 月 4 日，在美国东部时间 13 时零 7 分，位于加利福尼亚州的帕萨迪纳控制中心接收到从火星传来的信号，"火星探路者"飞船在火星阿瑞斯平原成功着陆！并在 19 时 30 分许，陆续向地面传回了一张张黑白及彩色照片，火星表面的沙土、大大小小千姿百态的岩石、山丘、沟壑，还有"火星探路者"飞船、六轮探测车……令人应接不暇。

▶「火星探路者」成功降落后释放出六轮小机器人

此次计划所取得的成果使人类对火星地表景观有了直观的认识，通过对火星岩石的化学成分分析显示：火星上与地球上的岩石非常相似，这是科学家们事先没有想到的；使人类对火星气候有了更深入的了解；并找到了一些支持"火星生命之说"的证据：

113

能干的"索杰纳"

六轮探测车，实际上是一个名为"索杰纳"的小型机器人，重 23 磅，造价 2500 万美元。它具有人工智能，使用太阳能动力。它的行驶速度最快为每分钟 2 英尺，犹如蜗牛爬行。它专找岩石爬，目的是搜集有关岩石成分的数据。

火星上曾经有水、在地球上发现的火星陨石中含有生物化石微粒。但火星上是否曾经有过生命，目前还不能断定。

7月5日

▶委内瑞拉国徽

1811 年 7 月 5 日 委内瑞拉独立

委内瑞拉在古代为印第安人阿拉瓦克族和加勒比族的居住地。1498 年被哥伦布发现，1523 年西班牙在这里建立了第一个殖民点，1567 年沦为西班牙殖民地。19 世纪初，在著名民族英雄西蒙·玻利瓦尔的领导下，委内瑞拉人民反抗殖民统治的独立战争爆发。1811 年 7 月 5 日，委内瑞拉成为摆脱西班牙而宣布独立的第一个南美洲国家。1830 年，委内瑞拉共和国正式成立。

1943 年 7 月 5 日　库尔斯克战役爆发

斯大林格勒战役以后，苏德战场暂时沉寂。1943 年 1 月，德国宣布全国实行总动员，计划以库尔斯克突击部队为主，发动一次代号为"堡垒"的夏季攻势，以改善战场形势。为此，德国调集了 90 万军队，1 万门火炮，2700 辆坦克和自动火炮，2000 多架飞机。

1943 年 7 月 5 日晨，大批德军在飞机和坦克的配合下开始进攻，但遭到苏军的顽强阻击，损失惨重，只好转入防御。7 月 12 日和 15 日，苏军先后在库尔斯克的北部和南部转入反攻，德军节节败退，只好在 7 月 15 日退却。

8 月 5 日，苏军收复了奥廖尔和别尔哥罗德，23 日解放哈尔科夫。为此，莫斯科曾首次鸣放礼炮祝捷。德军的"堡垒"计划彻底破产。

7月6日

1998 年 7 月 6 日
香港国际机场正式启用

在 1998 年 7 月 6 日香港回归周年之际，香港国际机场投入使用。

▼获评"20 世纪全球十大建筑"之一的香港国际机场俯瞰图

香港国际机场被评为"20 世纪全球十大建筑"之一。也是最年轻的和亚洲唯一中选的建筑。耗资 1550 亿港币的香港国际机场总面积达 1248 公顷，客运大楼就占 51 万平方米，相当于 86 个足球场，是世界最大的建筑物之一。香港国际机场投入启用后，每年可运送旅客 3500 万人次，货物 300 万吨。

7月7日

▲欧姆

1854 年 7 月 7 日　欧姆逝世

1787 年，欧姆出生在德国巴伐利亚的埃尔兰根城。1817 年，他在科隆大学预科教授物理学和数学，在该校设备精良的实验室里，作了大量试验，并完成了一系列重要发明。其最重要的贡献是：他在 1826 年发现流过导体的电流与电压成正比，与电阻成反比，这就是著名的欧姆定律。欧姆的研究工作对流动电的理论和应用起到了重大的影响。1854 年 7 月 7 日，欧姆在德国曼纳希逝世，享年 67 岁。

1937 年 7 月 7 日　卢沟桥事变爆发

卢沟桥事变，也称"七七事变"，是日本帝国主义为了独占中国而发动的蓄谋已久的全面侵华战争。

▼卢沟桥上的狮子是昔日的目击者

1937年7月7日夜里10点，卢沟桥的日本驻军在未通知中国地方当局的情况下，由中队长清水节郎率领，在卢沟桥以北地区举行以攻取卢沟桥为假想目标的军事演习。11点多，日军诡称演习时一个士兵离队失踪，要求进城搜查。在遭到中国驻军吉星文团长的严词拒绝后，日军迅即包围宛平县城。

"卢沟桥事变"的爆发揭开了全国抗日战争的序幕。

7月8日

▶伟大的航海家达·伽马

1497年7月8日

航海家达·伽马开始探索航行

1497年7月8日，葡萄牙贵族航海家达·伽马率领由170名水手组成的4艘探险船队从里斯本出发，开始了印度航线的探索航行。船队首先到佛得角群岛，然后朝南直驶南大西洋。3个月后，改向东航，到达好望角。11月22日船队绕过好望角，并于1498年3月2日进入莫桑比克。4月到达马林迪，在当地著名的阿拉伯领航员马吉德的指引下，穿过阿拉伯海，于5月20日到达印度南部最著名的商业中心卡利卡特。次年9月达·伽马回到里斯本，受到了国王热情的欢迎和嘉奖。

达·伽马开辟了欧洲绕过非洲南端直达印度的新航路。他的航线绕过好望角，找到了一条由欧洲到非洲大陆南端最方便的航线。

1986年7月8日　我国国内卫星通信网正式建成

通信卫星是利用位于地球赤道上空3.6万千米高处的同步卫星作中继站，实现区域通信的现代化方式。我国国内卫星通信网的建成，为全国性综合电视和电视教育节目传递创造了良好的途径，对改善我国边远地区邮电通信的落后状况起到了非常重要的作用，标志着我国通信事业实现了又一次飞跃，跨入了一个新的里程。

7月9日

1971年7月9日　基辛格秘密访华

1970年10月，美国总统尼克松通过巴基斯坦总统叶海亚·汗转告中国政府，美国欲改善两国之间的关系。

1971 年 4 月 27 日，中国通过巴基斯坦渠道正式送交美国一份照会，称："中国政府重申，愿意在北京公开接待美国总统本人，以便直接进行会晤和讨论。"同年 7 月，基辛格在访问巴基斯坦期间，秘密登抵北京。

7 月 9 日～11 日，周恩来总理同基辛格进行了会谈。周总理坚持：欲改善中美关系，美国必须承认台湾是中国的一个省，台湾问题是中国的内政，不容外人干涉；美国必须确定撤走驻台美军的期限，并废除美蒋《共同防御条约》。基辛格则表示：承认台湾属于中国；美国不再与中国为敌，不再孤立中国，在联合国内将支持恢复中国的席位；印度支那战争结束后，美国会在短时期内撤走其驻台美军的 2/3；美蒋《共同防御条约》可以解除。

▲ 美国历史上第一个原籍非美国的国务卿基辛格

亨利·基辛格，1923 年生于德国弗尔特市。1938 年移居美国，1943 年加入美国国籍。1969～1974 年任总统尼克松的国家安全事务助理和国家安全委员会主任。1973 年 9 月 22 日，正式就任美国国务卿。

基辛格是美国历史上第一个原籍非美国的国务卿和第一个兼任国家安全事务助理的国务卿。

7 月 16 日，双方发表了会谈公告，并宣布，美国总统尼克松应邀将于 1972 年 5 月之前的适当时候访问中国。基辛格访华是打开中美两国关系大门的一次成功访问。

7月10日

1943 年 7 月 10 日

西西里岛登陆战开始

1943 年 7 月 10 日，第二次世界大战欧洲战场重大战役西西里岛登陆战开始。盟军参加这次登陆战役的总兵力达 47.8 万人，盟军地中海战区总司令艾森豪威尔将军担任战役总指挥。海军拥有各种舰艇、登陆船只约 3200 艘；空军有作战飞机 4000 多架。轴心国部队为德国、意大利法西斯军队 27 万人，可用于空中支援的飞机约 600 架。在登陆过程中，德、意空军进行了猛烈的反击，由于盟军在登陆地的空中掩护过于薄弱，使海陆部队遭到不小的损失。

▼ 西西里岛登陆战开始

7月11日

1987年7月11日
"世界人口日"确立

　　1987年7月11日，南斯拉夫的一个婴儿降生，被联合国象征性地认定为是地球上第50亿个人，并宣布地球人口突破50亿大关。为了进一步促进各国政府人民重视和解决人口问题，联合国通过决议，将7月11日定为"世界人口日"。从1990年开始，在以后每年的7月11日，全世界举行"世界人口日"纪念活动。

每年的世界人口日的宣传主题
1996年：生殖健康与艾滋病
1997年：为了新一代及其生殖健康和权利
1998年：走近60亿人口日
1999年：60亿人口日开始倒计时
2000年：拯救妇女的生命
2001年：人口、发展与环境
2002年：贫困、人口与发展
2003年：青少年的性健康、生殖健康和权利
2004年：纪念国际人口与发展大会10周年
2005年：平等＝授权
2006年：年轻人——为了年轻人，与年轻人一起行动起来！

2005年7月11日　郑和下西洋600周年

　　公元1405~1433年的28年间，郑和率船队先后7次远渡重洋，遍访亚非30多个国家和地区。最远到达了非洲东岸的麻林地（今肯尼亚的马林迪）和曼八撒港（今肯尼亚的蒙巴萨港），成为了世界航海史上的伟大壮举。

　　郑和的航行比哥伦布首航美洲大陆早87年，比达·伽马绕过好望角到达印度早93年，比麦哲伦到达菲律宾早116年。

　　2005年7月11日是中国伟大的航海家郑和首次下西洋600周年。我国因此举行了多种庆祝活动以纪念这一伟大的日子。

▼伟大的中国航海家郑和

7月12日

1898年7月12日　氪被发现

　　1898年7月12日，英国化学家拉姆赛和特莱弗斯从液化空气中分离出一种气体，这是一种新的惰性元素，用放电管可激发出一种艳丽的蓝色强光。拉姆赛和特莱弗斯将其取名为氪，意为"陌生人"。

拉姆赛　▶氪的发现者——英国化学家

　　拉姆赛（William Ramsay），英国化学家。1852年10月2日生于苏格兰。因发现氦、氖、氩、氪、氙等气态惰性元素，并确定了它们在元素周期表中的位置，而获得1904年诺贝尔化学奖。

7月13日

1985年7月13日　英美举行赈济非洲饥民的慈善音乐会

1985年7月13日，在英国伦敦和美国费城两地同时举行了为非洲饥民募捐的"四海一家救援音乐节"。由爱尔兰歌手鲍勃·盖尔道夫组织的这个盛大义演活动，阵容强大，汇集了鲍勃·迪伦、保罗·麦卡特尼、麦当娜、米克·贾格尔、埃尔顿·约翰、琼·贝兹、菲尔·柯林斯、U2、斯汀等著名歌星。在世界范围的电视和无线电通过国际通信卫星同时联播了演出实况，募集到的捐助金额达7000万美元。

▲ "四海一家救援音乐节"上的明星们

2001年7月13日　中国成功取得了2008年奥运会举办权

英国当地时间7月13日下午，北京时间7月13日晚上10点，中国首都——北京在国际奥委会的投票表决中战胜了其他四个竞争对手（多伦多、巴黎、伊斯坦布尔、大阪），以领先第二名多伦多34票的票数脱颖而出，获得了2008年奥运会举办权。

▲ 法国国王路易十六

7月14日

1789年7月14日　巴黎市民攻占巴士底狱

18世纪后期，法国国王路易十六为了满足穷奢极欲的生活，拼命搜刮、压榨人民，引起了广大平民阶层的强烈不满，一次次掀起反抗斗争，并成立了国民议会，制成一部代表全体法国人民利益的宪法。1789年7月9日，制宪会议召开，公开反抗国王，令双方的冲突更加激烈。

路易十六暗中向巴黎调集了大量军队，准备武力驱散国民议会。消息传出，巴黎人民群情激愤。7月12日，数万巴黎市民上街游行但遭到疯狂的镇压。血腥的斗争一直在继续，7月14日，英勇的巴黎市民夺取了整个巴黎。

巴士底狱——巴黎的最后

> 巴士底狱是一座非常坚固的要塞，高100英尺，围墙很厚，有8个塔楼。它建造于12世纪，当时是一座军事城堡，目的是防御英国人的进攻，所以就建在城前。后来，巴黎市区不断扩大，巴士底要塞成了市区东部的建筑，就失去了防御外敌的作用。18世纪末，它成了控制巴黎的制高点，法国国王在那里驻扎了大量军队，上面架着大炮，里面有个军火库，专门关押政治犯。成了法国专制王朝的象征。

英勇的巴黎人民攻占巴士底狱

一座封建堡垒围墙也被轰塌了。接着，起义者把巴士底狱完全拆毁，象征着封建罪恶的巴士底狱从此在地球上消失了。

为了纪念巴黎人民英勇攻占巴士底狱的伟大功绩，法国把 7 月 14 日作为自己的国庆节。

7月15日

契诃夫

1904 年 7 月 15 日
俄国著名作家契诃夫逝世

契诃夫是俄国著名的批判现实主义天才作家、杰出的幽默讽刺大师。契诃夫 1860 年生于一个小商人家庭，曾入莫斯科大学医科求学。他所生活的年代正是沙皇统治的黑暗时期，契诃夫以其犀利的文风无情地揭露了当时不合理的社会制度以及资本主义社会的罪恶。其短篇小说深刻而富有讽刺性。代表作有短篇小说《跳来跳去的女人》、《变色龙》、《套中人》，中篇小说《第六病室》，戏剧《三姊妹》等，被称为"俄国短篇小说的巨匠"。

119

1907 年 7 月 15 日　秋瑾就义

秋瑾，字璿卿，号竞雄，又称"鉴湖女侠"，浙江绍兴人。是我国近代女民主革命家。1877 年生于福建厦门。1890 年随父到湖南。1896 年依父母之命嫁给湘潭富绅子弟王廷钧，然而她有着一个更为宽广的胸怀，她曾感慨道："人生处世，当医济艰难，从吐抱负，宁能米盐琐屑终其身乎？"1904 年，她毅然冲破了封建家庭的束缚，只身东渡日本求学。1905 年先后加入光复会和同盟会。回国后，1907 年积极筹备皖浙两省起义，起义失败后，7 月 13 日在绍兴大通学堂被捕，15 日在轩亭口英勇就义，年仅 32 岁。

秋瑾

1912 年 12 月 9 日孙中山致祭秋瑾墓，撰挽联："江户矢丹忱，重君首赞同盟会；轩亭洒碧血，愧我今招侠女魂。"

1942 年 7 月宋庆龄在《中国妇女争取自由的斗争》一文中称赞秋瑾是"最崇高的革命烈士之一"。

7月16日

原子弹爆炸后升起的蘑菇状烟云

1945 年 7 月 16 日　第一颗原子弹爆炸

1945 年 7 月 16 日早晨 5 点 30 分，世界上第一颗原子弹爆炸成功。这颗美国试制的原子弹于 1945 年 7 月 15 日安装完毕，16 日在美国新墨西哥州阿拉莫戈多空军基地上试爆。其威力相当于两万吨黄色炸药，爆炸发生后，在半径 16 千米的范围内，所有的生命都已消失，连砂石也全都变成了绿黄色的玻璃状物质。

第一颗原子弹的爆炸成功，标志着人类科学技术水平又跨入了原子时代的新纪元。

1994 年 7 月 16 日　彗星撞击木星

格林尼治时间 7 月 16 日 20 点 15 分，苏梅克－列维 9 号彗星断裂成 21 个碎块，开始撞击木星，这是人类所能观察到的第一次大规模的天体相撞。碎块以每小时 21 万千米的速度落入木星大气层，释放出相当于 2000 亿吨 TNT 炸药的能量。撞击后产生的多个火球绵延近 1000 千米，溅落点温度瞬间上升到 10000℃以上，并在木星上留下了如地球大小的撞击痕迹。

7月17日

1937 年 7 月 17 日　世界首部动画电影上映

1937 年 7 月 17 日，美国美术大师沃尔特·迪斯尼等创作的世界首部动画电影《白雪公主和七个小矮人》首次在好莱坞卡泰剧场上映。该影片相继在 60 多个国家 400 多家影院上映后轰动了整个世界，并获得 1938 年第 11 届奥斯卡最佳动画片金像奖。

▲世界首部动画电影《白雪公主和七个小矮人》

1945 年 7 月 17 日
波茨坦会议召开

波茨坦会议亦称柏林会议，是 1945 年 7 月 17 日 ~8 月 2 日苏联、美国和英国三国首脑在柏林郊外波茨坦举行的。

会议承认了新成立的波兰全国统一临时政府，并确定了波兰的疆界问题，决定设立苏、美、英、法、中 5 国外长会议，负责准备拟写同欧洲战败国的和约。关于苏、美、英、法 4 国占领德国的基本原则是：应使德国非军国主义化、民主化，肃清纳粹主义，消灭垄断集团，重建德国经济。关于德国战争赔偿问题，决定赔偿应由每个占领国从自己的占领区征收，苏联还从西方占领区取得所拆迁的德国工业设备的 25%，其中 10% 是无偿获得，15% 用粮、煤交换。

波茨坦会议是战时美、英、苏三国首脑最后一次会议，对迫使日本早日投降，巩固反法西斯战争的胜利成果，维护战后世界和平，起了积极的作用。

▲苏、美、英三国首脑斯大林（前右）、杜鲁门（中）、丘吉尔（前左）出席波茨坦会议

7月18日

1985年7月18日 "尤里卡计划"诞生

20世纪70年代中期，西欧在科技，尤其是高科技方面渐渐落后于美国和日本，使西欧各国倍感紧迫。

1985年3月，法国和原联邦德国外长经过共同酝酿制定了"尤里卡计划"，建议西欧各国加强在尖端技术领域的合作，逐步成立"欧洲技术共同体"。同年7月17日，该计划由法国总统密特朗正式提出，很快受到西欧大多数国家的关注和欢迎。

> "尤里卡"原是古希腊语，意思是："有办法！"有一次，古希腊学者阿基米得在浴盆里洗澡，突然来了灵感，发现了他久未解决的计算浮力问题的办法，因而惊喜地叫了一声"尤里卡"，从此发现了阿基米得定律。

西欧17国外长和科研部长在法国巴黎召开第一次尤里卡会议（第二次尤里卡会议又吸收了土耳其），初步商定了"尤里卡计划"的轮廓。18日发表公报，宣布"尤里卡计划"正式诞生。

7月19日

▶有"铁血宰相"之称的俾斯麦将军

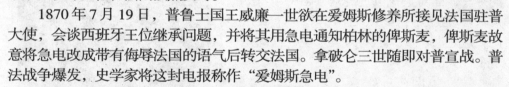

1870年7月19日 普法战争爆发

19世纪中叶，普鲁士日益强大，其先后战胜了丹麦、奥地利，1867年成立了以普鲁士为首的北德意志联邦，企图统一整个德意志，并占领法国的阿尔萨斯和洛林。1870年7月初，西班牙敦请普王威廉一世的亲属利奥波德亲王继承西班牙王位，法国强烈反对。

1870年7月19日，普鲁士国王威廉一世欲在爱姆斯修养所接见法国驻普大使，会谈西班牙王位继承问题，并将其用急电通知柏林的俾斯麦，俾斯麦故意将急电改成带有侮辱法国的语气后转交法国。拿破仑三世随即对普宣战。普法战争爆发，史学家将这封电报称作"爱姆斯急电"。

普法战争以普鲁士的胜利而宣告结束，它促使普鲁士建立了德意志帝国。1870年底，德意志西南部的4个邦国即达姆施塔特、巴登、符腾堡和巴伐利亚加入北德意志联邦，德意志终于实现统一。

7月20日

1982年7月20日 中韩等国揭露日本篡改教科书问题

20世纪70年代日本文部省为军国主义辩护，授意改变"侵略"的表述形式。在1980年审定教科书时刻意将"侵略"淡化为"进出"、"进入"，并歪曲南京大屠杀和朝鲜三一运动的史实。1982年这种教科书公开出版。

1982年7月20日，中国和韩国揭露日本文部省指定的中小学历史教科书歪曲历史、美化侵略的行径。中国《人民日报》和韩国《东亚日报》纷纷载文批判，使日本修改教科书问题从而转变为外交问题。

▶日政府歪曲历史的无耻行径，引起了中、韩国民的极大愤慨

7月21日

1969年7月21日
"阿波罗"登上月球

1969年7月16日上午9点32分，美国"土星-5"号火箭载着"阿波罗"号飞船发往太空。7月19日下午，飞船进入了预设的轨道，并飞行到了月球的背面，安全进入了绕月轨道。在航行了近50万千米以后，"阿波罗"号飞船终于到达月球。

7月21日，美国宇航员尼尔·阿姆斯特朗首先登月爬出舱，第一次踏上了神秘的月球。面对上亿电视观众，阿姆斯特朗发表了他那不朽的谈话："对一个人来说，这是一小步，但对人类来说，这却是一个巨大的飞跃。"

宇航员们在月球表面共停留了21小时18分，采集了22千克月球土壤和岩石标本，作为这次太空之行的纪念物，并成功返回。

▶阿波罗神

▲个人的一小步，人类的一大步

▲月面上留下的人类第一个印迹

阿波罗是古代希腊神话中的太阳神，传说他是月神的同胞弟弟。美国政府选用这个名字来命名登月飞船，意义深刻。

7月22日

1944年7月22日　"布雷顿森林体系"建立

1944年7月22日，标志着二战后国际货币一体化正式形成的"布雷顿森林体系"建立。参加筹建联合国的44个国家代表在美国东北部的布雷顿森林市举行了联合国货币金融会议，通过了《联合国货币金融会议最后议定书》，决定成立国际货币基金组织和国际复兴开发银行，总称"布雷顿森林体系"。

1996年7月22日　中国人民保险（集团）公司成立

1996年7月22日，根据国务院的改革部署，我国第一家保险集团公司——中国人民保险（集团）公司正式宣告成立。

中保集团的成立是中国保险事业发展史上的一个里程碑。它是我国第一家保险集团公司，直接对国务院负责，受中国人民银行领导、监督和管理。中保集团下设中保财产保险有限公司、中保人寿保险有限公司、中保再保险有限公司。现有的海外保险机构作为独立的实体直属中保集团，继续经营海外保险业务。

7月23日

1903年7月23日
福特公司售出第一辆汽车

1903年7月23日，福特汽车公司在底特律售出首辆汽车。这辆双缸内燃机汽车是由亨利·福特设计的。

福特1863年7月30日生于美国密执安州迪尔伯恩。身为机械工人的福特在工作之余制作成了第一辆相当原始的汽车。其后20多年他一直试验着制造机动车辆。福特希望能大量生产这种新式A型汽车，并尽量降低成本，以使多数美国人都能买得起。

1972年7月23日　美国发射第一颗地球资源技术卫星

▶福特公司著名的T型车

1903年，亨利·福特先生创立福特汽车公司。

1908年，福特汽车公司生产出世界上第一辆属于普通百姓的汽车——T型车。

1913年，福特汽车公司开发出了世界上第一条流水线，这一创举使T型车一共达到了1500万辆，缔造了一个至今仍未被打破的世界纪录。福特先生为此被尊为"为世界装上轮子"的人。

1999年，福特先生被《财富》杂志评为"20世纪商业巨人"。

美国于1972年7月23日发射第一颗地球资源技术卫星，简称ERTS。两年后改称为陆地卫星。此后，自1975年起，美国又相继发射了陆地卫星2至陆地卫星5四颗技术卫星。由于这种卫星所载的传感器具有成像精度较高、覆盖面积大、时间和光谱分辨率的优越性等特点，所传送的图像资料广为世界各国所利用。

7月24日

1985年7月24日
第一位漂流长江的人尧茂书触礁身亡

1982年8月~1985年2月,尧茂书自筹资金乘坐橡皮船三次在金沙江中试漂,立志要打破"长江自古无人漂"的空白。1985年,美国传出将派"激流探险队"于秋天从长江源头漂流而下的消息,为了实现由中国人首漂长江的梦想,尧茂书决定捷足先登漂流长江。

▲西南交大校园内的尧茂书像

1985年3月底尧茂书自费取道兰州、西宁,过青海湖,越柴达木盆地,经西藏翻过唐古拉山,6月上旬赶到长江源头。从6月20日起,在一个月多的时间内,他漂流历经沱沱河钦曲、神秘岛、通天河、牙各哥曲。7月23日尧茂书划艇向更加险恶的金沙江漂去。24日下午,在漂行了1270千米后,尧茂书不幸在青海、西藏和四川三省交界地区玉树县巴塘乡相古村翻船遇难。

7月25日

1976年7月25日　我国首次测出云南元谋猿人化石的年龄

1976年7月25日,我国首次用古地磁方法测出云南元谋猿人化石的年龄为距今170万年左右,从而把我国已发现最早的猿人年代推前了100多万年;同时确定了元谋组地层是距今150万年~310万年间形成的,因而把第四纪地质的历史也推前了200万年。

▲元谋人头骨化石

元谋人是在中国西南地区发现的直立人化石,1965年发现于云南元谋上那蚌村,是中国境内已知的最早人类之一。

1965年,考古学家在云南省元谋县上那蚌村发现了两枚门齿化石,还发掘出一些打制石器、木炭屑和烧骨。1973年,在附近地层还发现了7件人工打制的石英岩做的刮削器和炭屑、哺乳动物化石。

7月26日

1887年7月26日　世界语创立

世界语是国际辅助语的一种,由波兰医生柴门霍甫于1887年7月26日创制。以印语系中几种主要语言为基础,在语音、词汇、语法上加以改进,设28个音位,相应地用28个字母表示,读音和拼写完全有规则,较易于学习和掌握。现在全世界懂世界语的人数超过1000万,不少国家和地区建立了世界语协会的组织。

1978年7月26日　世界首例试管婴儿诞生

1978 年 7 月 26 日，世界第一名母体外受精的试管女婴露易丝·布朗在伦敦奥得海姆区医院中诞生，体重 2.6 千克。负责为其接生的产科医生帕特里克·斯特普托宣布这个女婴"非常正常"。

全世界的医学界都为之轰动。

▶道尔顿

7月27日

1844年7月27日　道尔顿逝世

约翰·道尔顿 1766 年 9 月 6 日出生于英格兰坎伯兰郡附近的伊格斯菲尔德。他最早提出了较系统、科学的原子学说，引入了原子和原子量，并在容积分析方法上做出了开拓性的贡献；他还发现了倍比定律，为近代化学和原子物理学奠定了基础；道尔顿也是首位发现色盲现象的科学家，因他本人有色盲症，人们称色盲症为"道尔顿尼斯姆"（意为道尔顿症）。在他 50 多年的科研生涯中，坚持天天观测气象，写气象日记，一生发表了论文 116 篇。

1826 年英国政府授予道尔顿一枚金质奖章，1832 年牛津大学授予他法学博士学位。1844 年 7 月 27 日，道尔顿在实验室里逝世。

1921年7月27日　胰岛素分离成功

1921 年 7 月 27 日，加拿大医生弗雷德里克·G·班廷和他的合作者查尔斯·贝斯特从狗的胰腺中分离出一种可消除糖尿病致命症状的物质，这种提取物被多伦多大学博士约翰·麦克劳德命名为胰岛素。这位博士曾鼓励过班廷并给他提供实验室。胰岛素可望拯救许多糖尿病患者的生命。尽管他们都严格地控制着饮食，但现在仍面临着缓慢死亡的威胁。

1949年7月27日　世界第一架喷气客机试飞

1949 年 7 月 27 日，世界第一架喷气客机"哈维兰彗星"号，在英国哈特菲尔德首次试飞。这架装有 4 个喷气发动机的"彗星"号，是英国力图通过空运史上的突飞猛进而占据世界航空的领先地位。这种飞机将在 3 年内投入使用，可在密封座舱中装载 36 人，飞行高度 4 万英尺，时速 500 英里，比当时正在使用的任何飞机都要快得多。

▶在唐山抗震纪念馆中，被砸坏的时钟将时间永远定格在了3点41分

7月28日

1976年7月28日　唐山大地震

1976 年 7 月 28 日，河北省冀东地区的唐山、丰南一带突然发生 7.8 级的强地震，新兴的重工业城市唐山蒙受惨重灾难，被夷为一片废墟，造成 24.2 万人死亡，16.4 万人重伤，直接经济损失高达 54 亿元。

唐山大地震是中国历史上一次罕见的城市地震灾害。地震破坏范围超过3万平方千米，震中烈度达11度，震源深度12千米，有感范围广达14个省、市、自治区，相当于全国面积的1/3。

2004年7月28日 我国首座北极科学考察站建成

2004年7月28日，我国第三座极地科学考察站，也是我国首座北极科学考察站——中国北极黄河站在北纬78°55′的挪威斯匹次卑尔根群岛的新奥尔松建成。

▼中国北极黄河科学考察站

黄河考察站为一栋两层楼房，总面积约500平方米，包括实验室、办公室、阅览休息室、宿舍、储藏室等，可供20~25人同时工作和居住，并且建有用于高空大气物理等观测项目的屋顶观测平台。

7月29日

▶凡·高自画像

1890年7月29日 凡·高自杀身亡

文森特·凡·高，1853年3月30日出生于荷兰一个乡村牧师家庭，是后印象派的三大巨匠之一。

凡·高生性善良，曾自费到一个矿区里去当教士，受矿工艰苦生活的感动，开始创作反映工人和农村生活的作品。他最初的作品通常是低沉的，后来逐渐变得响亮和明朗，其画面色彩强烈，色调激昂，包含了深刻的悲剧意识、强烈的个性和独特的形式追求，对20世纪表现主义影响甚深，是继伦勃朗之后荷兰最伟大的画家之一，但他生前只卖出过1幅画。

1890年7月27日，凡·高在法国瓦兹河畔自杀。两天后，不治身亡。

1981年7月29日 查尔斯王子和戴安娜公主举行结婚典礼

1981年7月29日，英国王储查尔斯王子和戴安娜公主在伦敦圣保罗教堂举行结婚典礼。

英国官方宣布，这是300多年来第一位英国王储和英国贵族小姐结婚，也是400多年来第一位英国王储在圣保罗教堂举行婚礼。如此的历史背景以及盛大的规模、隆重的仪式，被英国报刊称誉为"世纪的婚礼"。

▶世纪婚礼上的深情一吻

查尔斯王子时年32岁，是英国女王伊丽莎白二世的长子，是英国王位的第一位继承人。戴安娜公主年仅19岁，是斯宾塞伯爵的女儿。

1996年8月，二人解除婚约，1997年8月戴安娜王妃在巴黎遇车祸不幸香消玉殒，全世界无不为之扼腕动容。2005年4月，查尔斯王子与卡米拉女士再结连理。

7月30日

▶法国伟大的启蒙思想家狄德罗

1784年7月30日　狄德罗逝世

德尼·狄德罗，是法国卓越的启蒙思想家，1713年10月5日生于法国朗格尔。

从1745年起，他呕心沥血地从事《百科全书》的组织和编撰工作。《百科全书》共28卷，从1751年出版第一卷到1772年发行最后一卷，前后历时21年。狄德罗为它倾注了毕生的精力，这是他一生中最杰出的贡献。

狄德罗不仅是18世纪法国的思想家和哲学家，而且是重要的文学家和出色的艺术批评家和美学理论家，他为戏剧、绘画和美学建立了完整的理论体系。

1784年7月30日，狄德罗吃过晚饭后，坐在桌边，用肘撑着桌子就溘然长逝了。他女儿听到他讲的最一句话是："怀疑是向哲学迈出的第一步。"

1992年7月30日　中国正式加入"世界版权公约"

1992年7月30日，中国常驻联合国教科文组织使团代表秦关林，代表中国政府向联合国教科文组织递交了加入"世界版权公约"的官方文件，标志着中国正式加入了"世界版权公约"。本公约于1992年10月30日对我国生效。

中国加入"世界版权公约"反映了中国在完善版权保护制度，促进国际间的文学、艺术和科学交流，加强国际合作的良好意愿。

7月31日

1886年7月31日　匈牙利著名钢琴家李斯特逝世

李斯特·费伦茨1811年10月22日生于匈牙利雷定，1817年开始学习钢琴。1823年赴维也纳学习。在音乐上李斯特主张标题音乐，首创了交响诗体裁，作有著名的《塔索》等交响诗共13部。因受帕格尼尼的影响，还创作了19首《匈牙利狂想曲》和10首钢琴练习曲。并于1875年创建了匈牙利音乐学院。

李斯特的钢琴作品气势宏伟、技巧绚丽，奠定了现代钢琴演奏音乐写作技巧的基础，体现了古典欧洲浪漫主义音乐中各种艺术相结合的音乐理想。

1886年7月31日，这位钢琴大师卒于拜罗伊特。

1971年7月31日

人类首次月球车行驶

1971年7月30日"阿波罗15"号宇航员戴维斯·R·斯科特和詹姆斯·B·欧文在月球的"雨海"登陆，并于美国东部时间31日上午，离开"隼"号登月舱，乘四轮月球车，行驶了两小时，距离约8公里，之后又回到登月舱。

▶宇航员驾驶四轮月球车在崎岖不平的月面上行驶

8月1日

1927年8月1日　南昌起义

1927年7月，中共中央临时政治局常委会议做出了在南昌举行武装起义的决定，随即组成了以周恩来为首的前敌委员会。8月1日，在周恩来、朱德、贺龙、叶挺、刘伯承等人的领导下，南昌起义爆发。

八一南昌起义是中国共产党为反击国民党当权派的黑暗统治，为拯救共产党人和工农群众而对国民党打响的第一枪。我国因此而将每年的这一天定为建军节。

▲南昌起义总指挥部旧址

8月2日

1862年8月2日　中国人自己设计制造的首台蒸汽机完成

1862年8月2日，第一台由中国人自己设计制造的蒸汽机正式完成。这台蒸汽机是我国清代著名数学家华蘅芳和他的好友徐寿在满清重臣曾国藩的支持下设计制造的。该蒸汽机结构及功能都是世界上第一流的，可与当时世界上最先进的蒸汽机媲美。1866年4月，华蘅芳和徐寿又以这台蒸汽机作为动力，制造出了中国第一艘蒸汽机轮船。

1990年8月2日　伊拉克入侵科威特

1990年8月2日，为控制科威特的石油宝藏，伊拉克总统萨达姆命令其军队悍然入侵科威特。这是第二次世界大战后罕见的一个主权国家对另一个主权国家的武力吞并，引起了国际社会的纷纷谴责和密切关注。

伊拉克占领科威特后，无视联合国的决议和各国谴责，拒不谈判，拒不撤军。在此情况下，以美国为首的西方国家分别向海湾调兵遣将，组成多国部队，先后对伊拉克实施"沙漠盾牌"、"沙漠风暴"和"沙漠军刀"等军事行动，收复科威特城，取得战争的最后胜利，世称"海湾战争"。

▲一场现代化的局部战争——海湾战争

海湾战争堪称是冷战结束后的第一场现代化局部战争，对国际战略新格局的形成产生了重大影响。这场战争体现了科学技术发展所引起的战争特征的革命性变化，展示了新的作战手段和作战思想运用于战争而产生的作战样式的诸多新特点，标志着高技术局部战争的开端。

国际社会对于以美国为首的多国部队的军事行动合乎国际法与否还一直存在着颇多争议。但有一点是毋庸置疑的，那就是这场战争给参战的各国人民带来的都是一场噩梦。

8月3日

1989年8月3日　国际横穿南极大陆考察队到达南极

1989年8月3日，由中、日、美、法、苏、英6国6人组成的国际横穿南极大陆考察队到达南极的乔治王岛。这支探险队1989年7月26日离开中国南极长城站，经过5984千米的跋涉，对南极进行了为期7个月的考察活动，于1990年3月3日到达探险考察的终点苏联和平站，完成了人类历史上第一次横穿南极大陆的壮举。

8月4日

1875年8月4日　童话大师安徒生逝世

安徒生1805年出生于丹麦一个贫苦鞋匠家中，1822年开始进行文学创作。为世人创作了很多美妙的童话故事，其代表作有《丑小鸭》、《卖火柴的小女孩》、《皇帝的新装》、《豌豆上的公主》等。安徒生一生留下了大量的经典童话作品，其中156部被译成多国文字，深受各国儿童和成人的喜爱，至今仍历久不衰。1875年8月4日，安徒生患肝癌逝世，享年70岁。

> ▶ 丹麦童话大师安徒生

1962年8月4日　玛丽莲·梦露自杀

1962年8月4日，著名影星玛丽莲·梦露因服用过量安眠药而死，年仅36岁。玛丽莲·梦露早年在20世纪福克斯公司做配角演员，后由于她艳丽的姿容和迷人的表演，被好莱坞捧为西方影坛最性感明星。她从影15年，共拍摄30多部影片。《热情似火》成为她票房收入最高的影片。而为大家所熟悉的一个经典镜头是在《七年之痒》中她站在地铁口的镂空铁板上，下面刮来的风把她的裙子吹得鼓涨起来的迷人瞬间。

▲ 《七年之痒》中的经典镜头

1792年8月4日　雪莱诞辰

雪莱于1792年8月4日出生在英格兰的一个贵族家庭，1810年进入牛津大学学习。雪莱的诗充满魅力，意象丰富。他的著名诗句："冬天已经到来，春天还会远吗？"即是人们最耳熟能详的诗句。雪莱以诗为武器，向社会不公和压迫宣战。1819年他写的诗剧《解放了的普罗米修斯》，采用古代希腊神话为题材，表达了反抗专制统治的斗争必胜的信念和空想社会主义理想。1822年，雪莱因船沉不幸遇难，年仅30岁。

8月5日

1802年8月5日　数学家阿贝尔诞辰

1802年8月5日，挪威著名的青年数学家阿贝尔出生了。1824年，阿贝尔证明了五次代数方程一般不能用根式求解，由此引入可交换群（现也称阿贝尔群）的概念，解决了几百年来未曾找到答案的大难题。1826年他又发表了关于高等函数的长篇论文。法国著名数学家勒让德后来将这篇论文描述为"永恒的纪念碑"。1829年，被聘为柏林大学教援，未到任即病逝。

▲年轻的数学家阿贝尔

1895年8月5日　恩格斯逝世

恩格斯是马克思主义的创始人之一，全世界无产阶级的导师和领袖。1820年生于普鲁士莱茵省。1844年在巴黎会见马克思，从此二人并肩战斗，并成为亲密的战友。马克思逝世后，他又承担了整理《资本论》遗稿和领导国际工人运动的繁重工作。恩格斯一生著述丰厚，除同马克思合撰著作外，还有《自然辩证法》、《家庭、私有制和国家的起源》等著作。

▼伟大的革命导师——恩格斯

8月6日

1932年8月6日　国际电影节由威尼斯国际电影节创办

1932年8月6日，最早的国际电影节由威尼斯国际电影节创办。威尼斯国际电影节是世界上第一个国际电影节，号称"国际电影节之父"。1934年举办第2届后每年8月底~9月初举行一次，为期两周。1943~1945年因第二次世界大战一度停办。大战结束后于1946年恢复举行。

1945年8月6日　广岛原子弹爆炸

1945年8月6日，原子弹在离广岛地面600米处爆炸，在闪光、声波和蘑菇状烟云之后，火海和浓烟笼罩了全城，在方圆14平方千米内有6万幢房屋被摧毁，广岛30万居民中有将近一半遭致死亡，另有为数众多的幸存者因遭受原子辐射而致残。

▶广岛原子弹爆炸

8月7日

1904年8月7日　日、俄在我国辽阳、旅顺展开争夺战

1904～1905年，在中国土地上爆发的日俄战争，是交战双方站在对立的立场，同时侵略中国、重新划分势力范围、争夺利权的战争。日俄战争爆发后，日本居然要求清政府在东北三省及以外地区严守中立，让出东北地区作战场，坐视日、俄两国在中国境内为争夺在中国的势力范围而厮杀。腐败至极的清政府竟同意宣布"局外中立"。

1904年8月7日爆发的辽阳会战是日俄陆战中的一次重大战役，日本大本营为攻占军事重镇辽阳进行了严密部署。辽阳外围战之后，日军逼近俄军在辽阳城外的第一道防线。辽阳会战开始后，日俄双方互有胜负，最后俄军撤出辽阳，使俄军盘踞的奉天失去了重要屏障。

这场不义之战不仅是对中国领土和主权的粗暴践踏，而且使中国东北人民在战争中遭受了巨大的损失和人身伤亡。

1941年8月7日　泰戈尔逝世

泰戈尔是印度著名诗人、作家、艺术家和社会活动家。

1910年，泰戈尔发表长篇小说《戈拉》。1912年，泰戈尔以抒情诗集《吉檀迦利》获诺贝尔文学奖。1913年发表为人们所熟知的《飞鸟集》和《园丁集》。1916年，发表长篇小说《家庭和世界》，热情歌颂了争取民族独立的爱国主义。此外还写了《赎罪》、《顽固堡垒》、《红夹竹桃》等针对当时印度社会现实予以无情揭露和鞭笞的著名戏剧剧本。他创作的歌曲《人民的意志》于1950年被定为印度国歌。

泰戈尔1924年访问中国，回国后，撰写了许多文章，表达了对中国人民的友好情感。

1941年8月7日，泰戈尔与世长辞，享年81岁。

▲徐悲鸿先生笔下的泰戈尔

8月8日

1952年8月8日　我国实行民族区域自治

1952年8月8日，中央人民政府委员会第十八次会议批准了《中华人民共和国民族区域自治实施纲要》。实施纲要规定：各民族自治机关都是中央人民政府统一领导下的一级地方政权，并在上级人民政府的领导下享有高度自治权。会议还批准了《关于地方民族民主联合政府实施办法的决定》和《关于保障一切散居地区的少数民族成员享有民族平等权利的决定》。实行民族区域自治，体现了国家充分尊重和保障各少数民族管理本民族内部事务权利的精神，体现了国家坚持实行各民族平等、团结和共同繁荣的原则。

1961年8月8日 梅兰芳病逝

梅兰芳（1894~1961），名澜，字畹华，原籍江苏泰州，长期寓居北京。梅兰芳一生成就斐然，据统计，他一生演过的京、昆剧，包括主演和配演，总数不下200出，角色行当有青衣、花旦、闺门旦、刀马旦，也有反串小生等行当。其代表作有《宇宙锋》、《贵妃醉酒》等，中期演出的代表作有《霸王别姬》、《洛神》、《抗金兵》、《生死恨》等。新中国成立后，其又编演了代表作《穆桂英挂帅》等11出保留剧目，是梅氏演出本的精华，也是中国京剧艺术的精华。

1961年8月8日梅兰芳病逝，享年67岁。

▶梅先生在《贵妃醉酒》中的俊美扮相

8月9日

1987年8月9日
南非黑人矿工大罢工

1987年8月9日，在素有"黄金城"之称的南非最大城市约翰内斯堡附近的矿区，爆发了南非黑人矿工斗争史上规模空前的大罢工。

这次大罢工是由南非黑人矿工的最大工会组织——全国矿工工会发起和领导的，罢工人数达34万之多。罢工使南非一半的金矿和1/5的煤矿陷入瘫痪，损失达1.35亿美元。1987年8月25日，矿主联合会终于被迫与罢工工人进行谈判。罢工工人的部分要求得到满足，宣布罢工结束。

南非是非洲大陆经济最发达的国家。根据统计，1984年南非矿工为71.1万人，其中黑人为60万，而黑人金矿工人就占51.4万。黑人矿工用双手创造出巨额财富，但他们不得不在地下2000~3000米的狭窄矿井中长年进行着繁重而危险的劳动，工资待遇十分低下。黑人矿工的工资只有白人矿工的1/5。随后的几年里，南非物价飞涨，失业人数增加，其中黑人为300万。黑人矿工的生活水平进一步下降，他们对种族主义的残酷压迫和剥削已忍无可忍，遂导致了大罢工的爆发。

8月10日

1949年8月10日
班禅十世坐床典礼举行

班禅十世，藏族，法名确吉坚赞。1949年8月10日，班禅十世举行坐床典礼。国民政府派蒙藏委员会委员长古玉瑞专使，青海省政府主席马步芳为副专使，在塔尔寺主持了坐床典礼，并颁发了汉、藏文合璧的两藏班禅行辕堪布会议厅印鉴。同年10月1日，中华人民共和国成立，班禅大师即致电毛泽东主席和朱德总司令，表示拥护中国共产党。

班禅，梵文是智慧的意思，指学识渊博，深广而言；额尔德尼是满语中的尊称。清康熙五十二年（1713年），康熙皇帝正式册封班禅五世罗桑意希为班禅额尔德尼，之后历代班禅转世都要经过朝廷的正式册封。

▶清帝敕封五世班禅额尔德尼之宝，书"班禅额尔德尼之宝"

8月11日

1945年8月11日　我国第一次使用"解放军"名称

1945年8月中旬，正是抗日战争最紧要的关头，朱德总司令连发七道命令，命令各解放区军队迅速前进，收缴日伪军武装，实施全线大反攻。8月11日，在朱德发布的第4号反攻命令中，第一次提出"解放军"这个名称。此后，八路军、新四军、东北民主联军相继改名为人民解放军。1948年11月1日中央军委发布通令以后，全军各部队统一改称中国人民解放军。通令中明文规定，团和分区以上各部队番号，均须冠以"中国人民解放军"的字样。

8月12日

1977年8月12日　中国共产党第11次全国代表大会在京召开

中国共产党第11次全国代表大会，于1977年8月12日~18日在北京召开。华国锋主持大会并代表中央向大会作了政治报告，总结了同"四人帮"的斗争，宣告"文化大革命"结束。

邓小平同志致了闭幕词。他强调指出，我们一定要恢复和发扬毛主席为我们党树立的群众路线、实事求是、批评和自我批评、谦虚谨慎、戒骄戒躁、艰苦奋斗等优良传统和作风，全国努力造成一个又有集中又有民主、又有纪律又有自由、又有统一意志又有个人心情舒畅、生动活泼的政治局面。

这次大会由于历史条件的限制，未能完成从根本上拨乱反正的任务。

2000年8月12日 "库尔斯克"号沉没

2000年8月12日23时，俄罗斯海军"库尔斯克"号核潜艇在巴伦支海演习时沉没，艇上118名官兵不幸罹难。这是迄今为止世界上最严重的一次核潜艇事故。"库尔斯克"号沉没后，俄罗斯立即组织抢救，并邀请挪威和英国救生人员参加救援，但未能奏效。8月21日，俄罗斯宣布艇上官兵死亡，停止救援工作。关于"库尔斯克"号的失事原因目前仍众说纷纭，俄军方认为，是与另一艘外国潜艇相撞所致。

▼沉没前的"库尔斯克"号潜艇

8月13日

1912年8月13日
法国医生发现癌细胞

1912年8月13日，巴黎医生加斯顿·奥丁声明他已经发现、分离并培养了癌细胞，他声称这一发现很有可能有助于培养抗癌疫苗。奥丁说，癌细胞通常是扁平的，由胶状体组成，中心有核，四周不规则。当它生长时，癌就向四周扩散。另外，他还发现了一种能够消灭癌细胞的"速效元素"。

8月14日

1900年8月14日
八国联军侵占北京

19世纪末，帝国主义加紧了对中国的掠夺与瓜分，其时义和团的反帝爱国运动正发展得如

► 八国联军法军司令弗累及其部下在劫掠之后志得意满的合影，其寡廉鲜耻可见一斑

火如荼，使得侵略者们惊慌失措。他们一方面威胁清政府加紧镇压，一方面策划直接出兵干涉。1900年6月17日，八国联军攻陷大沽，7月14日攻占天津，并进逼北京，而此时昏庸的清政府非但不全力抵抗，反而退而求和。8月14日清晨，八国联军对北京发起了总攻，之后，侵略军轻而易举地攻占了北京。入城之初，八国联军即包围各坛口搜捕义和团，甚至凡遇中国人即放枪击杀。北京街头尸积如山，联军驱逐华人清理尸体后，又把清理者悉数击毙。之后，竟公开准许军队抢劫3天，而实际上，这种抢劫直到其撤离，从未停止过，大量珍贵历史文物惨遭损毁和掠夺，损失无法估量。

1993年8月14日　　日本资料证实日军曾在华使用细菌武器

《朝日新闻》1993年8月14日在头版报道，在防卫厅防卫研究所图书馆保存的当年日本陆军军官的业务日志中，发现了关于日本731部队在中国东北秘密开发细菌武器和在中国各地实际使用细菌武器的记载。

《朝日新闻》说，中国方面的资料已经表明，731部队曾在中国进行细菌战。但是，得到日本方面的资料证实，这还是第一次。

8月15日

1945年8月15日　　日本宣布无条件投降

1945年8月15日中午，距德国法西斯灭亡仅仅3个月的时间，在中国和世界各国人民的不懈斗争下，日本法西斯被押上了历史的审判台，日本天皇的

《停战诏书》正式播发，宣布无条件投降。9月2日，日本正式签署投降书。自此，第二次世界大战，以德、意、日法西斯侵略集团彻底崩溃而告终。

这一天，从欧洲到亚洲，所有在战争中幸存的人都在为赢得反法西斯战争的胜利而欢呼。

▲表现庆祝二战胜利的经典摄影作品《世纪之吻》

8月16日

1845年8月16日
法国著名物理学家李普曼诞辰

1845年8月16日，法国著名物理学家李普曼生于卢森堡。他对物理学各方面都有所探究，对发展实验物理学做出了很多贡献，特别是电学、热学、光学和光电学的研究，成绩卓著，是当时欧洲科学界公认的权威。他发明了能补偿地球的转动而使天体处于静止状态的"定天仪"，从而能够对天体进行长时间曝光摄影。1891年又提出了一种革命性的彩色摄影法，即利用各种不同波长天然色彩进行摄影，即彩色照相干涉法，这种方法后被称为"李普曼法"。由于他的杰出贡献，1908年，其被授予诺贝尔物理学奖。

▶李普曼

135

8月17日

1850年8月17日　圣马丁逝世

圣马丁是南美南部西班牙殖民地独立战争领袖。1778年出生于阿根廷殖民官吏家庭。1808～1811年参加西班牙反对拿破仑入侵的解放战争。1812年返回阿根廷，参加反对西班牙殖民统治的斗争。1814年任阿根廷拉普塔联邦爱国军队北路总司令。1817年初，从西部驻地率军越过高达1万英尺的安第斯山，出其不意地攻进智利。通过查卡布科战役和1818年迈普战役打败西军，智利随即宣布独立。1820年率军从智利由海路出征秘鲁，次年7月攻占利马，宣布秘鲁独立，荣膺"护国主"称号。1822年7月到瓜亚基尔（厄瓜多尔）会晤玻利瓦尔，因意见分歧，终决定引退。1824年赴欧，侨居法国终老。

▼戎装的圣马丁

8月18日

▼大气磅礴的长城，是每一个中国人的骄傲

1984年8月18日
北京绘成精确的长城地图

长久以来，北京地图一直未能准确、完整地标明整个长城的走向、分布和毁损情况。由于现今航空遥感技术的高度发展，从航空照片上已可大致获得上述基本情况。

通过航空遥感总体部署进行的飞行面积累计4万多平方千米共计3次的飞行，除定量地统计出长城毁坏严重的部分占总长的66%外，还发现在军都山一带，有五段并列的长城，基本呈东西走向，其中一条主干长城，经八达岭过古北口，横贯燕山山脉，并据此绘制出了精确的长城地图。

8月19日

◄开创了人类蒸汽机时代的科学伟人——瓦特

1819年8月19日　发明家瓦特逝世

1736年，瓦特出生在英国苏格兰的一个小镇格里诺克，幼时家境贫寒，没有受过完整的正规教育。但他在父母的教导下，一直坚持自学。

1756年，瓦特进入格拉斯哥大学当了教学仪器的工人。在这里，瓦特认识了诸多先进的技术，并开始了对蒸汽作动力机械的研究。

从1766年开始，在此后20多年的时间里，瓦特克服了在材料和工艺方面的种种困难，在好友的资助下，终于在1782年，成功地研制出了第一台真正的蒸汽机，到1790年，他又发明了汽缸示工器，至此完成了蒸汽机发明的全过程。

▲英国格拉斯哥大学，瓦特就是在这里开始了对蒸汽机的研究

瓦特改进、发明的蒸汽机是对近代科学和生产的巨大贡献，具有划时代的意义，它导致了第一次工业技术革命的兴起，极大地推进了社会生产力的发展。1819年8月19日，这位改变了世界动力的巨人去世。后人为了纪念这位伟大的发明家，把功率的单位定为"瓦特"。

1942年8月19日　斯大林格勒大会战开始

斯大林格勒（今伏尔加格勒）会战是苏联伟大卫国战争中，苏军为保卫斯大林格勒而与纳粹德军集团进行的一次会战，是第二次世界大战中规模空前宏伟的战役，这次会战从1942年8月19日开始，到1943年2月2日结束，历时200天。战场总面积近10万平方千米。

在这次战役的高峰期，双方同时参加战斗行动的达 200 万人以上，2000 辆坦克，25 万门大炮和 2300 多架飞机。在没有前线、没有后方的厮杀战场中，以斯大林为首的苏联军民用了 200 多个日日夜夜誓死捍卫自己的家园，并于 1942 年的 11 月 19 日对德

▼1942 年 8 月 23 日，德军对斯大林格勒进行了自入侵苏联以来最疯狂的一次轰炸，投下的炸弹一半以上是燃烧弹

国进行全面大反攻，仅用 5 天时间就歼灭敌军 33 万。

8月20日

1925 年 8 月 20 日　廖仲恺被刺

廖仲恺，原名恩煦，又名夷白，笔名屠富、渊实。广东归善人，1877 年生于美国旧金山。廖仲恺是中国激进的资产阶级民主主义革命家、国民党左派的旗帜、孙中山的得力助手，中国共产党的亲密朋友。廖仲恺一生最光辉的业绩就是他积极协助孙中山改组国民党，确定和执行了联俄、联共、扶助农工的三大政策。

1925 年 8 月 20 日早饭后，廖仲恺携夫人何香凝驱车前往国民党中央执行委员会参加例会，在惠州会馆门前下汽车时，突然遭到埋伏在附近的反革命分子的枪击，身中数弹，当场身亡。

▼百团大战中，聂荣臻司令员（左）亲自托付群众将八路军营救的日本小姑娘美穗子姐妹送回日方

1940 年 8 月 20 日
百团大战打响

抗日战争初期，八路军和新四军在敌后开展游击战争，收复了大片失地，建立起晋察冀、晋绥、晋冀鲁豫、华中、华南

百团大战是抗日战争中我军参加兵力最多、规模最大、时间最长、战果最丰富的一次战役。百团大战的胜利，沉重打击了日寇的嚣张气焰，鼓舞了中国人民的抗战斗志，在我国抗日战争史上写下了光辉的一页，在国际上也产生了巨大的影响。

等一系列敌后抗日根据地，这引起了日寇的极大恐慌，他们将侵华的 86 万侵略军中的 54 万军队压向解放区战场，在解放区周围建立了许多碉堡，封锁、分割各解放区，对解放区实行"囚笼政策"。为了砸碎敌人的"囚笼"，八路军主力部队集中了 100 多个团约 20 万兵力，于 1940 年 8 月 20 日晚 8 时，打响了闻名中外的百团大战。日寇在华北所有的重要交通线同时遭到猛烈袭击。

到 12 月 5 日，百团大战以我军取得辉煌胜利而告结束。在这次战役中，我军一共进行了 1800 多次战斗，拔除敌人据点约 3000 个，击毙击伤日伪军 2.58 万人，俘虏敌人 1.8 万多人，并且缴获了大量军用物资。

8月21日

1609 年 8 月 21 日
世界第一架望远镜展出

最早发现望远镜秘密的是一位叫利波塞的荷兰眼镜商人。利波塞在制造镜片的时候，把一块凸透镜和一块凹透镜合在一起往外看，远处的东西就变近了。

伽利略对这个发现很感兴趣。经过科学的计算，最后，伽利略做了两根管子，一根管子的一端放凸透镜，另一根管子的一端放凹透镜。其中一根稍微细一点，正好可以套在另一根管子里面，自由滑动。这样，观察的时候，就可以来回调节，选择合适的距离。就这样，经过反复的研制和试验，终于在 1609 年 8 月 21 日，向世界展出了人类历史上第一架按照科学原理制造出来的望远镜。

▶现藏于意大利佛罗伦萨科学博物馆中伽利略制造的望远镜

伽利略用这个工具进行天文观察，首先发现月球表面既不平滑、又不纯洁，并且有火山口的裂痕；其次又发现木星旁边有四个卫星，在围绕着木星运转。伽利略把他的天文发现编成《星体通报》向世界报道，立刻引起知识界的震惊。向伽利略购买望远镜的订货单源源而来，可是他不计任何报酬，把这个发明献给了威尼斯公爵。公爵下令聘请他为帕多亚终身教授。不久，他又被邀请到佛罗伦萨，担任宫廷数学教授。

8月22日

1910 年 8 月 22 日 《日韩合并条约》签订

1910 年 8 月 22 日，日本伊藤博文政府迫使朝鲜政府签订《日韩合并条约》。

《日韩合并条约》全文共 8 条，其主要内容是：朝鲜将其全部主权永久地让与日本；日本对朝鲜王室给予"尊重"；日本将其控制朝鲜外交大权的"统监府"改为"总督府"，总督直属日本天皇，并由其负责掌管朝鲜的立法、司法和行政权力。

该条约的签署标志着日本正式吞并朝鲜，朝鲜沦为日本的殖民地。

8月23日

1958年8月23日
中国人民解放军炮击金门

台军在金门的驻军

1958年8月23日下午5点30分，毛泽东一声令下，我福建厦门—泉州一线30多千米海岸线上的炮兵，同时向金门开火，揭开了震撼世界的炮击金门的战幕。此前，1953年9月3日，中国人民解放军还曾炮击金门，这两次军事行动引发的台海危机，不仅打击了美国妄图干涉中国内政的野心，也创造了战争史上的奇迹。

8月24日

1966年8月24日　人民艺术家老舍投湖

老舍

老舍，原名舒庆春，字舍予，满族正红旗人，1899年生于北京。

"五四"时期，老舍开始新文学创作。1924年至英国，任伦敦大学东方学院汉语讲师，先后创作《老张的哲学》、《赵子曰》、《二马》等长篇小说。1930年回国后，又创作了《猫城记》、《离婚》、《牛天赐传》、《月牙儿》、《骆驼祥子》等优秀的长短篇小说。抗日战争爆发后，其积极从事抗战文学运动，并创作了著名的长篇小说《四世同堂》。新中国成立后，他又投身于新中国的文化建设中，先后创作了话剧《龙须沟》、《西望长安》、《茶馆》、小说《正红旗下》等脍炙人口的作品。1966年8月24日，老舍因无法忍受文革批斗的迫害和摧残，悲愤之下投入未名湖自杀身亡。

8月25日

1900年8月25日　尼采逝世

尼采是德国从自由资本主义开始向帝国主义过渡时期的哲学家和政治思想家，是唯意志论的主要代表。1844年10月15日，尼采生于普鲁士

尼采和其母亲

《强力意志》是尼采的代表作，他认为权力意志是一切可能确定的事物中最基本的事物，是万事的起源，是整个世界的本质和发展变化的唯一动力。尼采思想的形成同普鲁士在1871年普法战争中大获全胜、德意志民族统一宣告成功、由自由资本主义转向帝国主义的时代背景密切相关。尼采的理论后来成为了法西斯主义者向外侵略扩张的强盗理论，它极大地损害了全世界人民的利益。

萨克森的一个传教士家庭，曾在波恩大学、莱比锡大学学习神学及古典语言学。

1869~1879年，尼采执教于瑞士的巴塞尔大学，教授古典语言学。后因患眼病和精神分裂症而辞去教职。

尼采一生写了大量著作，主要有《悲剧的诞生》、《人性的，太人性的》、《曙光》、《查拉图拉如是说——为一切人而不是为一人的书》、《善恶的彼岸》、《反基督教》等。

尼采晚年曾计划撰写总结性著作——四卷本的《强力意志》，但1889年时的一次意外摔倒使他从此精神失常，一蹶不振。

1900年8月25日，尼采在魏玛结束了悲剧性的一生。

尼采病逝后第二年，他的妹妹整理出版了他最精彩的笔记《强力意志》。

1912年8月25日

中国国民党宣告成立

1912年8月11日，同盟会、统一共和党、国民公党、国民共进会和共和实进会5个政团集会于北京安庆会馆，就合并为国民党一事达成协议。13日发表宣言说："共和之制，国民为国主体，吾人于使人不忘其义，故颜其名曰国民党。"

25日下午1点，国民党成立大会在湖广会馆举行，由孙中山主持。大会通过《国民党政见宣言》及政纲。宣言主张"一国政党之兴也，只宜两党对峙，不宜小党分立"。政纲共为五项：（1）促成政治统一。（2）发展地方自治。（3）实行种族同化。（4）注重民生政策。（5）维持国际和平。

8月26日

1789年8月26日　法国通过《人权宣言》

18世纪末，法国国内反对封建专治统治的革命运动此起彼伏，并取得了极大的胜利。1789年8月26日，法国国民议会通过了《人权和公民权宣言》（简称《人权宣言》）。该宣言后来被用作1791年宪法的序言。

《人权宣言》明确宣布自由、平等、财产和安全是天赋的神圣不可侵犯的人权；宣布了"主权在民"的原则；宣布了资产阶级基本的民主权利；宣布了私有财产神圣不可侵犯。《人权宣言》的发表，打碎了君权神授的神话，否定了封建等级制，激发了革命人民的巨大热情，人们高举"人权"的旗帜，给封建特权阶级与封建专制制度以沉重的打击，促进了大革命的深入发展。《人权宣言》成为法国大革命彻底性和典型性的重要标志。

1980年8月26日　我国正式设立经济特区

1980年8月26日，第5届全国人大常委会第15次会议决定，批准国务院提出的决定在广东省的深圳、珠海、汕头和福建省的厦门建立经济特区。

这4个特区的总面积为526.26平方千米，实行不同于内地的管理体制和以中外合资、合作经营企业、外商独资企业为主，多种经济并存的综合企业、综合体制。其20几年来的发展充发体现了其对我国宏观经济的巨大推动作用。

8月27日

1939年8月27日
世界上第一架喷气式飞机上天

1939年8月27日，世界上第一架喷气式飞机飞上天空，这架飞机是德国制造的。

▲如今的巨型喷气式飞机

喷气式飞机不同于别种飞机，它是靠装有喷气式发动机来推动机身向前行进的。喷气式发动机是利用发动机本身高速喷射的燃气流所产生的反

▲世界上第一架喷气式飞机

作用力以推进飞行器的。俄国科学家齐奥尔科夫斯基1903年出版的《利用喷气工具研究宇宙空间》一书，阐明了火箭飞行理论，论述了将火箭用于星际交通的可能性，提出了液体燃料火箭的思想和原理图，并完成了世界上第一架喷气发动机的计算。这些，为制造喷气式飞机提供了理论依据。喷气式飞机的诞生，是人类交通史上的一件大事，使人类的交通速度发生了一次重大的飞跃。

8月28日

1963年8月28日　马丁·路德·金发表演讲：我有一个梦想

1963年8月28日，20万黑人和白人民权运动支持者在林肯纪念堂听取了马丁·路德·金发表的著名演说《我有一个梦想》。

▲马丁·路德·金博士发表著名的演说《我有一个梦想》

在会上他说："我的这个理想主要来源于美国的梦想。我梦想将来有一天，我们这个国家挺身屹立，真正实践它的这一信条，即我们认为这些真理是不言自明的，所有的人生来都是平等的。……梦想将来在佐治亚州，奴隶的儿子与奴隶主的儿子，如同手足，一道坐在餐桌上；梦想将来在密西西比州自由与正义替代压迫与剥削；梦想她的人民最终获得自由，获得自由，感谢上帝，获得自由。"

8月29日

1842年8月29日　《南京条约》签订

1842年8月29日，在英国军舰"汉华丽"号上，耆英、伊里布代表清政府签订了中国近代史上第一个不平等条约——《江宁条约》，江宁就是现在的

▲南京静海寺《南京条约》史料陈列馆出口处的警世钟，钟的两侧用魏体竖排着 572 个字的铭文，它记述了从《南京条约》胁迫签订到 1997 年香港回归祖国这段沧桑历史

南京，故该条约也称《南京条约》。

《南京条约》共有 13 款，主要内容有：中国割让香港给英国；中国开放广州、厦门、福州、宁波、上海五处为通商口岸，在该区域内，英人可以自由居住，英国可以派驻领事等官；中国赔偿鸦片烟费、军费、商费等共 2100 万银元；英国进出口货物纳税"均宜秉公认定则例"；英国商人在各口岸可以自由和中国商人交易，不加任何限制。

《南京条约》的签订严重破坏了中国的主权和独立，从此中国开始沦为半殖民地半封建社会。

8月30日

1981 年 8 月 30 日　伊朗总统拉贾伊被炸身亡

穆罕默德·阿里·拉贾伊，伊朗前总统。1933 年生于加兹温市的宗教家庭。

1959 年毕业于德黑兰师范学院，后在德黑兰和加兹温等地任教。1963 ~ 1979 年因参与反巴列维政权斗争而数次被监禁。霍梅尼当政后，任教育部长。1980 年当选伊斯兰议会议员。同年 8 月任总理兼外长。1981 年 7 月当选伊朗第二任总统。

1981 年 8 月 30 日在伪信士恐怖组织对伊朗总理办公室安置炸弹的恐怖活动中，时任伊朗总统拉贾伊和总理巴赫纳尔及其他数十名政府负责人遇害牺牲。

这两位伊朗官员牺牲日被定为伊朗"反恐日"，8 月 23 日 ~29 日也被定为伊朗"政府周"。

8月31日

1947 年 8 月 31 日

联合国建议将巴勒斯坦一分为二

1947 年 8 月 31 日，联合国建议将巴勒斯坦一分为二。联合国关于巴勒斯坦问题的专门委员会中，多数人建议结束英国的统治，把巴勒斯坦分成两个国家，一个归阿拉伯人，另一个归犹太人，耶路撒冷和附近的一些城镇，包括伯利恒，将单独由联合国管理。这是国际组织第一次提议成立犹太人的国家，这是犹太复国主义的最终目的。消息传出，阿拉伯人非常失望和不满，犹太人则惊喜，巴以冲突自此产生。

9月1日

1965年9月1日
西藏民族自治区成立

▶布达拉宫——西藏的标志

　　1954年，达赖喇嘛、班禅额尔德尼联袂赴北京参加中华人民共和国第一届全国人民代表大会。此后，西藏废除了封建农奴制度，百万农奴和奴隶翻身解放，从此成为了新社会的主人。1965年9月1日~9日，西藏第一届人民代表大会第一次会议召开，宣告西藏民族自治区正式成立，百万翻身农奴怀着喜悦的心情热烈庆祝这一历史上的伟大胜利。阿沛·阿旺晋美当选为自治区主席。

9月2日

1945年9月2日　日本签署投降书

　　1945年9月2日，在停泊于日本东京湾的美国战舰"密苏里号"上，日本政府代表重光葵和梅津美治郎在投降书上签字。9月9日，在南京陆军总部举行的中国战区受降仪式上，日本驻中国侵略军总司令冈村宁次代表日本大本营在投降书上签字，并交出他的随身佩刀，以表示侵华日军正式向中国缴械投降。至此，抗日战争胜利结束。第二次世界大战以德、日、意法西斯的彻底失败而宣告结束。

1945年9月2日　朝鲜三八线划分

　　1945年9月2日，根据盟国协议，盟军最高司令官麦克阿瑟在第一号指令中，以北纬38°线为界作为美苏两国军队分别受理驻朝日军的投降事宜和对日开展军事活动的临时分界线，以北为驻朝苏军受降区，以南为美军受降区。日本投降后，美、苏军队分别进驻三八线南北地区。1948年8月和9月，朝鲜南北地区先后成立大韩民国政府和朝鲜民主主义人民共和国。

9月3日

1866年9月3日　第一国际的日内瓦会议召开

　　1866年9月3日，第一国际的代表共60人在日内瓦召开了第一次代表大会。法国蒲鲁东主义者派出了一个由17人组成的庞大代表团，向大会表示反对罢工、反对妇女解放、反对无产阶级革命、反对民族解放运动，竭力宣扬通过建立合作社等和平方式使无产阶级获得解放等蒲鲁东主义的观点。拥护国际路线的代表以马克思《指示》为武器，与蒲鲁东主义者进行了针锋相对的斗争，并取得了重大胜利。

马克思由于从事《资本论》第一卷的最后定稿工作，无法亲赴大会，但他预见到大会将有激烈的斗争，所以事先拟定了《临时中央委员会就若干问题给代表的指示》，作为大会主要议程的正确决议的基础。马克思在《指示》中明确指出合作制度"决不能改造资本主义社会"，必须依靠无产阶级掌握武装，进行暴力革命。《指示》中还提出了8小时工作制的口号；确定了工会和合作社的发展方向和革命任务；主张吸收妇女和少年儿童参加社会生产劳动；支持民族解放斗争等重要内容。

9月4日

1995年9月4日　第四届世妇会开幕

在人类即将跨入21世纪之际，1995年9月4日，联合国在中国举办了第四次世界妇女大会。这次大会审查和评价了《内罗毕战略》的执行情况，制定并通过了加速执行战略的《行动纲领》和《北京宣言》。来自世界各地的189个国家的政府代表、国际组织代表、非政府组织论坛的参与者及记者达4万多人，这是联合国有史以来规模空前的一次盛会。

9月5日

1885年9月5日　左宗棠在福州病逝

左宗棠是晚清军政重臣，湘军统帅之一，洋务派重要首领。字季高、朴存，号上农人。1812年生于湖南湘阴（今湖南湘阴县界头铺镇）。20岁中举，投身仕途，官居兵部郎中、闽浙总督、两江总督等职。常以"身无半亩，心忧天下；读破万卷，神交古人"自勉，这也是其一生忠义的真实写照。

▶ 晚清重臣左宗棠

他严守"御外患"与"除内忧"的忠君爱民思想，精心求学，积极探求"上慰宸辰，下安百姓，振刷纲纪，济时匡世"的途径，先后参与和指挥了围剿太平军、陕甘捻军及收复新疆等一系列战役，令当时的外国侵略者与国内的主和投降派无不咬牙痛恨，令正义之士无不欢欣鼓舞。并且，左宗棠还有力地推动了洋务运动在中国的发展。但他办洋务的根本目的虽然是维护地主阶级统治，但其侧重点在于反抗外国侵略。

1885年9月5日，左宗棠在福州北门黄华馆钦差行辕任上不幸病逝。

纵观左宗棠的一生，最辉煌的是收复六分之一的国土。这是他个人的荣耀和骄傲，更是国家之福。浙江巡抚、左宗棠的老友杨昌睿在清廷恢复新疆建省后到西域，所到之处，见到杨柳成阴，鸟鸣枝头，人来车往，百业兴旺，当即吟出一首《恭诵左公西行甘棠》：大将筹边尚未还，湖湘子弟满天山；新栽杨柳三千里，引得春风渡玉关。

9月6日

1522年9月6日
麦哲伦环球航行结束

▲麦哲伦和他的航线

麦哲伦向葡萄牙国王申请组织船队去探险，但屡次被拒。麦哲伦又向西班牙国王提出了环球航行的请求，获准。1519年9月20日，麦哲伦带领着一支由5条海船、234人组成的远航队从西班牙塞维利亚城的外港出发了。每条船都配备了火枪、大炮，每个人都带着尖刀短剑，船上满载着各种商品。

麦哲伦的船队在茫茫的大海上经历了无数次的风浪袭扰、饥寒交迫、病魔侵袭，甚至是自相残杀。当船队行进到菲律宾群岛时，麦哲伦想通过插手当地两个部族的战争来控制这块美丽富饶的地方，但在争斗中他不幸被土著人矛刺斧砍而死。他的助手埃里·卡诺带领剩下的两条船逃离了这个群岛。

1522年9月6日，埃里·卡诺带领幸存者终于回到西班牙，这时他们只剩1艘船和18个人了。

> 麦哲伦从青年时代就对航海与探险充满了渴望，他盼望着做一件人类历史上破天荒的壮举——环绕地球航行。在进行环球航行前，他已经到过印度、非洲和东南亚。他了解到，香料群岛（印度尼西亚东部的马鲁古群岛）以东还是一片大海，他坚信地球是圆形的，他猜测，这片大海的东面一定是新发现的美洲。
>
> 这次历时3年的环球航行，以确凿事实证明地球是圆的。麦哲伦等人在科学史、航海史上做出不可磨灭的贡献。但新航线的开辟，也带来了殖民主义的侵略，从而使世界形势发生了巨大的变化。

9月7日

1689年9月7日　《中俄尼布楚条约》签订

东北是清朝的发祥地，历来受到清政府的重视。清朝初年，沙皇俄国加紧向外扩张，先后在黑龙江流域建立了雅克萨和尼布楚两个据点，频繁侵扰我国疆土。

为了彻底解决东北边境问题，康熙皇帝亲临考察，并决定增兵镇守黑龙江地方，并致信沙皇，表示愿意和平解决两国争端。但沙皇迟迟不予答复，直至康熙皇帝派兵攻克雅克萨城，沙皇方同意进行边界谈判。

1689年9月7日，中俄双方签订了《中俄尼布楚议界条约》（也称《黑龙江界约》），约定中俄边界以额尔古纳河和格尔必齐河为界，再沿外兴安岭向东直到海边；河东岭南归中国，河西岭北归俄国。俄国必须拆毁雅克萨城堡，把军队撤离中国领土。该条约虽然割让了一些领土给俄国，但这是清政府出于战略上的考虑，是双方商议的结果。所以说，《中俄尼布楚条约》是个平等的条约。此后的150年间，中俄这段边界一直比较平静。

1901年9月7日　《辛丑条约》签订

1901年9月7日，由德、奥、匈、比、西、法、英、意、美、日、荷、俄等国公使组成的外交团，于11时在西班牙使馆与中国全权大臣奕劻和李鸿章举行会谈，最后，签署了丧权辱国的《辛丑条约》。

《辛丑条约》之后，中国要负担巨大的赔款，百姓承受的苦难更深。此外，外国获准在中国首都和一些要害驻军，中国成为了国力极为薄弱的国家，中国人的民族自尊心和自信心都遭到了极大的打击。这一动荡也使中国的革命派和部分国人看清了清廷的腐败无能，因而反清运动也日益高涨。

9月8日

1995年9月8日

杰出女作家张爱玲逝世

富有才华的张爱玲

张爱玲原籍河北丰润，1921年出生于上海一个封建大家庭，家门显赫，但其父母离异，加之其恋爱、婚姻的坎坷经历，使得其一生充满了悲剧色彩。香港大学肄业，30年代其即开始文学创作，一生著述颇多，代表作有《传奇》、《流言》、《沉香屑——第一炉香》、《茉莉香片》、《心经》、《金锁记》、《红玫瑰与白玫瑰》、《倾城之恋》等。张爱玲的作品无不描绘出了都市千般繁华下的满目苍凉，温柔富贵中的凄情哀婉，其笔宛若金针，貌似漫不经心地描龙绣凤，却是字字镂心。

张爱玲曾先后暂居香港、美国，1973年定居洛杉矶，其晚景凄凉，身边并无亲人陪伴。1995年9月8日，这位超凡脱俗的一代才女驾鹤西归，给世人留下的除了一篇篇美文还有无尽的叹息。

9月9日

1976年9月9日　中华人民共和国的缔造者毛泽东逝世

毛泽东，字润之，生于1893年，湖南湘潭人。是中国无产阶级革命家、政治家、军事家、中国共产党、中国人民解放军和中华人民共和国的主要缔造者和领袖，毛泽东思想的主要创立者。1921年参加中共一大，1927年中共五大上当选临时政治局候补委员，同年领导秋收起义，创立井冈山革命根据地。1928年与朱德的部队会师，创建中国工农红军第四军。1931年任中华苏维埃共和国临时中央政府主席。1935年1月，遵义会议确立了毛泽东在红军和中共中央的领导地位。他领导红军胜利完成了长征。

抗日战争中，他提倡抗日民族统一战线和持久战的理论，为抗战胜利做出贡献。1943年3月被选为中共中央主席。从1945年七届一中全会起，毛泽东同志一直担任中共中央主席。1946年全面内战爆发后，他指挥解放军击败了蒋介石的数百万军队，解放了中国大陆。1949年9月，在第一届政协会议上他当选中央人民政府主席。中华人民共和国成立后，他领导了国家经济的恢复、对工商业和手工业进行社会主义改造、农业合作化。1954年主持制定中国第一部社会主义宪法，并在一届人大上当选为中华人民共和国主席。

由于他对我国社会主义时期的阶级形势以及党和国家政治状态做了错误的估计，再加上复杂的社会历史原因，1966年，他发动了席卷全国的政治运动——文化大革命。对于这个全局性、长时间的"左"倾严重错误，他负有主要责任。但他在晚年仍警觉地注意维护我国的安全，坚决支援各国人民的正义斗争，并在1974年提出了划分三个世界的正确战略和我国永远不称霸的重要思想。

1976年9月9日零时10分，毛泽东主席在北京逝世，享年83岁。

9月10日

1985年9月10日　中国庆祝第一个教师节

早在1932年，国民党政府就曾确立6月6日为教师节，解放后将教师节与"五一国际劳动节"并在一起，但教师没有单独活动。

重视教育是世界潮流，1985年1月21日，第6届全国人大常委会9次会议同意国务院关于建立教师节的议案，决定将每年9月10日定为教师节。因此，1985年9月10日中国庆祝了新中国成立以来的第一个教师节。

9月11日

2001年9月11日

美国遭受恐怖袭击

2001年美国东部时间9月11日上午9点前后（北京时间11日晚9点前后），当今这个世界上的超级大国遭遇了迄今为止人类历史上最为严重的恐怖袭击，美国国防部所在地——五角大楼先后遭到恐怖主义分子劫持的波音757、767飞机猛烈撞击，两架飞机先后撞击纽约世界贸易中心摩天大楼，两次撞击之间仅相隔约18分钟。导致世贸双塔轰然倒塌，共造成3000多人死亡和失踪。"9·11事件"被美国政府称为是其历史上第二次"珍珠港事件"。

爆炸发生之时，世贸大楼内还有上千人根本无法逃生。由于爆炸发生后烟雾迷漫，楼内的许多人不清楚倒塌的原因是内部的爆炸还是建筑结构的致命损伤，导致不少人员情急之下跳窗逃生，情形极其惨烈。现在，这两座曾经是世界上最高建筑的标志性建筑已经不复存在。

这一天成为了美国政府及人民心中永远的痛。

事件发生后，美国总统布什立即发表声明称，这是一起明显的针对美国的恐怖袭击事件，发誓要追查到底，严惩元凶，要开展一场打击恐怖主义的全球战争。世界各国领导人也很快发表讲话，严厉谴责这一恐怖袭击事件，并对美国人民表示同情。

▲美国遭受历史上空前严重的恐怖袭击

9月12日

1997年9月12日　中国宣布再裁军50万

1997年金秋之时，党的第15次全国代表大会在北京胜利召开。9月12日，江泽民总书记在报告中宣布：我军在70年的光辉历程中，之所以能够经受住各种考验，不断发展壮大，最根本的是靠党的领导。在80年代裁减军队员额100万的基础上，我国将在今后3年内再裁减军队员额50万。

9月13日

1971年9月13日　林彪外逃坠机身亡

1970年10月，在林彪的指挥下，林立果纠集一批帮派骨干分子，组成所谓"联合舰队"，制定了武装政变计划——《"571工程"纪要》，准备进行武装政变。1971年8月14日，毛泽东从北京起程巡视南方。林彪等人十分紧张，猜测国庆节前后将召开九届三中全会，可能要解决他们的问题，便孤注一掷，悍然决定发动武装政变，谋杀在南巡途中的毛泽东。9月10日，毛泽东突然改变行程，林彪阴谋破产。

9月13日，林彪在阴谋败露后乘机外逃，在蒙古温都尔汗坠机身亡。

▶曾经的十大元帅之一的林彪

9月14日

1990年9月14日　张晓楼教授成为我国第一位角膜捐献者

1990年9月14日，国际著名眼科专家、医学博士、北京同仁医院老院长张晓楼教授与世长辞，并捐出眼球角膜，使两位盲眼患者重见光明。张晓楼教授因此成为我国建立眼库以来第一个完成捐献眼球遗愿的志愿者。

> 张晓楼教授是中国眼科医学界的巨擘。多年来，张晓楼在医疗、科研、教学和防盲事业中贡献突出，但仍然积极地深入基层为群众解除病痛。当他看到我国众多失明患者急需角膜后，就奔走呼吁，倡导成立死后志愿捐献角膜的眼库。

9月15日

1928年9月15日　弗莱明发现青霉素

亚历山大·弗莱明，1881年生于英国一个穷苦农民家庭，1955年逝世。曾执教于英国伦敦大学，曾任瑞特－弗莱明研究所所长。

1928年，弗莱明在一只未经刷洗的废弃的培养皿中观察到了一种神奇的霉菌。弗莱明在确认这种霉菌是一种青霉菌之后选定了青霉素这个名字。

弗莱明在1929年发表的一篇论文中介绍了自己的上述发现，他在论文中提到青霉素可能是一种抗菌素，但他也没有开展观察青霉素治疗效果的系统试验。后来，是牛津大学研究小组的英国病理学家霍华德·弗洛里和德国生物化学家厄恩斯特·钱恩从这个已被人遗忘的发现中挽救了有治疗效果的霉菌，证明了青霉素的功效，并把这项技术奉献给人类，从此开创了抗生素时代。

▶ 工作中的弗莱明

在英、美两国媒体的共同努力下，关于弗莱明为创造一项医学奇迹而坚持不懈奋斗的传奇故事很快就诞生了。它们把弗莱明描述成发现青霉素的天才，而对牛津大学的研究小组要么只字不提，要么仅用几句话一带而过。诺贝尔奖评奖委员会并没有受舆论的蒙蔽而将1945年的诺贝尔医学奖授予弗莱明一人。作为弗莱明的合作者，弗洛里和钱恩与他共同获得了诺贝尔医学奖。

9月16日

1997年9月16日
第一个"国际保护臭氧层日"

1997年1月23日，联合国大会通过决议，确定从1997年开始，每年的9月16日为"国际保护臭氧层日"。联合国大会确立"国际保护臭氧层日"是为纪念 1987 年 9 月 16 日签署的《关于消耗臭氧层物质的蒙特利尔议定书》，要求所有缔约国根据"议定书"及其修正案的目标，采取具体行动来纪念这一特殊的日子。

臭氧层是地球最好的保护伞，它吸收了来自太阳的大部分紫外线。然而近年来的科学研究和大气观测人类却发现：南极大气中的臭氧层一直在变薄，甚至形成了臭氧空洞，而且，这种臭氧的过量消耗竟是人类社会活动释放的物质所致。因此，与人类关系紧密的臭氧层问题就被国际社会列入与酸雨、温室效应并列的全球性环境问题之一。

9月17日

1894 年 9 月 17 日

中日甲午海战邓世昌壮烈殉国

日本自从 1868 年明治维新以后，走上了军国主义道路，对地大物博的中国虎视眈眈。1894 年，日军挑起了侵略朝鲜和中国的中日甲午战争。由于清政府妥协退让，清军在朝鲜牙山惨败。9 月初，平壤吃紧，战火眼看就要烧到中国境内，在国内舆论的压力下，李鸿章不得不增兵朝鲜。

9 月 17 日，海军提督丁汝昌率北洋舰队完成护送援军任务准备返回旅顺时，在鸭绿江口的大东沟黄海海面上与日本舰队遭遇。主帅丁汝昌、"致远"号管带邓世昌带领官兵勇敢战斗。也正是因为"致远"号的勇往直前，它中弹最多，最后舰上弹药也几乎消耗殆尽。危急时刻，"致远"号开足马力向敌人的主力舰——"吉野"号撞去，准备和它同归于尽。但"致远"号终因速度不及而被"吉野"号发射的鱼雷击中，邓世昌和舰上的 200 多名官兵全部壮烈牺牲。

▼甲午海战前，致远号军官合影（图中双手交叉者为邓世昌）

与此同时，其他战舰的爱国官兵也英勇奋战，狠击日舰，日军舰只伤亡惨重，毙伤日寇数百人。这次海战充分表现了爱国官兵们顽强的战斗精神和血战到底的英雄气概，在我国反侵略史上谱写了失败而不失节的一页。

9月18日

1931 年 9 月 18 日

"九一八"事变爆发

1931 年 9 月 18 日晚上，日本驻中国的侵略军，自行炸毁沈阳北郊柳条湖附近南满铁路的一段路轨，反诬中国军队破坏铁路，并借此于 9 月 18 日夜，突然袭击了东北军驻地北大营和沈阳城。随即在几天内侵占 20 多座城市及其周围的广大地区。这就是当时震惊中外的"九一八"事变。

当时，国民党政府正集中力量进行内战，对日本侵略者竟然采取无耻的卖国政策，命令东北军"绝对不抵抗"，撤至山海关内。日本侵略军乘虚而入，至 1932 年 1 月，东北三省全部沦陷。1932 年 3 月，在日本帝国主义的扶持下，傀儡政权——伪"满洲国"在长春建立。从此，日本帝国主义把东北变成了它独占的殖民地，使我东北 3000 多万同胞，惨遭涂炭，陷于水深火热之中。

▲ "九一八"事变纪念碑，那黑色的一日是中国人心上永远的痛

9月19日

1956 年 9 月 19 日

埃及收回对苏伊士运河主权

苏伊士运河地理位置重要，是欧洲，特别是英、法对外贸易的主要通道。长久以来，运河的经营权掌握在运河公司手中，其中英、法占有绝大多数股份，埃及在运河公司中只占有 5%的股份，埃及革命后就任的总统纳赛尔一直把英、法控制运河经营权看成是民族的耻辱。加之由于埃及革命而众多外国领航员集体辞职，埃及即乘机用本国职员接替了外国人留下的空缺，很快接管了运河航行业务，并于 1956 年 9 月 19 日宣布苏伊士运河国有化，从而收回了苏伊士运河管辖权，这给英、法以对他国的侵夺带来沉重打击。

▼苏伊士运河上的兵舰

9月20日

1954 年 9 月 20 日　中华人民共和国宪法颁布实施

1954 年 9 月 20 日，中华人民共和国第一届全国代表大会第一次会议通过了《中华人民共和国宪法》。这是我国第一部社会主义的宪法。

该宪法 4 章 106 条，对工人阶级领导的、以工农联盟为基础的人民民主专政的国家性质、建设社会主义的总目标和步骤、人民代表大会的政治制度和人民的权利和义务等都作了明确的规定。

该宪法确认中共中央提出的过渡时期的总路线，承认现有国营经济、合作社经济、资本主义经济等 5 种经济成分，明确规定国营经济是国民经济中的领导力量和国家实现社会主义改造的物质基础。

1987年9月20日　中国人第一次接触互联网

对于中国的亿万网民来说，1987年9月20日是个永远铭记的日子。就在这天，中国公民钱天白通过国际互联网向前西德卡尔斯鲁厄大学发出了中国第一封电子邮件——《穿越长城，走向世界》，从而在中国首次实现了中国与Internet的联接，使中国成为国际互联网络大家庭中举足轻重的一员。

钱天白从此成为我国互联网的创始人。1990年11月28日，他代表CANET在美国的国际互联网中心正式注册了中国的顶级域名CN，标志着中国网络从此在国际上有了自己的位置。

> 钱天白，无锡人，曾先后担任亚太地区Internet协会中国组副主席、国务院信息化工作领导小组信息安全工作专家组成员、中国互联网络信息中心工作委员会副主任等职。1998年5月8日，钱天白先生由于心脏病突发，在北京不幸辞世，享年53岁。

▶中国上网第一人钱天白

9月21日

1998年9月21日

女飞人格里菲斯·乔伊娜猝死

格里菲斯·乔伊娜，从小就显示出超人的短跑天赋。由于她总是留着一头飘逸的长发，因此，常被人们友好地称为"花蝴蝶"。

1988年，乔伊娜首先在美国奥运会选拔赛上以10秒49的惊人成绩创造了女子100米世界纪录，又在第24届奥运会上勇夺女子100米、200米、4×100米接力3枚金牌，并以21秒34的成绩刷新了女子200米的世界纪录，从而成为该届奥运会上最耀眼的田径女英雄。1998年9月21日，这位"超级女巨人"因心脏病发而猝死家中，年仅38岁。

▲赛场上的"花蝴蝶"——乔伊娜

9月22日

1862年9月22日　美国总统林肯发表《解放黑人奴隶宣言》

1860年，在北方资产阶级的支持下，林肯被选为美国第十六届总统。由于林肯"我们将为争取自由和废除奴隶制而斗争"的施政方针遭到南方种植园奴隶主的强烈反对，加之长久以来南北两方的经济利益冲突，而最终导致了美国南北战争的爆发。

南北战争初期，北方失利，华盛顿几乎失守。1862 年 9 月 22 日，林肯签署了《解放黑人奴隶的宣言》。宣言得到了国内外的广泛支持，激发了广大人民群众特别是黑人的革命积极性，使得内战局势急转直下。1865 年 4 月 3 日，南方首都里士满被北军攻克，历时 4 年之久的南北战争宣告结束。

9月23日

1846 年 9 月 23 日

伽勒第一次观察到海王星

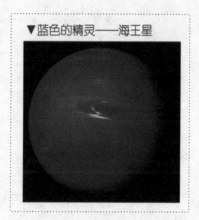

▼蓝色的精灵——海王星

1846 年 9 月 23 日，德国柏林天文台的伽勒在摩羯座 8 星之东约 5°，即离预言的未知行星位置偏离不到 1° 的地方，发现了一颗星图上没有的八等星。这颗星被起名为海王星，经连续几天的观察，发现它的运动轨迹与预言数据惊人的符合。海王星的发现，解答了天王星为什么"出轨"的问题，不仅证明了哥白尼太阳系学说的正确性，同时也证明了唯物主义认识论的正确性。

伽勒（1812~1910），德国天文学家。1812 年 6 月 9 日生于萨克森。其享有盛名的主要成就是他首先实地观测到了海王星，并且证实了它是一颗新行星。他曾将自己的博士论文送给许多人，其中也包括曾预言过海王星存在的勒威耶。此前，当勒威耶将自己预言的新行星位置写信告诉许多天文学家时，许多人对搜索假想中的行星是否有价值都表示怀疑，只有伽勒以极大的热情在收信的当晚就发现了勒威耶所预言的那颗未知行星——海王星。由于伽勒的工作，使人们进一步认识到科学理论的预言价值，也显示了牛顿万有引力定律的威力。

9月24日

1909 年 9 月 24 日

京张铁路通车

清末，帝国主义疯狂争夺中国铁路建筑权，具重要战略地位的京张铁路（北京－张家口）建筑权，更是英国和沙俄激烈争夺的目标。英、俄各自向清政府提出威胁：中国若不能用自己的钱和工程师来建筑京张铁路，就必须由他们来修筑。在这种重压之下，1905 年詹天佑承担了修筑京张铁路的任务。接受任务后，他排除万难，与工人并肩艰苦战斗，终于打通了长达 1091 米的闻名世界的八达岭隧道，其间在诸多工艺改进上也颇有建树。1909 年 9 月 24日，京张铁路比原定计划提前 2 年建成，工程费用只及外国人预算的 1 / 5。这一铁路的建成，沟通了北京与西北的联系，打破了英国和沙俄企图夺取该铁路建筑权的迷梦；同时，也大大提高了中国自己建设铁路的信心。

京张铁路举行通车典礼时的合影

9月25日

1997年9月25日 中国学者解开"香格里拉"之谜

1997年9月25日，迷惑了人类半个多世纪的"香格里拉"在云南省迪庆藏族自治州被发现、认证。

中外专家对"香格里拉"的论证一经证实，被认为是"桃源仙境"的中甸吸引了世界。使得雪山环绕、草原绵亘、三江并流、千湖神女、世间少有的低纬度冰川、万顷原始森林、

> 詹天佑是我国铁路工程专家，毕业于美国耶鲁大学，1905年到1909年他主持修建我国自建的第一条铁路——京张铁路。在修建中因地制宜运用"人"字形线路，减少工程数量，并利用"竖井施工法"开挖隧道。

黑颈鹤、金丝猴、同存共融的儒释道文化等这样一幅海拔1000米~6740米、拥有30℃到零下几度的立体交叉气候带、方圆几万平方千米的绚丽画面展现在人们眼前。此后，"香格里拉"成为了我国最主要的旅游线路之一。

9月26日

1953年9月26日 徐悲鸿逝世

1895年7月19日，徐悲鸿出生于江苏宜兴，原名徐寿康。其自幼随父亲习画，1915年，年轻的徐悲鸿赴沪谋生，才华横溢的他逐渐显露头角。其间被变法维新的发起人之一的康有为收为入室弟子。

1919~1927年，徐悲鸿公派赴法留学。其取法西方古典写实绘画，力倡用"写实主义"改造中国画，特别是其"素描是一切造型艺术的基础"论，在画史上产生了划时代的效果，其写实主张和从苏联引进的"社会主义现实主义"并为一体，成为20世纪最大的主流画派。

▲徐悲鸿先生的自画像

抗日战争及解放战争期间，徐悲鸿以其热忱的爱国之心，一直对正义的事业给予积极的支持，新中国成立后，徐悲鸿任中央美术学院院长、中华全国美术工作者协会主席，积极投身于新中国的美术教育工作中。

1953年9月23日，徐悲鸿先生脑溢血复发，不幸于9月26日凌晨逝世。次年10月10日，徐悲鸿纪念馆开幕。

9月27日

1949年9月27日
中华人民共和国国旗诞生

中华人民共和国国旗、国徽

1949年6月16日，新政协筹备会决定成立国旗、国徽图案初选委员会，并于当年7月14日~8月15日开始刊发征求启事。至同年9月，初选委员会将收到的3012幅图案选了38幅印发全体代表讨论。9月25日晚，毛泽东主席召开国旗、国徽、国歌、纪年、国都协商座谈会时，关于国旗的问题指出：五星红旗这个图案表现我们革命人民大团结，将来也要大团结，因此，现在也好，将来也好，又是团结，又是革命。1949年9月27日，全国政协第一届全体会议代表通过了以五星红旗为国旗的议案。

1949年9月27日　《义勇军进行曲》被定为中国代国歌

《义勇军进行曲》作于1935年春，田汉词，聂耳曲，原为电影《风云儿女》主题歌。1949年9月27日，中国人民政治协商会议第一届全体会议决议：在中华人民共和国国歌正式制定前，以《义勇军进行曲》为代国歌。10月1日下午，在北京天安门广场举行开国大典，《义勇军进行曲》作为国歌第一次在天安门广场响起。1978年，歌词一度被修改。1982年12月4日，第三届全国人民代表大会第五次会议通过决议，恢复田汉作词、聂耳作曲的《义勇军进行曲》为《中华人民共和国国歌》。2004年3月14日，十届全国人大二次会议通过的《宪法（修正案）》中规定：中华人民共和国国歌是《义勇军进行曲》。

9月28日

1864年9月28日　第一国际成立

19世纪60年代，工业革命席卷了整个欧洲大陆，欧洲无产阶级的队伍也迅速发展壮大，使得1848年法国大革命失败后一度处于低潮的工人运动又重新高涨起来，各国工人阶级的国际团结愿望日益增强。1863年波兰人民反对沙俄统治的民族起义爆发，得到了世界工人积极的广泛关注与支持。1864年9月28日，英、法、德、意、波兰等国工人代表在伦敦召开盛大的国际性会议，再次讨论了声援波兰人民和国际工人联合斗争的问题，并成立了"国际工人协会"，即"第一国际"，它是国际工人运动和马克思主义相结合的产物。

1876年7月15日，第一国际宣布解散。在它存在期间，其有力地传播了科学社会主义，促进了工人运动的发展，加强了无产阶级的国际团结。

9月29日

1959年9月29日

新中国建成第一座天文馆

▲刚建成时的北京天文馆，其穹形的屋顶是它特有的标志

北京天文馆于1955年秋在民主德国专家的帮助下动工兴建。1959年9月29日，中国第一座天文馆——北京天文馆建成。馆内设有天文台和小气象台。设在天象厅里的天象仪，能在穹形的屋顶银幕上，构成逼真的"人造星空"。它的建成一洗西方列强对中国近代天文学的蔑视，为中国天文事业添上了浓重的一笔。

9月30日

1974年9月30日

"球王"贝利因伤引退

贝利（Pele）原名埃德森·阿兰特斯·多纳西门托，是巴西著名的足球运动员，生于1940年10月23日，从六七岁开始踢球，15岁进入巴西劲旅桑托斯队，成为职业球员，与队友一起使桑托斯队10次获圣保罗州足球联赛冠军，5次巴西全国联赛冠军，2次南美解放者杯赛冠军，2次洲际杯锦标赛（1980年起改称丰田杯赛）冠军。

1957年进入巴西国家足球队，在1958、1962、1966、1970年的4次世界杯赛中作为国家队主力参赛，与队友合作，使巴西队获得第6、第7和第9届世界杯赛冠军，永久拥有"雷米特杯"。1974年转入美国纽约宇宙队踢球。

1974年9月30日，"球王"贝利因伤引退。1978年7月18日，挂靴。

贝利曾先后三次获得世界最佳足球运动员称号。2000年12月，又荣获国际足联评出的"20世纪最佳足球运动员"称号。

▶"球王"贝利

贝利穿过的10号球衣被视为珍贵的纪念品。他在1969年11月19日踢进的第1000个入球时所用的那个足球成了巴西的珍宝，被珍藏在世界最大的足球场——马拉卡纳体育场的博物馆里。在这个体育场门口，巴西人还为他的这个最漂亮入球建了一座纪念碑。

10月1日

1949年10月1日　中华人民共和国成立

1949年10月1日下午2点，毛泽东主持的中央人民政府委员会在首都北京举行第一次全体会议。中央人民政府主席、副主席、委员全体出席会议，宣布就职。下午3点，中华人民共和国开国大典在北京天安门广场隆重举行。毛泽东主席向全世界庄严宣告："中华人民共和国中央人民政府成立了。"在国歌声中，毛泽东亲自按动电钮，升起了第一面五星红旗，54门礼炮齐鸣28响。

10月2日

1925年10月2日
贝尔德发明电视

▼贝尔德和他的电视发送装置

约翰·洛吉·贝尔德是英国电器工程师。1898年出生在英国苏格兰海伦斯堡。1924年，贝尔德首次用收集到的旧收音器材、霓虹灯管、扫描盘、电热棒和可以间断发电的磁波灯和光电管等，做了一连串试验来传送图像。经过上百次的试验后，1925年10月2日，当贝尔德再次发动起房间里的机器时，他终于从另一个房间的映像接收机里，清晰地收到了比尔——一个表演用的玩偶的脸。贝尔德兴奋异常，他多年的梦想——发明"电视"实现了。虽然还谈不到完美，但却是一次成功的试验。

10月3日

1977年10月3日　陈景润证明"1+2"

1977年10月3日，中国数学家陈景润对"哥德巴赫猜想"问题进行了精心的解析和科学推算，证明任何一个充分大的偶数，都可以表示一个素数加上顶多是两个素数的乘积之和（简称"1+2"）。这个问题，200多年来经过许多科学家不断努力，始终悬而未决。陈景润的突出贡献为数学学科的发展写下了光辉的一页。

▲陈景润

10月4日

1816年10月4日　鲍狄埃诞辰

鲍狄埃，法国著名革命诗人，《国际歌》的歌词作者。鲍狄埃1816年10月4日出生于巴黎一个制作木器的手工业工作家庭，他在艰难的环境里刻苦自学。9月4日法国大革命后，任20区中央委员和国民自卫军中央委员会委员、国民自卫军军官。巴黎公社失败后，鲍狄埃写出《国际歌》歌词。此后他便流亡英、美，被凡尔赛反革命法庭缺席判处死刑。1880年鲍狄埃大赦回国，并加入法国共产党。

▲《国际歌》的作者——欧仁·鲍狄埃

1991年10月4日　南极环保议定书通过

为保护地球自然环境、和平利用南极，1991年10月4日，在西班牙首都马德里举行的第11届4次南极条约协商国特别会议上，通过了《关于环境保护的南极条约议定书》。26个南极条约协商国中，包括中、美、英、法、俄等23国签署了议定书。议定书规定：南极地区为专门用于和平和科学目的的自然保护区。议定书为保护南极大陆及附近地区的生态环境免遭破坏制定了严格的保护措施，其中包括在今后50年内，禁止在南极地区进行一切商业性矿产资源开发活动等。该议定书于1992年10月3日生效。

10月5日

公元前46年10月5日
罗马颁行儒略历（旧历）

公元前46年10月5日，罗马颁行儒略历（旧历）。儒略历沿用了16个世纪。后发现儒略历与太阳历有误差，到16世纪末已和实际天象累积误差为10天。教皇格雷果里十三世下令改用新历——格雷果里历，即今天全世界通用的公历，简称"格里历"。

> 格里历更为精确，格里历的历年平均长度为365日5时49分12秒，比回归年长26秒。虽然照此计算，要过3000年左右才会积累起1天的误差。由于格里历的内容比较简洁，而且精确度较高，因此它逐步为各国政府所采用。

10月6日

1860年10月6日
英法联军入侵圆明园

1860年10月6日，英法侵略军侵入圆明园。他们大肆劫掠，恣意破坏。凡是园内能拿走的，统统

▼依旧透露着往日辉煌的圆明园废墟，向世人永久地控诉着曾遭到的暴行

被他们掠走；运不走的各种珍品，被他们任意破坏、毁掉。

10月18日和19日，3000多名侵略军奉命在园内放火，以销毁罪证。大火连烧三天，烟云笼罩整个北京城，圆明园被化为灰烬。

10月7日

1913年10月7日
亨利·福特建立了第一条装配线

亨利·福特的活动装配线

1913年10月7日，亨利·福特在密执安州海兰帕克的汽车制造厂建立了一条活动装配线（流水线），大大提高了生产效率。不像其他工厂那样用工人们去搬运正在制造中的汽车，而是使汽车沿250英尺长的装配线传送而来，工人们沿线装配零件。这种装配线使一台汽车在不到3小时内就制造出来。这项革新适应了对福特T型汽车日益增长的需求。仅1914年里，即可预期生产出近25万辆汽车。

10月8日

1998年10月8日　发现迄今最遥远的星系

1998年10月8日，天文学家披露说，哈勃太空望远镜朝着比以前更远的空间和时间望去，发现了有可能已经存在了120亿年的迄今最遥远的星系。

这些星系可能是在宇宙刚刚诞生后形成的，距离地球十分遥远，它们的光要花120亿年才能到达围绕地球轨道运行的太空望远镜。

领导这项研究工作的亚利桑那大学的罗杰·汤普森在记者招待会上说："这些图像是人们有史以来获得的最遥远星系的图像。"

这些新星系是在宇宙只有目前年龄5%的时候形成的。科学家现在仍然不能肯定宇宙的确切年龄。

▲浩瀚的星空总是引人遐想

10月9日

1912年10月9日 第一次巴尔干战争爆发

20世纪初，巴尔干各族人民反对土耳其统治，争取民族独立的斗争日益高涨。1911～1912年意土战争期间，保加利亚、塞尔维亚、希腊和门的内哥罗结成巴尔干同盟。1912年10月9日，门的内哥罗首先向土宣战，第一次巴尔干战争爆发，保、塞、希随后参战。土耳其军大败，11月初请求欧洲列强调停，12月16日土耳其与4大交战国在伦敦议和。

次年1月23日，土耳其国内发生政变，新政府在德国支持下态度强硬，和谈破裂。2月3日，战争再起。土耳其战败，再次求和。5月30日，土耳其与巴尔干4国签订《伦敦条约》，规定埃内兹至里海的米迪那一线以西的土耳其欧陆属地（阿尔巴尼亚除外）和克里特岛割让给巴尔干同盟国；阿尔巴尼亚独立，但须受俄、英、法、德、奥、意6国监督；爱琴海诸岛问题须由德、奥、英、俄4国处理。

10月10日

1925年10月10日
故宫首次对外开放

1924年10月，冯玉祥发动北京政变。11月4日，由黄郛摄政内阁会议议决修正清室优待条件。5日，警备总司令兼北京中政督办鹿钟麟限令溥仪当日出宫。随后成立了清室善后委员会，李煜瀛为委员长，负责清查故宫各种物品，登记造册并加以整理，筹备建立故宫博物院。

▼昔日的皇帝宝座从这一日起真正成了百姓眼中的风景

1925年10月10日，北京故宫博物院在乾清宫前举行隆重的开院典礼，宣布故宫从此对外开放。当日，自发来参观的市民达5万多人。

10月11日

1889年10月11日 英国物理学家焦耳逝世

焦耳1818年12月24日生于英国索尔福。他是一位靠自学成才的杰出的科学家。焦耳最早的工作是电学和磁学方面的研究，后转向对功热转化的实验研

▶靠自学成才的杰出物理学家焦耳

究。他确定了各种形式的能（机械能、电能和热能）基本上是同一的，可以由一种形式转变为另一种形式，从而为能量守恒定律，即热力学第一定律奠定了基础。

1866 年由于焦耳在热学、电学和热力学方面的贡献，被授予英国皇家学会柯普莱金质奖章。1872~1887 年焦耳任英国科学促进协会主席。

1889 年 10 月 11 日焦耳逝世，终年 71 岁。

> 焦耳是能量和功的国际制单位的专门名称，符号为 J。1 焦耳相当于 1 牛顿的力使物体在力的方向上移动 1 米时所做的功。其定义式为：W=FS，即 1 焦耳 =1 牛顿·米，也等于 1 瓦特的功率在 1 秒钟内所作的功（W=Pt），即 1 焦耳 =1 瓦特·秒。

10月12日

1492 年 10 月 12 日
哥伦布发现美洲大陆

克里斯托弗·哥伦布，意大利航海家，出生于热那亚。1476 年移居葡萄牙。哥伦布相信地圆说，认为从欧洲西航可以到达中国、印度和日本。1492 年，哥伦布获得西班牙王室的资助，开始远航探险。

1492 年 10 月，哥伦布带领 90 多名水手，分乘"圣玛丽亚"号、"平达"号和"尼纳"号帆船，从巴洛斯港起锚西航，横渡大西洋。经过 240 天远航探险，哥伦布于 1492 年 10 月 12 日到达巴哈马群岛中的圣萨尔瓦多岛，成为西方第一个发现美洲新大陆的人。

▶ 哥伦布的灵柩

> 哥伦布一直以为他所到的地方就是印度，后人把那些岛屿称为"西印度群岛"，把那里的土著称为"印第安人"。后来专事地图绘制工作的亚美利加·维布西到南美海岸考察时才发现那里不是印度而是新大陆。1507 年，德国地理学家沃尔德塞姆勒在绘制的地图上，把那里称为"亚美利加"，这就是美洲命名的由来。

10月13日

1941 年 10 月 13 日
弘一法师（李叔同）圆寂

李叔同 1880 年 10 月 23 日生于天津，原籍浙江平湖。是中国现代书画家、艺术教育家、戏剧家。名文涛，别号广候、漱同。出家后法名演音，号弘一法师。曾受业于蔡元培先生。1905 年东渡日本留学，攻油画，同时学习音乐，并与友人创办了春柳社，是中国话剧运动创始人之一，也是中国油画、广告画和木刻的先驱之一。

161

1918年，李叔同在杭州虎跑寺剃度为僧，以法号"弘一"行世。他苦心向佛，精研律学，弘扬佛法。著有《弘一法师文钞》、《前尘影事集》、《李庐诗录》、《弘一大师歌曲集》等。

抗日战争时期，他对日军侵华极为愤慨，说道："吾人吃的是中华之粟，所饮的是温陵之水，身为佛子，于此时不能共纾国难于万一，自揣不如一只狗子！"曾书写"念佛不忘救国，救国不忘念佛"字幅。

他是中国绚丽至极又归于平淡的典型人物。1941年10月13日，弘一法师圆寂。他为世人留下了咀嚼不尽的精神财富。

▲徐悲鸿大师笔下的弘一法师

李叔同还是第一个向中国传播西方音乐的先驱者，所创作的歌曲《送别》历经几十年传唱经久不衰，成为经典名曲。同时，他也是中国第一个开创裸体写生的教师，其以卓越的艺术造诣，先后培养出了名画家丰子恺、音乐家刘质平等一些文化名人。

10月14日

1969年10月14日　世界标准日确立

1946年10月14日~26日，中、英、美、法、苏等25个国家的64名代表集会于伦敦，正式表决通过建立国际标准化组织（ISO）。1947年2月23日，ISO正式成立。1969年9月，ISO理事会发布的第1969号决议决定把每年的10月14日定为世界标准日，以广泛宣传标准化活动在人类社会发展中的重要作用，提高人们的标准化意识。1970年10月14日举行了第一届世界范围的庆祝世界标准日的活动。

10月15日

1984年10月15日　国际盲人节确立

1984年世界盲人组织在利雅得会议上选定每年10月15日为国际盲人节。

世界盲人联盟是国际统一的盲人组织，成立于1984年。现在已拥有140多个会员国，中国是会员国之一。世界盲人组织的宗旨是：致力于盲症防治，提高盲人福利，使盲人能完全平等地参与社会活动，提供国际论坛以交流盲人工作经验。

2003年10月15日

"神舟"五号飞船成功发射升空

2003年10月15日9时整，在我国著名的酒泉发射基地随着大地的一阵震颤，"长征二号F"运载火箭托举着"神舟"五号飞船顺利升空。火箭飞行

200 秒后，从太空传来杨利伟清晰洪亮的报告声，大约 10 分钟后，东风中心调度报出了"船箭分离成功"这一令人振奋的喜讯。北京中心综合东风中心、西安中心和处在日本以南海域的"远望一号"测量船的测量计算结果，传来了飞船准确入轨的精确参数：中国首次载人航天发射成功！浩瀚的太空从此写下了中国人的名字，中华民族千年飞天梦想终于成真。

10 月 16 日，"神舟"五号载人飞船成功着陆，标志着中国首次载人航天飞行取得圆满成功。

▶乘「神舟」五号胜利归来的中国飞天第一人——杨利伟

10月16日

1964 年 10 月 16 日　我国第一颗原子弹爆炸成功

　　毛泽东在 1955 年发出号召：中国不但要有更多的飞机和大炮，而且还要有原子弹。在今天世界上，我们要不受人欺负，就不能没有这个东西。中央指定陈云、聂荣臻、薄一波等负责筹建核工业。1959 年苏联撤走专家后，1962 年成立了以周恩来为首的专门领导机构，在科技人员和国防建设指战员的共同努力下，核试验终于取得成功。1964 年 10 月 16 日下午 3 时，中国在西部地区成功地爆炸了第一颗原子弹，继美国、苏联、英国、法国之后，成为世界上第五个拥有核武器的国家。

　　酒泉卫星发射基地又名"东风航天城"。基地共有 4 个中心，发射"神舟"五号的基地实际上位于距酒泉 210 千米处（内蒙古额济纳旗一带地区）的巴丹吉林沙漠深处，中心有戈壁沙漠风光的自然公园和东风水库，有风光秀美、景色宜人的亚洲最大的胡杨林自然保护区。

163

　　中国政府发表声明称，中国发展核武器，完全是为了保卫中国人民免受核战斗的威胁。同时郑重宣布，中国在任何时候，任何情况下，都不会首先使用核武器。

10月17日

1967 年 10 月 17 日　　爱新觉罗·溥仪逝世

　　溥仪生于 1900 年，是光绪皇帝之侄，醇亲王载沣之子。1908 年 11 月继位，是清朝末代皇帝。年号宣统。中华民国成立后退位。1932 年任伪满洲国"执政"，1934 年改称"满洲帝国皇帝"，实为日本傀儡。1945 年日本投降后被苏军俘虏。1950 年 8 月由苏联政府交给我国政府，被监禁于抚顺。1959 年被特赦释放。随着其立场和人生态度的转变，他由皇帝身份转变成中华人民共和国公民，并于 1964 年任政协全国委员会委员，著有《我的前半生》。1967 年 10 月 17 日，爱新觉罗·溥仪在北京逝世。

2005 年 10 月 17 日
"神舟"六号成功返回

2005 年 10 月 17 日凌晨，5 天前从酒泉卫星发射中心启航的"神舟"六号飞船，在飞行 115 个小时 32 分后重返神州，降落在内蒙古四子王旗的阿木古郎草原上。我国首次真正意义上有人参与的空间飞行试验取得圆满成功。

"神舟"六号的成功发射和平安着陆，是中华民族在攀登世界科技高峰征程上完成的又一伟大壮举，标志着中华民族为人类探索太空的伟大事业做出了新的重大贡献。

▶回舱 成功着陆的「神舟」六号返

宇航员在太空中一个筋斗就是 350 多千米！费俊龙和聂海胜在太空中看到了 76 次日起日落，日行程 675664 千米。

5 昼夜的太空之旅，费俊龙和聂海胜不仅成了中国载人航天史上行程最远的人，而且在太空中创造了一项又一项的纪录：第一次进行多人多天太空飞行试验；第一次进入轨道舱；第一次实施对地观测、进行各种科学研究；第一次在太空完成压力服穿脱试验、吃上热食和复水食品……

10月18日

1931 年 10 月 18 日
美国发明家托马斯·爱迪生逝世

爱迪生于 1847 年 2 月 11 日出生于美国俄亥俄州。12 岁时，他在家里建立了一个简陋的化学实验室。经过十几年的不懈努力，1876 年，他终于成功地在新泽西州的门洛帕克办起了自己的工业用实验室。先后有 1093 项发明在这个实验室里研制成功，其中有 389 项是关于电灯和电力的，195 项是关于留声机的，150 项是关于电报的，141 项是关于蓄电池的，还有 34 项是关于电话的。另外，像电车、电梯、电影甚至与电力无关的橡皮的发明都出自这位天才之手。他的发明为世界增加的财富可能比历史上任何一个人都多。

这位以"门洛帕克奇才"而著称的"发明大王"受到公众无比的尊敬。1931 年 10 月 18 日，这位有力地推动了世界科技进步的伟人离开了人世，终年 84 岁。10 月 21 日，在爱迪生的葬礼上，全美熄灯一分钟以沉痛悼念这位科学巨人。

▲试验室中的"发明大王"

10月19日

1936 年 10 月 19 日　伟大的文学家鲁迅逝世

鲁迅，原名周树人，1881 年 9 月 20 日出生在浙江绍兴。1902 年留学日本，初学医，后弃医从文，以期唤起民众起来斗争的民族精神。1918年5月，第一次以鲁迅的笔名发表第一篇白话小说《狂人日记》，从而奠定了中国新文学运动的基石。1930年以后，参与发起成立中国自由运动大同盟、中国左翼作家联盟和中国民权保障同盟等进步组织。1931年领导成立了中国左翼作家联盟，之后又与宋庆龄等人发起成立中国民权保障同盟。

鲁迅生前著作、著译颇丰，主要著作有：《药》、《阿Q正传》、《祝福》《呐喊》、《彷徨》、《朝花夕拾》、《华盖集》等。

10月20日

1945年10月20日　蒙古宣布独立

在1924年5月13日签订的《中俄解决悬案大纲协定》中规定，苏俄政府承认外蒙古为中国领土一部分。1945年2月，苏、美、英3国首脑雅尔塔会议规定：外蒙古（蒙古人民共和国）的现状须予维持。同年8月14日，中国国民党政府同苏联签订《中苏友好同盟条约》的附件规定：苏联将尊重外蒙古之政治独立与领土完整。中国国民党政府声明，日本战败后，如外蒙古之公民投票证实此项愿望，中国政府当承认外蒙古之独立。

1945年10月20日，外蒙古举行公民投票，宣布独立。

1973年10月20日

悉尼歌剧院落成

悉尼歌剧院位于澳大利亚悉尼，外形尤如即将乘风出海的白色风帆，是20世纪最具特色的建筑之一，已成为悉尼市、乃至整个澳大利亚的标志性建筑。

1973年10月20日，悉尼歌剧院在英国女皇伊丽莎白二世的亲自主持下，举行了隆重的落成典礼。

▲大海中的珍贝——澳大利亚悉尼歌剧院

10月21日

1967年10月21日

华盛顿举行反对越南战争的示威

1967年10月21日，数千名反对越南战争的群众在华盛顿举行了大规模的示威游行，他们喊着口号向五角大楼冲去，使得一次和平集会演变成了一起暴力冲突。

保卫五角大楼的士兵和联邦执法人员都装备了步枪和刺刀，他们组成警戒线防止示威者的冲击。而示威者仍无所畏惧地冲击警戒线，警戒人员迫不得已使用警棍和枪托击打示威者。游行示威活动中有近300人被捕，其中包括小说家梅勒和集会组织者——全国反对越战、结束越战组委会主席德林杰。

▼正是这幅照片，对于促进美国公众舆论反对越战起了很大作用

10月22日

1906年10月22日
法国画家塞尚逝世

塞尚于1839年出生于法国马赛附近的埃克斯镇，塞尚小时候就喜欢绘画，但遭到父亲的反对。在父亲的"逼迫"下，曾学习法律，还曾在银行里站柜台、算账，但塞尚最终还是选择了绘画。

塞尚的大半辈子是在屈辱和唾骂中度过的。但他一次也没妥协过，而且最后取得了巨大的成功。塞尚的画作一直保持着和谐、狂热发作之后的平衡和形与色的感觉，他对明暗、体积、景深、空间及其同刻划本身的关系有着独到的研究，他执迷于自己想象中创造的一个个整体——构成不同于自然世界的"艺术世界"……这一切促使塞尚创作了

▶现代绘画之父塞尚的作品《自画像》

为数众多的作品，不仅本身独特，同时也创造了美术史上的一个新派别。塞尚的画作对20世纪西欧艺术产生巨大影响，被称为"现代绘画之父"。

1906年10月22日，塞尚逝世。

10月23日

1992年10月23日　法国输血丑闻案审判结束

1987年12月，一条骇人听闻的消息使整个法国为之震惊：许多依靠输血维持生命的血友病人相继感染艾滋病死去。1991年4月，又一条新闻震动了法国：全国输血中心在1985年5月一次会议上居然决定允许已受艾滋病毒污染的血液制品在市场出售。一时间，社会舆论大哗，迫于舆论压力，政府卫生部开始对输血传染艾滋病事件组织调查。

后司法部门对相关责任人提出起诉。此后不久，法国政府又作出决定，由政府和保险公司一起出资100～120亿法郎，对输血的受害者给予赔偿，以

平息民怨。

1992 年 10 月 23 日，巴黎轻刑法庭以"隐瞒出售物品质量"罪，对这桩已造成数百人死亡、使上万人染上绝症的大案作出判决，但量刑过轻使得社会舆论以及受害者对此判决极其不满。

> 据报道，从 1983 年起，法国全国输血中心就得知输血是艾滋病传染的主要途径之一，却没有把这种危险告诉血友病人；美国在 1984 年开始使用对艾滋病毒进行消毒处理的血浆，而法国为了省钱和保护本国研究机构的利益，既不进口经过消毒处理的血浆，也未采取必要措施；1985 年 7 月，在法国掌握了消灭血浆中的艾滋病毒的技术之后，居然内部通知继续向市场投放库存的污染血浆。并且，使成千上万法国人染上艾滋病毒的污染血液竟然来自监狱里的犯人。更令人吃惊的是，这些被污染的血制品竟获得政府批准出口外国，危害异邦。

1998 年 10 月 23 日
巴以签署临时和平协议

1998 年 10 月 23 日，巴勒斯坦民族权力机构主席阿拉法特、以色列总理内塔尼亚胡在白宫正式签署了《巴以临时和平协议》。根据协议，以色列同意释放 3000 名巴勒斯坦囚犯并交出约旦河西岸 13% 的土地，巴勒斯坦则保证将打击恐怖活动，并删除宪章中有关诋毁以色列的字眼，保障以色列的安全。

▶巴勒斯坦民族权力机构主席阿拉法特和以色列总理内塔尼亚胡在美国白宫正式签署了《巴以临时和平协议》，两个"老冤家"的手终于握到了一起

10月24日

1945 年 10 月 24 日　联合国成立

太平洋战争爆发后，美国总统罗斯福和英国首相丘吉尔为加强所有反法西斯国家的统一行动，拟定了一个各国共同遵守的原则。1942 年 1 月 1 日，美、英、中、苏等 26 个反法西斯国家签署了《联合国家共同宣言》。次年 10 月 30 日，中、苏、美、英 4 国在莫斯科发表了《普遍安全宣言》，正式提出建立一个普遍性的国际组织。1945 年 2 月，在由罗斯福、丘吉尔和斯大林参加的雅尔塔会议上，又进一步讨论了成立联合国的问题。同年 2 月 25 日，由美、英、中、苏、法 5 国发起，并邀请《联

▲联合国总部大楼

合国家共同宣言》各签字国参加的联合国制宪大会在美国旧金山隆重举行，会议起草了《联合国宪章》。10月24日，美、英、中、苏、法等多数签字国送交了批准书，宪章开始生效，联合国正式宣告成立。

2007年10月24日　"嫦娥一号"发射成功

2007年10月24日18时5分，我国在西昌卫星发射中心用长征三号甲运载火箭将"嫦娥一号"卫星成功送入太空。"嫦娥一号"是我国自主研制的第一颗月球探测卫星，它的发射成功，标志着我国实施绕月探测工程迈出重要一步，为党的十七大胜利召开献上了一份厚礼。

▶西昌卫星发射中心成功发射"嫦娥一号"

10月25日

1971年10月25日　联合国恢复中华人民共和国一切合法权利

1971年10月25日，第26届联合国大会以压倒多数通过第2758号决议，恢复中华人民共和国在联合国的一切合法权利，并立即把台湾当局的代表从联合国及其所属一切机构中去除掉。同日，中国政府发表声明称：该决议反映了世界各国人民要求同中国人民友好的大势。中国政府即将派出自己的代表参加联合国的工作。中国将同一切爱好和平和正义的国家和人民站在一起，为维护各国的民族独立和国家主权，为维护国际和平，促进人类进步的事业而共同奋斗。

10月26日

2003年10月26日
中国首架通用飞机首飞成功

2003年10月26日，中国第一架拥有自主知识产权的适用于私人商务活动的通用飞机"小鹰–500"，在石家庄首飞获得成功，填补了中国通用航空领域在4~5座轻型飞机生产上的空白。"小鹰–500"飞机长7.743米，最高速度为每小时300千米，最大载重量为560千克，其综合性能达到了国际同类产品的先进水平。

▲骄傲的"小鹰-500"

10月27日

1940年10月27日　《大独裁者》上映

　　1940年10月，查理·卓别林主演的著名影片《大独裁者》上映。卓别林在剧中扮演了两个角色，一个是和善的流浪汉，一个是迪弗·克尔——一个狂妄自大的人物，妄图称霸整个世界。《大独裁者》中的卓别林以希特勒为原形，惟妙惟肖地塑造了一个推行反犹太主义和侵略扩张政策的独裁者形象，这是卓别林第一次以有声对白向法西斯主义者发起了攻击。该片在欧洲遭到禁映，但这并未妨碍它成为1940年最卖座的影片，打破了英美当时的票房纪录。这部讽刺纳粹德国的影片以其独有的幽默和风趣赢得世界人民长久的喜爱，也成为卓别林最成功的影片之一。

10月28日

1886年10月28日
自由女神像揭幕

高擎着自由之火的女神

　　自由女神像是"自由照耀世界之神"的俗称。坐落在美国纽约赫德森河口上的"自由岛"上。女神像高46米，连同它的基座有93米高。女神头戴花冠，右手高擎火炬，左手执一本《独立宣言》，面容端庄而慈祥。脚踩被挣断了的铁链，神态刚毅。女神像的底部建筑为美国移民博物馆。

　　自由女神像是法国为纪念美国独立110周年和美国独立战争期间的美法联盟，赠送给美国的珍贵礼物。在美国南北战争后，由法国历史学家爱德华·德·拉布莱伊提出铸像建议，由法国人民捐款，由法国雕塑家奥古斯特·巴托尔蒂设计并主持建造，像内铁架由设计巴黎铁塔的工程师埃菲尔设计。

1955年10月28日　比尔·盖茨出生

　　比尔·盖茨是微软公司的创始人、前任董事长和首席执行官。1955年10月28日，生于美国西雅图。他1973年进入著名的哈佛大学学习，但是两年以后，他因为厌学和敏锐地洞察到个人电脑在未来所拥有的广阔前景，没有完成学业就离开了这座著名学府。1975年，比尔·盖茨与中学时代的校友保罗·艾伦以1000美元共同创办了微软公司。那一年他只有20岁。比尔·盖茨是目前世界上最富有的人之一，其资产逾千亿，被美国人誉为"坐在世界巅峰的人"。

10月29日

1956年10月29日　苏伊士运河战争爆发

1952年埃及七月革命胜利后，埃及人民掀起反对英军占领苏伊士运河区，要求收回运河主权的斗争。1956年9月19日，埃及总统宣布苏伊士运河国有化更是给了英、美以沉重的打击。加之埃及为发展民族经济和抵御以色列的侵略，在向西方寻求军事援助遭到刁难与拒绝后，于1955年9月与苏联、民主德国、波兰签订贸易协定，购买苏联等国的武器装备，更是引起了英、法、美等西方国家的强烈不满。1956年10月29日，以色列军队入侵埃及，苏伊士运河战争（亦称第二次中东战争）爆发。埃及军队进行了顽强反击。

> 第二次中东战争爆发后，埃及宣布与英、法断交，并集中兵力保卫运河区。世界各国人民对埃及反抗侵略斗争的正义行为给予了极大的支持，包括一些阿拉伯国家相继与英、法断交，对英、法实行石油禁运等。加之苏、美的卷入，英、法政府内外交困，11月6日宣布停火。12月3日，英、法宣布从埃及撤军，22日全部撤走。1957年3月8日，以色列从西奈半岛撤出，埃及取得全面胜利。

1991年10月29日
谢军获女子国际象棋世界冠军

1991年10月29日，中国女棋手谢军在菲律宾首都马尼拉举行的女子国际象棋世界冠军争夺战中，以4胜2负9平积8.5分的成绩战胜苏联国际特级大师齐布尔达尼泽，成为中国第一个女子国际象棋世界冠军，也是国际象棋史上第一位欧洲以外的国际象棋女子世界冠军。

中国第一位女子国际象棋世界冠军

10月30日

1991年10月30日
解决巴以问题的中东和会开幕

1991年10月30日，中东和平会议在西班牙首都马德里开幕，开幕式在西班牙老王宫的圆柱大厅举行。这是以色列和阿拉伯国家经过40多年交战状态和经历5次战争后第一次坐在一起。

在为期3天的会议上，阿拉伯国家坚持以色列应撤出它在1967年中东战争中占领的阿拉伯领土——"以土地换和平"。以色列则以自身安全为由，拒绝归还这些领土，并要求同各阿拉伯国家单独签署和约——"以和平换和平"。美国和苏联均呼吁阿以双方作出让步，以使争取中东和平的势头保持下去。

此次中东和会开幕，反映了中东各国人民要求和平的强烈愿望，迈出了通向中东和平的第一步。

10月31日

1980年10月31日
山口百惠息影

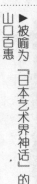

▶被喻为「日本艺术界神话」的山口百惠

山口百惠是日本广大观众心目中的女神。她既是歌星，又是日本影坛如日中天的影星。她的表演和歌曲曾经风靡日本的千家万户。

1980年10月31日，山口百惠宣布退出影坛，不再重返演艺舞台。与日本著名男影星三浦友和结为伉俪。当时日本全国上下一片哗然，人们都为此感到惋惜和遗憾，在日本列岛曾引起过一场狂热的"百惠幻像"。

1986年10月31日
我国"极地"号科考船开始环球航行

1986年10月31日上午10点，我国第一艘极地科学考察船"极地"号在青岛港拔锚启航。载着我国第三次南极科学考察队队员的"极地"号，由此开始了它的第一个航程，并作我国航海史上第一次环球航行。这次航程约有26700海里，将穿越太平洋、大西洋和印度洋。这次赴南极考察的主要任务是扩建完善长城站，同时进行多学科综合科学考察。

171

1992年10月31日　伽利略蒙冤360年后获平反

伽利略是意大利著名的物理学家和天文学家。由于他在1632年发表了《关于两种世界体系对话》的作品，支持和发展哥白尼的地动说，因此而遭到严刑审讯。1633年6月22日，伽利略被迫在悔过书上签字，随后被终身软禁。

科学的蓬勃发展早已证实了伽利略的伟大和教廷的谬误，1980年罗马教廷宣布取消对伽利略的审判。1992年10月31日，梵蒂冈教皇约翰·保罗二世宣布正式对这一历史冤案平反。他说，当年处置伽利略是一个"善意的错误"。并对在场的教廷圣职部人员和多名红衣主教说："永远不要再发生另一起伽利略事件。"

只是，平反来得太迟了。

▶为伽利略平反昭雪的梵蒂冈教皇约翰·保罗二世

11月1日

1949年11月1日 国际儿童节确立

1949年11月1日，国际民主妇女联合会在莫斯科举行理事会议，为了保障世界各国儿童的生存权、保健权和受教育权，会议决定把每年的6月1日定为国际儿童节。从此，每年的6月1日成为了全世界少年儿童的节日。自此之后，世界各国纷纷废除原来自己国内的儿童节，而统一为"六一国际儿童节"。我国中央政府也与1949年12月宣布：以6月1日作为"六一国际儿童节"，并规定少年儿童放假一天。

▲可爱的孩子们永远是人类未来的希望

11月2日

1986年11月2日 美国"伊朗门"事件被披露

1985年以来，贝鲁特接连发生美国人被绑架事件。根据美国和以色列掌握的情况，绑架均系"真主党"所为，该党与伊朗关系密切。以色列建议美国通过伊朗影响黎巴嫩的什叶派组织。认为伊朗当时亟需美制"陶"式反坦克导弹和"霍克"防空导弹，以对付伊拉克装甲车和空中优势。此后，美国和伊朗便开始秘密接触进行武器交换人质的交易。

1986年11月2日，黎巴嫩《船桅》周刊披露了麦克法兰秘密访伊和运送武器事件。11月4日，伊朗议长拉夫桑贾尼对此加以公开证实，美伊秘密武器交易就此败露。事发后美国国内哗然，里根的声望急剧下降。这一事件即被称作"伊朗门"事件。11月18日，国会特别调查委员会公布的"伊朗门"事件调查报告认为总统应对事件承担最后的责任。1989年7月，"伊朗门"事件核心人物诺斯被判刑。1990年6月，前美国国家安全事务助理波因德克斯特也被定有罪。

11月3日

1987年11月3日 文学家梁实秋逝世

梁实秋先生原籍浙江。学名梁治华，字实秋，一度以秋郎、子佳为笔名，1903年生于北京一个旧官宦家庭中。早年留学美国，回国以后曾执教于北京大学、东南大学、暨南大学等校，并从事译著工作，是30年代初《新月》杂志的主将之一。1949年他赴台湾，担任台湾省师范大学文学院院长，创立台湾英语教学中心和英语研究所，由他主编的《远东英汉大辞典》至今仍深受广大英语爱好者的欢迎。

梁实秋思想偏于保守。在30年代初与"左联"的激烈论争中，他落了个"丧家狗"、"资本家的走狗"的恶名。40岁以后着力较多的是散文和翻译，其散文代表作《雅舍小品》从1949年起20多年共出4辑，其文风沉稳、通达、幽默，艺术处理上繁简得当、浓淡相宜、文白适恰，奠定了其散文大家的地位。20世纪30年代开始翻译莎士比亚作品，持续40载，到1970年完成了全集的翻译，计剧本37册，诗3册。晚年用7年时间完成了百万言著作《英国文学史》。

▲文学大家梁实秋先生

1987年11月3日，这位著名的文学家因病在台湾逝世。

11月4日

1995年11月4日
以色列总理拉宾遇刺身亡

1995年11月4日，在以色列首都特拉维夫市中心的"国王广场"举行了主题为"要和平，不要暴力"的盛大集会，以支持该地区的和平进程。拉宾总理、佩雷斯外长和许多以色列政要应邀出席。

当地时间晚上7时50分，当拉宾演讲完毕，在众人的簇拥下健步走下主席台，准备乘车离开广场时，人群中的一位犹太青年突然掏出手枪，几乎贴着拉宾的身体从背后向他连开数枪。拉宾身中3弹，其中一颗子弹打在腹部，另一颗致命的子弹正中他的胸腔。拉宾身体前扑倒在地上。随即，救护车火速将昏迷不醒的拉宾送往附近的伊奇洛夫医院进

▲80多个国家的领导人和代表出席了拉宾的葬礼

拉宾，1922年3月1日生于耶路撒冷，从小在一个左翼犹太复国主义贵族家庭里长大。第二次世界大战中，其在叙利亚投身到抗击法西斯的斗争中，并很快从一名普通士兵成长为战功赫赫的"拉宾将军"，成为以色列的一代英雄。

拉宾自1968年退役后即为阿以和解奔忙，他于1974年和1992年两次出任工党领袖和内阁总理。在其任职期间，他不同意对阿拉伯人采取"寸土不让"的政策，而是主张"以土地换和平"，并做了大量的工作，为推动中东和平进程做出了杰出的贡献。自从拉宾与阿拉法特实现历史性的握手起，巴以双方的极端分子就已多次向拉宾发出死亡恐吓，但拉宾毫不畏惧，一次次挫败了这些极端分子的阴谋。1993年9月17日，联合国教科文组织授予拉宾"博瓦尼和平奖"；1994年，拉宾获诺贝尔和平奖。拉宾遇刺身亡的噩耗强烈地震惊了整个以色列，也震惊了全世界。

行抢救。拉宾在被紧急送往医院途中，曾喃喃地说："这不可怕，这不可怕。"但他终因伤势过重，在被送入医院后仅过了19分钟，心脏就停止了跳动。享年73岁。

拉宾是以色列建国后被谋害的首位政治领袖，他为和平事业献出了自己宝贵的生命，他的精神将永留人世。为悼念这位受人尊敬和热爱和平的领袖，以色列人已将特拉维夫广场更名为拉宾广场。

11月5日

1996年11月5日　骆家辉当选为美国史上首位华裔州长

▲华裔州长骆家辉

骆家辉1950年1月21日出生在西雅图。他毕业于美国著名的耶鲁大学，主修政治学，并在波士顿大学获得法学学位。他曾在金县担任副检察官，后当选为华盛顿州众议员达12年之久。1996年11月5日，骆家辉在华盛顿州州长选举中击败共和党竞争对手克拉斯威尔，当选为美国历史上第一位华裔州长，他的当选极大地鼓舞了海外华人参与到美国主流政治中的信心。2000年11月，他又轻松击败对手，赢得连任。其在任期间积极推动中国企业与华盛顿州之间的贸易合作。2006年，其在没有任何竞争对手的情况下，宣布退出选举。

11月6日

1995年11月6日
王选获"联合国教科文组织科学奖"

1995年11月6日，联合国教科文组织科学奖颁奖仪式在巴黎举行。中国北大方正技术研究院院长王选教授，因主持研制和开发中文计算机照排系统而荣获该年度"联合国教科文组织科学奖"。

巴德兰先生在授奖前的致词中，高度赞扬了王选教授"为科学技术的应用与发展做出了卓越的贡献"，他表示王选教授的贡献引起了中国报业和出版业的一场技术革命。

> 王选教授研发的这一照排系统，不仅中国大陆99%的报纸编排和90%的书刊出版所采用这一中文计算机照排系统，中国的香港、澳门、台湾以及马来西亚、北美等地的大多数华文出版业也采用了该技术。

11月7日

1901年11月7日　李鸿章病逝

晚清重臣李鸿章

李鸿章于1823年2月15日出生在安徽磨店乡一个"耕读之家"，本名铜章，字少荃，晚年自号仪叟，别号省心。因行二，故民间又称"李二先生"。

曾师从曾国藩，讲求经世之学，这奠定了其一生事业和思想的基础。因镇压太平军、捻军有功而成为朝廷重臣。1870年，兼署湖北巡抚，继曾国藩调任直隶总督，兼北洋通商事务大臣，掌管清外交、军事、经济大权，成为洋务派首领。中国近代早期的四大军工企业中，其中三个就是他创办的。从19世纪70年代起，即提出"海防论"，积极倡议建立近代化的海军，为北洋海军的建立奠定基础。他一生以外交能手自负，曾签订了中英《烟台条约》、《中法新法》、《马关条约》、《中俄密约》及《辛丑条约》。这些条约的签订最终成了清廷的枷锁。

1901年《辛丑条约》签订后两个月，被李鸿章倚为强援的俄国政府提出"道胜银行协定"，试图攫取更大权益，李鸿章气恼交加，呕血不起，于11月7日去世，带着无尽的遗憾，走完了他78岁的人生历程。

对他的去世，慈禧"震悼迭次"，清廷特旨予谥文忠，追赠太傅，晋封一等候爵，入祀贤良祠，原籍及"立功"省建立专祠，并将生平战功政绩，宣付国史馆立传，伊子李经述承袭一等候爵。

11月8日

1349年11月8日　拔图塔荣归故里

伊本·拔图塔（也译白图泰）生于1304年，是中世纪最伟大的旅行家之一。他21岁时，在前往麦加朝圣的行程中，沿途的名胜、风土、民情……吸引，促使他开始了漫长的旅行生涯。

拔图塔首先游历了阿拉伯世界。其后，他又穿过阿拉伯沙漠，来到了波斯湾边的巴士拉城；从麦加附近的吉达港坐小船，沿着红海海岸到达了也门；沿着东非的海岸到达了索马里、肯尼亚和坦桑尼亚；从伊朗南部出发乘船渡波斯湾，到达巴林；从叙利亚出发到达小亚细亚；绕过亚速海进入了北高加索地区，最后，他到达了印度。1342年，他又从印度的德里出发，辗转锡兰岛、马尔代夫岛经过尼科巴群岛、苏门答腊、暹罗、苏禄群岛，最后从泉州登上了中国的国土，他一路游历，经广州、建昌、鄱

阿拉伯最伟大的旅行家拔图塔

175

阳、杭州等，抵达北京。

拔图塔历尽艰险 25 年，1349 年 11 月 8 日，终于回到了故里摩洛哥。

11月9日

1799 年 11 月 9 日

法国爆发"雾月 18 日政变"

▶雾月政变

18 世纪末，法国资产阶级革命派与反动的雅各宾派保皇党之间争执不断，刚刚建立起来的大资产阶级督政府在其间摇摆不定，这种"秋千政策"根本无力维持稳定的统治，国内政局动荡不定。在大资产阶级的支持下，拿破仑以雅各宾派过激主义威胁共和国为借口，于 1799 年 11 月 9 日，带领亲信部队驱散了立法院，推翻了督政府，建立了以拿破仑为首的执政府。由于这一天是法国新历雾月 18 日，故又史称"雾月 18 日政变"。不久，拿破仑公布了法兰西共和国 8 年宪法，并随后取消了革命时期的地方自治机构，使法国成为一个高度中央集权制的国家。

11月10日

1994 年 11 月 10 日

我国首台无缆水下机器人问世

1994 年 11 月 10 日，我国第一台名为"探索者"的无缆水下机器人研制成功，并通过专家验收。

这台机器人是国家"863 计划"自动化领域部署的重点型号研制任务之一，历时 4 年才研制成功。水下潜深 1000 米，活动范围可达 12 海里，可在四级海况下正常回收，能在指定海域搜索目标并记录数据和声呐图像，可对失事目标进行观察、拍照和录像，并能自动回避障碍，具有水声通信能力，可将需要的数据和图像传至水面监控台上显示。

11月11日

1918 年 11 月 11 日　第一次世界大战结束

1918 年秋，奥匈帝国因军事失利以及受俄国革命所激发的民族起义的震撼，在 10 月间已解体。德国对西线的大反攻遭到失败，协约国军队到 1918 年 10 月收复了德军占领的法国领土及比利时部分地区。在广泛的政治骚乱中，德皇威廉二世于 11 月 9 日退位。

11 月 11 日，德国政府代表埃尔茨贝格尔同协约国联军总司令福煦在法国东北部贡比涅森林的雷东德车站签署停战协定，德国投降。根据协定，德国在 15 天内从法、比、卢、阿尔萨斯－洛林及莱茵河左岸地区全部撤军，同时从土、罗、奥匈帝国及非洲撤军，并交出 5000 门大炮、25000 挺机枪、3000 门迫击炮、1700 架飞机、5000 台火车机车、150000 节车皮和 5000 辆卡车。6 小时后停火生效。至此，德、奥、土、保同盟国集团彻底战败，第一次世界大战至此结束。

11月12日

1939 年 11 月 12 日　白求恩逝世

1890 年 3 月 3 日，诺尔曼·白求恩出生在加拿大安大略省的一个牧师家庭。其一生洋溢着高尚的献身精神。

在第一次世界大战中，白求恩参加了加拿大军队的战地救护队来到法国，后又在英国军舰和加拿大飞行队里当过医官。一战结束后，白求恩潜心研究医术，很快地成为了驰名欧美的胸外科专家。1935 年，白求恩加入加拿大共产党。

1936 年 8 月，德、意法西斯入侵西班牙，白求恩毅然参加了加拿大援助西班牙的人民志愿军。1937 年 7 月 7 日，日军大举侵华，白求恩又极力呼吁援助中国人民的抗日战争。1938 年 1 月，加拿大和美国共产党批准其携带大量医药器械来到中国。在中国，白求恩本着"一切为伤员着想"的原则，废寝忘食

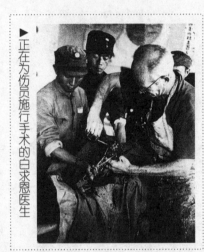

正在为伤员施行手术的白求恩医生

地工作，从不顾及个人安危，最后为了救治伤员献出了自己宝贵的生命。

1939 年 11 月 12 日，白求恩与世长辞，遗体被葬在河北省石家庄市华北军区烈士陵园。

1969 年 11 月 12 日　刘少奇同志逝世

刘少奇 1898 年 11 月 24 日出生于湖南宁乡，曾于 1921 年赴莫斯科学习，并加入中国共产党。1922 年回国后积极投身于革命运动中，是中国工人运动的主要领导者和组织者之一，并成为中国共产党的高级领导人之一。新中国成立后，其历任中央人民政府副主席、军委副主席、政协常委、全国总工会名誉主席、全国人大常委会委员长、政治局常委、副主席、中华人民共和国主席兼国防委员会主席，一直到逝世。

1969 年 11 月 12 日，因受林彪、"四人帮"一伙的蓄意诬陷和残酷迫害，在开封不幸病故。

11月13日

1907年11月13日　世界上第一架直升机在法国飞起

　　1907年11月13日，法国发明家保罗·科尔尼第一次实现了飞机垂直从地面起飞。试验是以勒纳尔上校设计的无人驾驶直升机为依据，从凡尔纳科幻小说中受到启发的。这架装有一台24马力发动机驱动水平方向的双螺旋桨飞起几次，但只有几秒钟，一旦升空，飞机就无法控制。

　　直升机能作可操纵的垂直飞行和向前飞行最终是西科斯基在1930年解决的，1939年他在美国制造的使用单旋翼直升机作了多次创纪录的飞行。

11月14日

1831年11月14日

著名哲学家黑格尔逝世

▶黑格尔画像

　　黑格尔是世界著名的哲学家，1770年8月生于德国的斯图加特。1801年，30岁的黑格尔执教于耶拿大学，直到1829年就任柏林大学校长时，其哲学思想才被定为普鲁士国家的钦定学说，因此，说其大器晚成一点不为过。黑格尔把绝对精神看作世界的本原，建立起客观唯心主义体系，讲述绝对精神自我发展的逻辑学、自然哲学和精神哲学三个阶段。黑格尔一生著述颇丰，其代表作主要有《精神现象学》、《逻辑学》、《哲学全书》、《法哲学原理》、《哲学史讲演录》、《历史哲学》和《美学》等。

　　1831年11月14日，黑格尔逝世，享年61岁。

11月15日

▼慈禧在正式场合使用的"慈禧端佑皇太后之宝"

1908年11月15日

慈禧太后驾崩

　　慈禧太后系满洲镶黄旗人，咸丰帝的妃子，又称"西太后"、"那拉太后"、"老佛爷"，同治帝生母。同治帝立，尊为圣母皇太后，徽号为"慈禧"。

　　1908年11月15日，慈禧驾崩，终

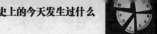
年74岁，葬于河北遵化清东陵。死后清朝上谥号为"孝钦慈禧端佑康颐昭豫庄诚寿恭钦献崇熙配天兴圣显皇后"，总共25字，为清代皇后身后哀荣之最。

11月16日

1972年11月16日 《保护世界文化和自然遗产公约》通过

1972年11月16日，联合国教科文组织大会第17届会议在巴黎通过了《保护世界文化和自然遗产公约》。4年之后世界遗产委员会成立，并建立《世界遗产名录》。被世界遗产委员会列入《世界遗产名录》的地方，将成为世界级的名胜。

11月17日

1843年11月17日
上海开埠

根据1842年英国强迫清政府签订的不平等的《南京条约》的规定，上海被辟为五口通商口岸之一。

1843年11月，英国首任驻沪领事巴富尔一行抵达上海，11月14日巴富尔宣布领事馆成立，并擅自划定自县城到吴淞长约13英里的地区为上海港区，清政府予以默认。11月17日上海被迫开埠，进入了痛苦的半殖民地时期。开埠之后，外国商品和外资纷纷涌进长江门户，开设行栈，设立码头，划定租界，开办银行等，从而刺激了内外贸易、金融、交通运输、轻纺与机器制造业，使其迅速发展而日渐成为中国最大的商埠。

▲上海开埠后的风土人情

麦都思在开埠当年创办的墨海书馆印刷所，为外国资本在中国开设的第一家企业。麦都思是英国伦敦布道会传教士。墨海书馆是他将其在巴达维亚（今雅加达）设立的印刷机构迁来中国以中文命名的编译出版机构。前后存在约20年。主要业务是印刷伦敦布道会传教用的《圣经》和小册子。1850年后也开始翻译、出版少量科技书籍。

11月18日

1928年11月18日 "米老鼠"诞生

美国动画艺术片的先驱沃尔特·迪斯尼，被人们亲切地称为"米老鼠之父"，他1901年出生于美国芝加哥，18岁时便以绘制商业广告为生，后又着手研究动画片的创作。潦倒的生活并未削减他敏锐的观察力和孩子样的可爱的心境，平日里令人生厌、四处乱窜的老鼠却激发了他的灵感，于是，一只有着大而圆的耳朵、穿靴戴帽的小老鼠诞生了，他还给它起了个有趣的名字 Mickey Mouse（米老鼠）。不久，当动画片需要新角色时，米老鼠就粉墨登场了。

1928 年 11 月 18 日，在纽约的电影院里看到第一部有声动画片《"威利"号汽艇》，主角正是一只穿着红天鹅绒裤、黑上衣、带着白手套的小老鼠。它虽然没有说什么话，但是随着轻快的音乐而踩脚、跃动、吹口哨……这可爱的形象立时博得了观众们的喜爱，轰动了纽约。随后，米老鼠就成了举世闻名的"明星"。1932年，这部影片获得了奥斯卡特别奖。

▼动画大师沃尔特·迪斯尼

▲悠久的米老鼠动画形象

11月19日

1984 年 11 月 19 日　中国第一支南极考察队赴南极洲考察

1984 年 11 月 19 日，中国南极考察委员会派出的第一支南极考察队从上海乘"向阳红 10 号"出发，赴南极洲和南太平洋进行综合性科学考察。

这支南极考察队由来自全国 60 多个单位的 519 人组成，经过 20 多天的海上航行，12 月 26 日抵达南极洲。考察队在南极洲和南太平洋进行了海洋生物、水文、地质、气象、地球物理、海洋环境等 6 个学科 23 个项目的考察，取得 14 项突破性的成绩，历时 142 天，航程共 4.9 万千米。

11月20日

1910 年 11 月 20 日
俄国文豪托尔斯泰逝世

托尔斯泰是俄国作家、改革家和道德思想家。1828 年 8 月 28 日，托尔斯泰出生于莫斯科的一个地主庄园，他是一个个人主义贵族，而他在晚年却很不成功地试图过一种穷苦农民的生活；他曾耽于声色，而最终却成为一个彻底的清教徒；他具有非凡的生命力，却时时害怕死亡。这种奇特的双重性格使他舍弃了单纯的小说作家的生涯而成为

►俄国文豪托尔斯泰

虔诚的基督教徒。托尔斯泰的作品中虽有空想的东西，但仍不失为世界人类进步的骄傲，他被公认为文学泰斗。

1910 年 11 月 20 日，托尔斯泰逝世。

> 1863~1868 年，托尔斯泰创作了他的史诗式的宏篇巨著《战争与和平》，在这部小说里，所有的生活素材交织成宏伟的多彩画面，成功地反映出完整自然的整体社会风貌。1881 年，托尔斯泰又完成了其对俄国地主资产阶级社会批判最全面而又深刻有力的一部巨著——《复活》。

11月21日

1985 年 11 月 21 日　英国政府决定取消格林尼治时间

1985 年 11 月 21 日，英国政府因负担太重无法继续维持"格林尼治时间"。格林尼治皇家天文台于 1675 年开始计时工作，1884 年英国国力昌盛，格林尼治时间成为全世界承认的正式国际标准时间。但是，英国经济的不景气导致政府计划削减科研开支，决定于 1986 年开始，天文台 6 个耗费庞大的原子钟停止运行。

11月22日

1963 年 11 月 22 日
美国总统肯尼迪遇刺身亡

约翰·肯尼迪，美国总统，民主党人，生于马萨诸塞州波士顿富豪家庭，其父曾任驻英大使，1940 年毕业于哈佛大学。第二次世界大战期间在海军中服役。1952 年当选为参议员。1960 年被提名为民主党总统候选人，1960 年 11 月 8 日当选为美国第 35 任总统，成为美国历史上最年轻的总统，也是美国第一个罗马天主教徒总统。1961 年 1 月 20 日宣誓就职。1961 年，其发动侵越战争；在加勒比海导弹危机中，迫使苏联撤除在古巴的导弹基地。在其就职后的四年里，美国经历了这个国家现代史上少见的时间长、势头猛的经济增长。其就职演说上的名言"不要问美国为你做了什么，而要问你为美国做了什么"，更是超越了国界，甚至成为许多国家公民的座右铭。1963 年 11 月 22 日，肯尼迪在得克萨斯州的达拉斯市为下一年的总统选举做准备，途中遇刺身亡。

▲遇刺前一脸笑容的肯尼迪与杰奎琳

11月23日

1920年11月23日　陈独秀主持起草《中国共产党宣言》

1920年11月23日，陈独秀在上海主持起草《中国共产党宣言》，《宣言》正文分三个部分：共产主义者的理想、共产主义者的目的、阶级斗争的最近状态。阐明了中国共产主义者关于创建共产主义新社会的理想，提出消灭私有制，实行生产资料公有，废除旧的国家机器，最终消灭阶级的主张。《宣言》强调，无产阶级要创立新社会，就要团结起来，开展阶级斗争，"用强力打倒资本家的国家"，铲除资本制度；就要"组织一个革命的无产阶级政党——共产党"，领导无产阶级夺取政权，建立无产阶级专政，并"用革命的办法造出许多共产主义的建设法"。

11月24日

1916年11月24日
机关枪发明者马克沁去世

1840年马克沁生于美国缅因州，14岁时跟一个马车制造商学习。马克沁十分勤奋，经常琢磨一些小发明。1880年，其移居英国。19世纪80年代，欧洲各国许多人热心研制武器，但造出的枪不仅笨重，而且

▶马克沁和他的机关枪

后坐力极大。为了使枪能够连续击发，马克沁大胆地改变了供弹方式，造出了一条16米长的弹带。随后，他又攻克了发射、抽壳、抛壳和供弹等一系列难关，最终成功地制成了最早的机关枪。这种机关枪在实战中发挥了不可替代的作用，马克沁也因此被誉为"自动武器之父"。

1916年11月24日，马克沁于伦敦家中去世，终年76岁。

11月25日

1999年11月25日　"国际消除家庭暴力日"

1960年11月25日，米拉贝尔三姐妹在多米尼加惨遭杀害。为了纪念这一历史事件，世界各国的妇女活动家们自1981年起，将这一天作为反对暴力的纪念日。1999年11月3日，联合国大会正式通过由多米尼加共和国提出、60多个国家支持的建议，正式确定每年的11月25日为"国际消除家庭暴力日"。

11月26日

1990年11月26日

著名哲学家冯友兰逝世

▶中国哲学大师冯友兰

    冯友兰，字芝生，1895年生于河南唐河。曾赴美留学，获博士学位。冯友兰一生著述颇丰，如《人生理想之比较研究》（又名《天人损益论》）、《一种人生观》、《人生哲学》《中国哲学史》《中国哲学史新编》、《中国哲学史论文集》、《中国哲学史论文二集》、《中国哲学史史料学初稿》、《四十年的回顾》等，尤其是《中国哲学史》的著述，确定了他中国哲学史学科主要奠基人的地位，为中国哲学史的学科建设做出了重大贡献。1990年11月26日晚，一代学术泰斗冯友兰先生溘然长逝。

11月27日

1907年11月27日

割让刚果给比利时的条约签订

▶刚果风情

    1907年11月27日晚，关于刚果由国王转让给比利时政府的条约副本已分送到比利时议会各议员手中。根据该条约的规定，这块非洲土地的正式转让将于1908年1月1日生效。由17人组成的殖民地委员会被任命负责调查刚果领地的钻石、黄金、铜、铁矿、橡胶和白银等资源。该条约审查后，由特罗茨首相签署，将刚果从国王利奥波德二世统治下让与比利时政府一事写成法律条文。

    国王利奥波德二世因容忍虐待当地刚果人一事被世界舆论批评后，马上就采取了转让刚果这一行动。世界舆论纷纷表示，利奥波德二世无视土著非洲人，只是把他们当作廉价的劳力资源。

11月28日

1986年11月28日　美国违背《美苏限制战略武器条约》

    1986年11月28日，美国国防部宣布，美国正式部署第131架携带巡航导弹的B-52战略轰炸机。美国政府的这一决定违反了美苏1979年签署的第二阶段限制战略武器条约中有关美国只能部署 130 架战略轰炸机和 1320 枚战略导弹发射器的规定。此举随即遭到了各界有关人士的严厉批评。

11月29日

1974 年 11 月 29 日　彭德怀逝世

▶ 新中国开国元勋彭德怀

彭德怀同志是中国无产阶级革命家、军事家、中国人民解放军创始人之一。1898 年出生于湖南湘潭县。大革命时期，曾在国民革命军任营长、团长。1928 年 4 月加入中国共产党，并成为中国共产党的重要领导人之一。抗日战争时期，担任八路军副总司令。解放战争时期，任人民解放军副总司令、第一野战军司令兼政委。建国后，历任西北军政委员会主席、中央军委副主席、中国人民志愿军司令员兼政委、国防委员会副主席、国务院副总理兼国防部长等职，是我国著名的十大元帅之一。

"文化大革命"期间，遭受到林、江反革命集团的残酷迫害。1974 年 11 月 29 日，病重的彭德怀元帅饮恨去世，其遗体被秘密焚化后送到四川。

11月30日

1995 年 11 月 30 日
瑞士的"辛德勒"沉冤得以昭雪

▶ 年轻的格吕宁格尔上尉

1995 年 11 月 27 日，瑞士北方圣加伦州法院来了几十名不速之客，他们都是第二次世界大战时的犹太难民。他们请法院重审 55 年前的一桩冤案，为他们的救命恩人格吕宁格尔昭雪。

保罗·格吕宁格尔是瑞士人，1938～1939年间任瑞士圣加伦州的警察局长。此间，由于奥地利被纳粹德国吞并，瑞士当局已封锁了边界，他不顾个人安危，允许没有签证的犹太人逃到瑞士境内。被格吕宁格尔拯救的犹太人数目已不可考，大约有数百人，也有说数千人的。当事情被发现后，他假造证件，称这些人在瑞士当局发出禁令前已进入瑞士。1939 年春，他被解除职务，后被开除，并不得领取养老金，1940 年被法院以滥用职权和伪造证件罪处以罚款。1972 年，老人含冤去世。1993 年，有关部门为他恢复政治名誉。他被人誉为瑞士的"辛德勒"。1995 年 11 月 30 日，格吕宁格尔被法院恢复名誉。

12月1日

1994年12月1日　北京市开始实施《最低工资规定》

20世纪90年代，中国开始实行市场经济，市场经济以及经济成分的多样化带来了劳动关系的复杂化，一些国有民营企业以及非公有制企业，不能保证职工最低劳动报酬的情况时有发生。1994年12月1日，《北京市最低工资规定》正式施行，凡是在北京市内就业的公民都可以享受每小时至少1.1元人民币或每月至少210元人民币的最低工资，这从法律上保障了劳动者的利益。

1998年12月1日　北京市法院全面实施公开审判制度

1998年12月1日，是北京市法院全面实施公开审判制度的第一天，从这时开始，全市55个法庭审理的案件，公民只要出示有效身份证件，都可以要求旁听。当然，涉及国家机密、个人隐私或法律另有规定的除外。

12月2日

1929年12月2日
发现"北京猿人"头盖骨

1929年12月2日，我国著名的古生物学家裴文中带领考古发掘人员首次在北京房山周口店村西龙骨山发掘出北京猿人的第一个完整头盖骨。后又陆续发掘出了北京人遗址，发现了一些零星的牙齿和头骨碎片，并正式为"北京人"定了学名——中国猿人北京种，俗称"北京人"。

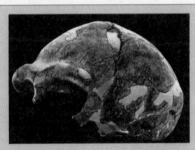

◀化石复原模型 "北京猿人"头盖骨

在山洞里发现的"北京人"遗骨，有比较完整的头盖骨、面骨、下颌骨、牙齿、残破的大腿骨、残胫骨、上臂骨、锁骨和腕骨等。在第二次世界大战期间，"北京人"化石连同"山顶洞人"的化石全都被外国人盗走而遗失。解放后，又陆续发现了一些"北京猿人"化石个体。至今共发现40个以上的个体。"北京人"在周口店居住的时间，大约从距今60万年开始，一直到距今20多万年前。

1987年周口店猿人遗址被联合国列入"世界自然与文化遗产名录"之一。

12月3日

1863年12月3日
曾国藩委派容闳出洋购买机器

曾国藩是中国近代洋务运动的创始人之一，也是最早由封建官僚转化为洋务派的人物。1861年，曾国藩创办安庆军械所则是洋务运动的开端。但产品低劣，尚处于摸索阶段。

1863年12月3日，曾国藩受自幼留学美国的名士容闳的启发，并敦请其赴美购置机器，为近代军事工业的发展创造条件，洋务运动真正展开。

12月4日

1935年12月4日
拉什莫尔山国家纪念碑动工

1935年12月4日，美国拉什莫尔山国家纪念碑开始动工兴建。雕刻家们在山的东北面的花岗岩上，从左至右雕刻美国四位著名总统的巨大头像。这四位总统是：开国元勋华盛顿、《独立宣言》的起草者杰斐逊、奠定20世纪美国之基础的西奥多·罗斯福和解放黑人的领导者林肯。每个头像约高18米。

▲拉什莫尔山上的总统像

12月5日

1791年12月5日
莫扎特逝世

莫扎特1756年1月27日生于萨尔茨堡，是奥地利杰出的作曲家、维也纳古典乐派的代表人物之一。他3岁起便显露出了不凡的音乐才能，自幼开始学习钢琴、小提琴并作曲，11岁时写出了其第一部歌剧。

▶维也纳古典乐派的代表人物之一——莫扎特

莫扎特深受资产阶级启蒙运动思想的影响。他创作的歌剧《费加罗的婚礼》，具有鲜明的反贵族倾向。他的代表作还有著名的歌剧《唐璜》、《魔笛》以及49部交响曲等。莫扎特的作品清丽流畅，结构严谨，是他那个时代在创作上风格最广泛的一位作曲家。由于繁重的创作、演出和贫困的生活损害了莫扎特的健康，1791年12月5日，这位天才的作曲家因贫病在维也纳逝世。他的音乐作品成为世界音乐宝库中的珍贵遗产。

12月6日

2002年12月6日　我科学家发现核反应堆中微子消失现象

2002年12月6日，我国科学家与日本、美国同行同时宣布了他们在中微子实验方面的重大发现——发现了核反应堆中产生的中微子消失的现象，这意味着反应堆中产生的中微子发生了振荡，变成了另一种没有被探测到的中微子。

这项重要的实验结果是由日、美、中三国科学家组成的 kam-LAND 实验组得出的，这是国际上首次用人工中微子源证实太阳中微子振荡现象，它最终确证了太阳中微子发生的振荡，并确定了中微子振荡的关键参数。

12月7日

1941年12月7日
日本偷袭珍珠港

1941 年 12 月 7 日凌晨（夏威夷时间），日本海军航空母舰机动部队突袭美国在太平洋的主要海军基地珍珠港。美国军队对此毫无准备，致使停泊在港内的美国太平洋舰队主力几乎全军覆没，被击毁击伤主要船只 10 余艘，其中战列舰 8 艘，被炸毁炸伤飞机 270 架，被打死打伤 3400 多人。史称"珍珠港事件"。次日，美国正式对日宣战，太平洋战争全面爆发。

12月8日

1980年12月8日　约翰·列侬
遇刺身亡

▲Sudbury 中微子观测站（SNO）的中微子探测器，在它的前面充满了水

中微子是一种非常小的基本粒子，几乎不与任何物质发生作用，所以很难发现和探测。美国科学家雷蒙德·戴维斯领导的太阳中微子实验在 30 年的探测中发现了大约 2000 个来自太阳的中微子，但与理论计算值相比，流量还不到一半，这就是著名的"太阳中微子丢失"之谜。日本科学家小柴昌俊证实了戴维斯的实验结果，也证实了大气中微子失踪现象。他们也因此获得了诺贝尔物理学奖。

187

▲美国大片《珍珠港》再现了"珍珠港事件"中的惨烈场景

"摇滚之父"约翰·温斯顿·列侬 1940 年 10 月 9 日出生于英国利物浦一个工人家庭。他是 20 世纪最伟大的摇滚歌手及文化人物之一，The Beatles（披头士）乐队的主唱及灵魂人物。

纵观他一生的创作，无论是从 Beatles 时期的简单明快到深刻多变，还是单飞后的激扬奋进与随意淡然，都显示出了杰出的音乐天分与创作才华。列侬对和平的热爱与对保守势力的嘲讽，更使他成为了最受人们敬仰的公众文化人物之一。

"披头士"乐队是 20 世纪六七十年代的标志。他们象征了狂热、激进、敏

感，也代表了吸毒、纵欲。但无可争辩的是，他们影响了整整一代年轻人的思想。

1980年12月8日，列侬倒在一位狂热歌迷的枪下，去世前甚至没有机会留下任何遗言，但他在摇滚音乐史上的地位，至今没有任何人可以超越。

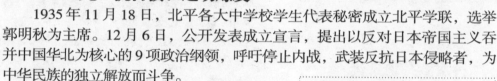

▲ "披头士"的灵魂——约翰·列侬

12月9日

1935年12月9日
"一二·九"抗日救亡运动爆发

1935年11月18日，北平各大中学校学生代表秘密成立北平学联，选举郭明秋为主席。12月6日，公开发表成立宣言，提出以反对日本帝国主义吞并中国华北为核心的9项政治纲领，呼吁停止内战，武装反抗日本侵略者，为中华民族的独立解放而斗争。

12月9日上午10时30分，北平各大中学校的爱国学生6000余人涌上街头，奔向新华门，向国民政府军政部长何应钦请愿。

第二天，北平学联决定各校学生举行总罢课，积极酝酿和准备更大规模的示威游行，抗日救亡怒潮席卷了整个北平城。各地爱国人士纷纷成立各界救国会，要求国民党当局停止内战，实行抗日。

▲一二·九运动公开揭露了日本帝国主义侵略中国、并吞华北的阴谋，打击了国民党政府的妥协投降政策，大大地促进了中国人民的觉醒

12月10日

1901年12月10日　诺贝尔奖首次颁奖

1901年12月10日，瑞典国王和挪威诺贝尔基金会首次颁发了诺贝尔奖。根据诺贝尔遗嘱："诺贝尔奖每年发给那些在过去的一年里，在物理、化学、医学、文学及和平事业方面为人类做出最大贡献者。"

此后，根据诺贝尔的遗嘱，诺贝尔奖由4个机构（瑞典3个，挪威1个）颁发。从诺贝尔遗嘱建立的基金中拨款。授奖仪式每年于12月10日诺贝尔逝世周年纪念日在瑞典的斯德哥尔摩和挪威的奥斯陆举行。瑞典银行在1968年增设一项经济科学奖，1969年第一次颁奖。

▶ 诺贝尔奖章正面

12月11日

2001年12月11日　我国正式加入世界贸易组织

2001年11月20日，世贸组织总干事迈克尔·穆尔致函世贸组织成员，宣布我国政府已于2001年11月11日接受《中国加入世贸组织议定书》，这个议定书将于12月11日生效，我国也将于同日正式成为世贸组织第143个成员。

外经贸部有关负责人表示，正式成为世贸组织成员后，我国将全面参与世贸组织的各项工作。不久，我国将向世贸组织总部所在地——瑞士日内瓦派出中华人民共和国常驻世界贸易组织代表团，并派出大使。我国将全面享受世贸组织赋予其成员的各项权利，并将遵守世贸组织规则，认真履行义务。

12月12日

1936年12月12日
"西安事变"爆发

▶爱国将领张学良、杨虎城将军

1936年12月4日，蒋介石飞抵西安，要挟张学良、杨虎城二位将军加紧"剿共"。张、杨力劝蒋介石联共抗日，被蒋拒绝。两位爱国将领遂毅然决定发动"兵谏"。12月12日凌晨，张学良的卫队进抵蒋介石驻地临潼华清池。蒋闻枪声爬上山坡隐蔽，被张学良的卫队搜索发现后捕获。张、杨于12日成立抗日联军西北临时军事委员会，通电全国提出改组南京国民政府，停止内战，同时致电中共中央，要求派代表到西安共商团结抗日大计。史称"西安事变"，亦称"双十二事变"。

17日，以周恩来为首的中共代表团到达西安，坚决主张和平解决这次事变。22日，宋子文、宋美龄飞抵西安，开始与张、杨及中共代表会谈。24日，达成了改组国民党与国民政府、联共抗日等项协议。第二次国共合作开始。

12月13日

1937年12月13日
南京大屠杀

▶南京大屠杀纪念馆中的雕塑，提醒着国人：勿忘国耻，奋发图强

1937年12月13日，日本侵略军占领南京。在华中派遣军司令官松井石根和第六师团长谷寿夫的指挥下，对中国军人和南京平民进行长达6周的血腥大屠杀。

日军在6周内在南京制造集体屠杀28案，包括被集体枪杀与活埋的计19万余人；零散屠杀858案，仅被收埋的尸体就有15万多具。世界红十字会南京分会从12月22日开始收埋尸体，工作陆续做到第二年夏天还没有完结。据不完全统计，日军在南京大屠杀中杀害的中国人竟达30万以上！这是人类历史上又一起灭绝人性的暴行，是日本帝国主义在侵华战争中犯下的一桩滔天罪行。

12月14日

1994年12月14日
三峡工程正式开工

1994年12月14日，举世瞩目的长江三峡水利枢纽工程在经过了长达40年的论证，经七届全国人大五次会议批准，又进行了近两年的施工准备后，中央决定三峡工程正式开工。

▲雄伟的三峡工程是中国乃至世界水利史上的一大奇迹

三峡工程是一项具有防洪、发电、航运等巨大综合效益的工程。工程全部竣工后，一个宏伟壮丽的三峡工程将巍然屹立在中国的大地上，它将证明：中国人有志气、有能力建设好当今世界上最大的水利水电工程。三峡工程功在当代利在千秋。

12月15日

1939年12月15日
《乱世佳人》举行首映式

《乱世佳人》的原著《飘》以佐治亚州为故事背景，描述了南北战争期间一个南方家族的兴衰经历。该书是美国文学小说中最畅销的一本，出版后销售1000万册以上，被翻译成40多种文字在世界各地出版，1937年，获选为普利策奖最佳小说。

好莱坞著名制片人大卫·塞尔兹尼克在《飘》出版一个月后便以500万美元高价买下本书的电影拍摄权。1939年12月15日，电影《乱世佳人》在原著作者玛格丽特·米切尔的故乡亚特兰大举行首映式。

▶《乱世佳人》的经典海报，男女主角费雯·丽和克拉克·盖博

《乱世佳人》在第十二届奥斯卡金像奖角逐中共获13项提名，赢得了包括"最佳影片"、"最佳导演"和"最佳女主角"奖在内的8个奖项。费雯·丽成为第一位获得奥斯卡影后的英国演员，在片中演女仆的海蒂·麦克丹尼尔也因此片成为第一位获得金像奖（最佳女配角）的黑人演员。

12月16日

1999 年 12 月 16 日
中美就美国轰炸中国驻南使馆的赔偿问题达成协议

1999 年 12 月 16 日，外交部发言人朱邦造发表谈话，宣布中华人民共和国政府和美利坚合众国政府就美国轰炸中国驻南斯拉夫联盟共和国大使馆的赔偿问题达成协议。根据协议，美国政府将向中国政府支付 2800 万美元，作为对该年 5 月美国轰炸中国驻南联盟大使馆所造成的中方财产损失的赔偿。此前，双方已于 7 月 30 日就美国轰炸中国驻南使馆所造成的中方人员伤亡的赔偿问题达成协议。

12月17日

▼莱特兄弟早年制造的飞机

1903 年 12 月 17 日
人类首次飞上天空

美国人奥维尔·莱特和威尔伯·莱特两兄弟都是飞行爱好者。他们从 1896 年开始研究飞行。

1903 年 12 月 17 日上午，奥维尔驾驶"飞行者 1 号"在北卡罗莱纳州的基蒂霍克海滩成功地进行了第一次动力飞行，飞行距离为 36 米，在空中逗留了 12 秒。随后，哥哥威尔伯又做了一次飞行，结果在 59 秒内飞行了 3200 米。世界上第一架飞机就这样诞生了。

12月18日

1865 年 12 月 18 日
美国废除奴隶制

在北美殖民地时期，对非洲黑人奴隶的贩卖和奴役构成了资本原始积累的重要内容。黑人奴隶制在北美殖民地发展的直接原因是殖民地急需大批劳动力。从 1686~1786 年的 100 年间，约有 25 万非洲黑人被贩卖到英属北美殖民地。到 1860 年，美国黑人奴隶已达到 400 万。那些黑人奴隶，特别是在田间终日劳作的黑奴境遇极其悲惨。

1861 年，美国南北战争爆发。1862 年，美国总统林肯发表《解放黑奴宣言》，宣布黑

斯托夫人
▶对黑人奴隶寄予了无限同情的

19 世纪上半期，美国人民开展了广泛的反对奴隶制运动。1852 年，斯托夫人的小说《汤姆叔叔的小屋》出版，书中对黑人奴隶的悲惨生活作了动人的描述和揭露，在社会上引起强烈反响，有力地推动了废奴运动的发展。

人奴隶获得自由，从而从根本上瓦解了南方叛乱各州的战斗力。1865年1月，美国国会通过了《宪法第13条修正案》，规定奴隶制或强迫奴役制，不得在合众国境内和管辖范围内存在。同年12月18日，《宪法第13条修正案》正式生效，从此，奴隶制在美国正式被废除。

1978年12月18日　中共十一届三中全会召开

1978年12月18日，中共十一届三中全会在北京开幕（22日结束）。十一届三中全会是建国以来共产党历史上具有深远意义的历史转折。全会结束了1976年10月以来党的工作在徘徊中前进的局面，开始全面认真地纠正"文化大革命"中及以前的左倾错误，肯定了关于真理标准问题的讨论，并着重指出了毛泽东在我国长期革命斗争中的巨大作用，确定了解放思想、开动脑筋、实事求是、团结一致向前看的指导方针。

从三中全会起，共产党掌握了拨乱反正的主动权，有步骤地解决了建国以来的许多历史遗留问题和实际生活中出现的新问题，进行了有效的建设和改革工作，使国家在经济上和政治上都出现了良好的形势。

12月19日

1984年12月19日

中英两国政府签署《关于香港问题的联合声明》

1984年12月18日，应邀前来签署中英关于香港问题的联合声明并进行正式访问的英国首相玛格丽特·撒切尔夫人抵京。12月19日，中华人民共和国政府和大不列颠及北爱尔兰联合王国政府关于香港问题联合声明的签字仪式在北京人民大会堂西大厅隆重举行。国务院总理赵紫阳和英国首相玛格丽特·撒切尔夫人分别代表本国政府在联合声明上签字。

中英两国政府关于香港问题的联合声明宣布，中国人民共和国政府决定于1997年7月1日对香港恢复行使主权，英国政府在这一天将香港交还给中华人民共和国。联合声明圆满解决了中国恢复对香港行使主权的问题，也为香港的长期繁荣和稳定奠定了坚实的基础。

12月20日

1999年12月20日　澳门回归祖国

1999年12月20日零时，中葡两国政府在澳门文化中心举行政权交接仪式，国家主席江泽民宣告：中国政府对澳门恢复行使主权，澳门回归祖国。交接仪式后，举行了中华人民共和国澳门特别行政区成立即特区政府宣誓就职

►见证了澳门历史兴衰的大三巴牌坊

仪式。

　　澳门回归祖国有力地证明了中国正日益朝着强盛大步迈进，"一国两制"方针不仅符合香港人民的愿望，也是符合澳门人民的愿望的，它必将推进祖国的和平统一事业，实现祖国的完全统一和民族的全面振兴。

▶澳门回归祖国有力地证明了中国正日益朝着强盛大步迈进

　　明代时，澳门是中国对外贸易的一个重要港口。16世纪，葡萄牙人与日本人先后来华，利用澳门作为同中国通商的门户。初来时，葡人在妈祖庙处登陆，因此称澳门为"马交"（MACAU）。1557年，葡人开始在澳门定居。在他们刻意经营之下，澳门成为中西方第一个贸易商埠。1623年，葡萄牙向澳门派遣首任总督。1842年中英鸦片战争结束后，清政府腐败无能，国势日颓。1849年澳门总督亚马留单方面宣布将澳门改为自由港，不准在澳门的中国海关和税馆继续存在。从此，葡萄牙占领澳门。

12月21日

1964年12月21日　我国首次提出"实现四个现代化"

　　1964年12月21日，国务院总理周恩来在第二届全国人民代表大会第一次会议上宣布，调整国民经济的任务已经基本完成。他代表中共中央提出，"在不太长的历史时期内，把我国建设成为一个具有现代农业、现代工业、现代国防和现代科学技术的社会主义强国。"

12月22日

1983年12月22日
"银河"巨型计算机研制成功

　　1983年12月22日，中国第一台每秒钟运算一亿次以上的"银河"巨型计算机，由国防科技大学计算机研究所在长沙研制成功。它填补了国内巨型计算机的空白，标志着中国进入了世界研制巨型计算机的行列。

▼由国防科技大学计算机研究所研制成功的"银河"巨型计算机，每秒运算达一亿次以上

1983年12月22日　中国野生动物保护协会成立

　　1983年12月22日，中国野生动物保护协会在北京成立。中国是世界上野生动物较多的国家之一，占世界野生动物种类总数的10%以上。为保护各类野生动物，当年中国已划建了106处自然保护区，还划了一些禁猎区、禁

渔区，并计划再建立一批新的自然保护区。在现有自然保护区中，以保护大熊猫为主的就有 10 个。

▲自然保护区中的大熊猫

12月23日

1912 年 12 月 23 日　北京政府声明对西藏拥有全权

1912 年 12 月 23 日，中国政府对英国于 8 月 17 日照会中所提五点《节略》，逐条作出正式答复，声明：（1）中国对西藏拥有全权，惟现时无意改西藏为行省，但亦不许其他一切外国干涉西藏之领土权及内政。（2）中国于西藏为履行条约，维持治安，必须驻有军队，但非无限制。（3）中英已两次签订关于西藏之条约，今无改订新约之必要。（4）中国政府并无有意阻断印藏交通之事，以后更当加意保护。（5）承认中华民国不能与西藏问题并为一谈，深望英国先各国而承认。

12月24日

1910 年 12 月 24 日　清国会请愿运动失败

1910 年 11 月，清宣布将开设国会时间定在宣统五年（1913 年），并声称"万不能再议更张"，否则"依法惩处"。国会请愿团并不甘心就此罢手。12 月 4 日，奉天（今辽宁沈阳）各界士绅民众 1 万余人手持请开国会的旗帜，在省公署前伏地而泣，要求 1911 年召开国会。6 日，再次请愿。11 日，东三省总督锡良奏请 1911 年即开国会。21 日，直隶总督代顺直咨议局奏请 1911 年召开国会。但均无效。12 月 24 日，清廷下令遣返国会请愿代表团代表，并严令各省督抚弹压请愿者，国会请愿运动彻底失败。

12月25日

1977 年 12 月 25 日　卓别林逝世

1889 年 4 月 16 日，卓别林诞生于英国伦敦的一个贫民区，他的父母都是喜剧演员。1907 年，卓别林被伦敦专演滑稽哑剧的卡尔诺剧团录用，他刻苦训练，把杂技、戏法、舞蹈、插科打诨、令人发笑的忧郁和让人流泪的笑巧妙而自然地融为一体，初步形成了他后来那种独

▲特立独行的喜剧大师卓别林

特的哑剧风格。这位世界驰名的喜剧大师，擅长于塑造下层人物，并通过他们的遭遇来讽刺生活的现实。其极具影响的作品有《赛车记》、《狗的生涯》、《淘金记》、《城市之光》、《大独裁者》、《摩登时代》、《香港女伯爵》等。

1952 年，卓别林受到卡锡主义者的迫害，被迫旅居瑞士，1972 年，美国盛情邀请其重回好莱坞，授予其奥斯卡终身成就奖，并盛赞其为"20 世纪为电影艺术作出不可估量的贡献"。

1977 年 12 月 25 日，这位塑造了无数小人物的艺术大师在瑞士洛桑不幸逝世。

12月26日

1898 年 12 月 26 日
居里夫妇发现镭

1898 年 12 月 26 日，玛丽·居里在提交给法国科学院的报告中宣布他们夫妻又发现一个比铀的放射性还要强百万倍的新元素——镭。这是居里夫妇婚后 3 年的爱情结晶。

科学界的伉俪——居里夫妇

他们花掉了全部存款，变卖了所有值钱的东西，买到了十几麻袋沥青铀矿渣，在一间长期废弃的木棚中艰苦地工作了 45 个月，经过几万次的提炼，于 1902 年成功地获得了 10 克纯镭，并初步测定了其原子量。1903 年，居里夫妇由于在放射性元素领域取得的巨大成就而荣获诺贝尔物理学奖。

12月27日

1945 年 12 月 27 日
国际货币基金组织成立

1945 年 12 月 27 日，国际货币基金组织成立。总部设在美国的华盛顿。中国是该组织的创始国之一。1980 年 4 月 17 日，该组织正式恢复中国的代表权。中国自 1980 年恢复在货币基金组织的席位后单独组成一个选区，并指派了一名执行董事。

12月28日

1065 年 12 月 28 日　伦敦西敏寺建成

西敏寺（Westminster Abbey，亦译作"威斯敏斯特寺"）是英国皇家教院，

十二月

195

▶气势恢弘的皇家宫殿——西敏寺

西敏寺主要由教堂及修道院两大部分组成。其柱廊恢宏凝重,拱门镂刻优美,屏饰装潢精致,玻璃色彩绚丽,双塔嵯峨高耸,整座建筑既金碧辉煌,又静谧肃穆,被认为是英国哥特式建筑中的杰作。

是欧洲最美丽的教堂之一。西敏寺建成后即成为英国国王举行加冕典礼的场所。它是一座壮丽的哥特式教堂,无论在世界建筑史上,还是在英国过去悠长的年代中,都占了举足轻重的位置。英国王室成员、政治家、宗教界名人、著名文豪有不少葬在此处。

西敏寺位于英国首都伦敦泰晤士河南岸,议会大厦西南,创建于960年。它的前身是7世纪时在泰晤士河一个叫托内的小岛上建起的祭祀圣彼得的小教堂。1050年,英格兰国王"笃信者"爱德华下令对之进行扩建,以作为自己的墓地,1065年12月28日竣工,正式启用。以后的历代英王又陆续改建、增建。

12月29日

1968年12月29日 南京长江大桥全面建成通车

南京长江大桥位于南京市西北面长江上,连通市区与浦口区,是长江上第一座由我国自行设计建造的双层式铁路、公路两用桥。

该桥原定1969年7月1日才能建成,但经过工人及指挥员们的日夜奋战,1968年10月1日大桥的铁路桥即

▲一桥飞架南北的南京长江大桥

南京长江大桥上层的公路桥长4589米,车行道宽15米,可容4辆大型汽车并行,两侧还各有2米多宽的人行道;下层的铁路桥长6772米,宽14米,铺有双轨,两列火车可同时对开。其中江面上的正桥长1577米,其余为引桥,是当时我国桥梁之最。

建成通车,同年12月29日,南京大桥实现全面建成通车。

12月30日

1944年12月30日 法国作家罗曼·罗兰逝世

1866年罗曼·罗兰出生在法国,对文学、历史、音乐都有深入的研究。罗曼·罗兰的初期文学活动集中于历史戏剧的创作,他希望建立起一种不

是供少数人消遣而是为群众提供精神养料的"人民戏剧"。但资产阶级的强烈指责使他痛切地感到被利己主义腐蚀着的资产阶级社会空气的龌龊。罗曼·罗兰在他的第一部小说《约翰·克利斯朵夫》中，无情地揭示了资产阶级文化的堕落，控诉了资产阶级社会对艺术才能的摧残。

1914年，第一次世界大战爆发，战争使这位和平主义者和人道主义者感到莫大的痛苦。为此，他写了一系列反战的文章，揭露这场战争的罪恶性质，并汇编成著名的文集《超脱于混战之上》。30年代，罗曼·罗兰积极投身进步的政治活动，担任国际反法西斯委员会主席，声援西班牙人民的反法西斯斗争，并出席巴黎保卫和平大会。

1944年12月30日，这位曾为祖国和世界的美好未来而不断探索和奋斗的文学家和社会活动家罗曼·罗兰与世长辞。

▲罗曼·罗兰

◀《约翰·克利斯朵夫》插图

12月31日

1915年12月31日

云南宣告独立，护国战争爆发

袁世凯称帝后，其复辟活动引起了全国各阶层人民的强烈反对。孙中山发表第二次《讨袁宣言》，积极开展反袁斗争。1915年12月，具有民主思想的爱国将领蔡锷秘密离开北京，由日本转赴昆明，促成了各派反袁力量的统一。12月21日，唐继尧、蔡锷、李烈钧、罗佩金、方声涛等人举行秘密会议，共商讨袁大计。25日，云南宣布独立。31日，唐、蔡等人联名发表梁启超手撰通电，宣布护国军的最终目的：与全国人民戮力拥护共和国体，使帝制永不发生。

至此，护国战争拉开帷幕。

▶护国大将军蔡锷，1882年生于湖南部阳，1916年逝于日本，遗体葬于长沙岳麓山上